映画『夜と霧』とホロコースト

世界各国の受容物語

E. ファン・デル・クナープ編
庭田よう子訳

みすず書房

UNCOVERING THE HOLOCAUST

The International Reception of *Night and Fog*

Edited by

Ewout van der Knaap

First Published by Wallflower Press, London & New York, 2006

Japanese translation rights arranged with
Columbia University Press through
The English Agency (Japan) Ltd.

目次

謝　辞

本書の寄稿者は全員冷戦時代に生まれた。共通の利害によって結びついたわたしたちは、第二次世界大戦がもたらした影響からは逃れられない。たとえば、わたしは一九六五年生まれだが、その直後に、アメリカで『質屋（*The Pawnbroker*）』が公開された。トラウマとなった体験が記憶に甦り登場人物がフラッシュバックに襲われる様子を、ニューヨークの観客はスクリーンで観たはずだ。わたしが生まれた数か月後には、フランクフルトで開かれたアウシュヴィッツ裁判で判決が言い渡された。それぞれに専門分野が異なる寄稿者たちは、本書の原稿に力を注ぎ、熱心に事例研究に取り組んだ。彼らの献身的な態度に深く感謝する。

本書の第一章、三章、六章は、二〇〇一年にわたしがオランダ語で発表した原稿を短縮したものである。論文専門の編集発行人、パトリック・エフェラートの誠実な仕事のおかげで、前回も今回も拙稿を世に出すことができた。丁寧に快く相談に応じながら、原稿を翻訳してくれたスコット・ロリンズには、感謝の念に堪えない。わたしも一部の翻訳を手がけ、照合を行なった。この翻訳には、オランダ王立芸術科学アカデミーとユトレヒト大学歴史文化研究所から助成金が支給された。両機関に厚く御礼申し上げる。

初期の研究に関しては、助成金の一部がオランダ戦争資料研究所から受給され、ユトレヒト大学芸術学部で研究を行なった。このテーマについて、ミラーズヴィル（ペンシルヴェニア）、サウサンプトン（イギリス）、ロストック、ミュンスター、アーヘン（いずれもドイツ連邦共和国）、アムステルダム、フローニンゲン、ユトレヒト（いずれもオランダ）で開かれた会議や講演で発表を行ない、大きな恩恵を受けた。

わたしを含めて本書の寄稿者はみな、多くの機関や公文書館、そこで働く方々にたいへんお世話になった。ベン＝グリオン・アーカイブ、テルアビブ大学新聞資料保管庫、イスラエル国立公文書館（エルサレム）、総合シオニスト文書館（エルサレム）、イギリス国立新聞図書館（ロンドン）、全英映像等級審査機構アーカイブ（ロンドン）、映画芸術科学アカデミー図書館（ロサンゼルス）、映画文献資料図書館（パリ）、アルゴス・フィルム（パリ）、ドイツ連邦公文書館（コブレンツ）、ドイツ連邦外務省（ボン）、ドイツ文学資料館（マールバッハ・アム・ネッカー）、ベルリン芸術アカデミー財団法人資料館（ベルリン）、ドイツ映画研究所（フランクフルト）、ドイツ映画テレビ・アカデミー（ベルリン）、オランダ国立中央公文書館（ハーグ）、オランダ教育・文化・科学省（ズーテルメール）、オランダ外務省（ハーグ）、オランダ文学博物館と文書センター（ハーグ）、社会史国際研究所（アムステルダム）、オランダ映画博物館（アムステルダム）、オランダ戦争資料研究所（アムステルダム）に、謝意を表する。各章で取り上げた多くの方々、さまざまな方法で協力してくださった方々にも、感謝の気持ちを伝えたい。

写真の転載に関し、『夜と霧（*Nuit et Brouillard*）』の配給会社であるアルゴス・フィルム（パリ）（スチール写真数枚と撮影風景の全写真）、ドイツ・シラー協会（マールバッハ・アム・ネッカー）（図9）、ベルリンのドイツ・キネマテーク映画テレビ博物館（図11）、『ジューイッシュ・クロニクル』紙（図15）、社会史国際研究所（アムステルダム）（図18）、オランダ文学博物館（ハーグ）（図19）から快諾を得られたことは、本当にありがたく思っている。著作権保持者を探し、お礼を伝えようとあらゆる努力をしたが、万が一誤りや漏れがあれば、この場を借りて謝罪申し上げたい。

パウル・ツェランの保存資料の使用については、ご子息のエリック・ツェランから快く許可をいただいた。フィクトル・E・ファン・フリースラントの資料についても、ご相続人に許可を得て使用した。両者のご厚意に心より感謝する。

ウォールフラワー・プレスのヨラム・アロンと、彼のスタッフの温かいサポートを得られたことはとても幸運だった。アンナ・レディングとエマ・ウィルソンが寄せた、同社の読者レポートのコメントもたいへん参考になった。お二人に深く感謝する。

息子のブラムとシモンには迷惑をかけたが、二人がいるからこそ、どんな苦労も報われる。

［編者注　本書において映画の題名は、寄稿者がとくに、英語字幕版を『夜と霧（*Night and Fog*）』とするか、ドイツ語吹替え版を『夜と霧（*Nacht und Nebel*）』としないかぎり、『夜と霧（*Nuit et Brouillard*）』と呼ぶものとする――日本語版では映画『夜と霧』の題名はそのつど原綴を示した］

二〇〇六年一月　ユトレヒトにて

エーヴァウト・ファン・デル・クナープ

序章　ホロコーストの記憶を伝える

エーヴァウト・ファン・デル・クナープ

『夜と霧（*Nuit et Brouillard*）』（一九五五年）は、第二次世界大戦を追悼するプロセスの活性化に一役買った。この映画は、ホロコーストを描くとき一般に用いられる方法に基づいている。つまり大まかに言えば、強制移送、組織、破壊の流れを時系列で扱っているのだ。概要から詳細な調査へと移りながら、『夜と霧（*Nuit et Brouillard*）』は、観る者の心を動かす、対象物の残酷な魅力を示す。恐怖に支配されたアウシュヴィッツ（ポーランド語でオシフィエンチム）を覆う雑草が、わたしたちの記憶のメタファーとして用いられている。わたしたちは忘れてはいけない――その下にあるものに目を向け、ホロコーストを暴き、白日のもとにさらすべきなのだ。

人類は一つの道徳的共同体として、第二次世界大戦で起きたこの犯罪の記憶を留めるべきだという認識は、広く受け入れられている（Margalit 2002: 78）。だが、ホロコーストを公然と、積極的に、公式に追悼記念することは、多くの国で容易ではなかった。アラン・レネ（一九二二－二〇一四年）は『夜と霧（*Nuit et Brouillard*）』で、陰鬱な影に覆われたホロコーストに色彩をもたらし、想起のプロセスを生み出した。この映画は、教育の場で遂行的に用いられるか、追悼記念の場で儀式的な目的で上映されることが多く、ナラティブの歴史に刺激を与えた。レネの映画で使われる数多くのアーカイブ映像は、その後別のドキュメンタリーでも使われたので、一般視聴者にもよく知られるようになった。記憶の構築――それに、ポール・コナトン（1989: 21）が主張するように、社会的・民族的集団への所属性が判然としない人々の過去とアイデンティティを特定するという、複雑なプロセス――も、映画という媒体に大いに影響を受けていると思われる。ホロコーストの影響を重視する歴史家が、長年にわたり映画の果たす役割を無視してきたのに対し、本書は映画の果たす役割が研究対象となる。このアプローチは、映画や文学からの情報が自伝的記憶に影響を与えるという、社会心理学の考え方に裏づけられる（Welzer 2002 を参照）。

本書が支持する主要命題の一つは、ホロコーストが多くの社会に与えた影響を、『夜と霧（*Nuit et Brouillard*）』が増幅させたということだ。レネが一九五五年後半に映画を完成させてからというもの、この映画は多くの論説で取り上げられてきた。しかし、それから半世紀が過ぎた今なお、もっとも有名なドキュメンタリー映画であるこの作品の受容については、分析されていない点が多いと言われている。『夜と霧（*Nuit et Brouillard*）』が比較史にとって有益なのは、多大な影響を及ぼした最初のホロコースト映画だからだ。過去のイメージの流布と流用に重大な役割を果たし、この映画に関する議論はアイデンティティの定義または構築、記憶の形成に役立ち、こんにちでもやはり観る者に動揺を与える。『夜と霧（*Nuit et Brouillard*）』の公開から五〇年がたち、視聴者は公開当初とは異なる反応を示し、初期の観客とは異なる方法で、記憶をふたたび読み込むか、取り戻す。異なる方法と背景ではあるが、記憶を担い記憶に訴える映画資料と向き合うことで、どの世代の視聴者も、記憶を留めるという共通の経験をする。この映画を観ることで始まった記憶の経験について心情や意見を交換する視聴者は、ホロコーストの記憶についての言説も構築する。言説は多数の媒体から成り、現代の媒体なら幅広い聴衆に届けられる。つまり、有力な媒体は一般大衆の記憶に多大な影響を与えるということになるが、たとえそうであっても、それは多数の事例研究によってのみ証明される。

多様な背景や、国家、社会（イギリス、フランス、ドイツ、イスラエル、オランダ、アメリカ）における『夜と霧（*Nuit et Brouillard*）』の受容に関する事例研究を示すほか、本書は各々の視点についても考察する。映画の制作過程をひも解き、ホロコーストの描き方について検討する。本書は、ホロコーストの記憶の研究に根強く残る問題を起点にし、政治家や文化批評家、一般大衆がホロコーストをどのように吸収したのか、相対的理解を示すように努める。本書の寄稿者は、国家の見解、政治的見解、主要な知識人の見解など、さまざまな記憶戦略を扱い、それが集団の記憶、国家の記憶、大衆の記憶に与えた影響について考察する。寄稿者はこのようにして、ホロコーストの記憶が伝達された状況を明るみに出し、解明に努める。そのためには、現存する歴史的証拠（批評、インタビュー、調査など）に大いに頼る必要がある。保存記録は記憶の戦略を裏づけ、構成し、明らかにするので、可能なかぎり、さまざまな機関の記録資料を利用している。寄稿者はできるだけ多くの情報源を突きとめようと手を尽くした。たとえば、手紙、電報、覚書、声明、メモ（会話、電話、ラジオ）、議事録、請願書、領収書、ランキングリスト、公文書館に保管された総覧などで、どれも種々の受容を読み解くのに役立った。

この映画が、多様な集団や社会での、公然のまたは潜在意識下の記憶の営みの中で、その地位をどのように確立したのかを検証すると、自然と次のように矛盾した状況が導かれる。

追悼記念事業は、個人や集団の記憶の調整を伴うので、当然、社会的・政治的な活動である。その記憶が、激しい争いや奮闘、ときには殲滅の産物であっても、その帰着は合意に基づいているように思われる。

（Gillis 1994: 5）

本書で示す事例研究は、イデオロギーや文化の形成過程を明るみに出すことを目的とする。相対的理解を示すために、本書には首尾一貫したアプローチが求められた。したがって、『夜と霧（*Nuit et Brouillard*）』の受容に関する各事例研究では、次のような問題に取り組んだ。映画のフランス語版は、いつ、どこで、どのようにして初上映されたのか。政府が映画上映を奨励したかどうか。映画、過去、現在、未来に反応が集中するか。ホロコーストがユダヤ人の命を奪ったと映画のナレーションが明言していないという事実に言及した反応には、どのようなものがあるか。映画の受容は追悼記念のポリティックスと一致するかどうか。

記憶という概念が包括的に構成されるようになり、『夜と霧（*Nuit et Brouillard*）』やその他文化的人工物の受容が重要な役割を果たす学際的研究テーマとなった。文化的人工物に対する人々の反応が、芸術的・倫理的立場や意見について何かを伝えるだけではなく、ある期間の政治的・社会文化的風潮も伝えるというこの種の研究結果は、往々にして曖昧である。さまざまな国での『夜と霧（*Nuit et Brouillard*）』の受容を分析することにより、映画の影響、ひいては各社会でのホロコーストの影響を評価することが可能である。したがって、『夜と霧（*Nuit et Brouillard*）』の受容の広範な歴史的背景は、集合的記憶の状態を測る尺度ととらえることができる。

ホロコースト研究は近年、記憶に関する問題と概念を明確に論じてきた。とくにジェイムズ・E・ヤング（1988, 1993）、ザウル・フリートレンダー（1993）、トニー・クシュナー（1994）、ドミニク・ラカプラ

（1994, 1998）、ピーテル・ラグロウ（2000）――もちろん彼らだけではないが――は、この分野にしかるべき貢献をしている。映画の中のホロコースト（Insdorf 2003）、文学に登場するホロコースト（Langer 1975; De Koven Ezrahi 1980; Rosenfeld 1980; Lang 1988; Schumacher 1998; Schwarz 1999; Ibsch 2004）、その他芸術に描かれたホロコースト（Apel 2002）に関し、多数の書籍が出版された。テレビや写真の解説を通してホロコーストが間接的に与えた影響も焦点となっており（Zelizer 1998; Shandler 1999; Knoch 2001）、やはり多くの書籍が世に出ているはずだ。

記憶のアプローチを多義的に用いる危険を避けるには、公的記憶から大衆の記憶まで、多様な記憶間の流動的な境界を意識することが重要である。物事を記憶する能力は文化によって枠にはめられ、思想や芸術品、場所と関わりを持つものだ。ピエール・ノラ（1984, 1986, 1992）は、儀式や象徴、事象、居場所によって異なる記憶が生み出されることに注目した。行為と場所は、過去に対する認識を特徴づける。記憶の場または領域（lieux de mémoire）という概念はパラダイムとなり、ジェイムズ・E・ヤング（1993）、エティエンヌ・フランソワとハーゲン・シュルツェ（2001）など、さまざまな国で数々の事例研究を生み出した。この概念は歴史学にも影響を与え、〝記憶〟は構造物であることが明らかにされた。

前述した研究者たちは、モーリス・アルブヴァクスが築いた土台を発展させた。アルブヴァクスが一九二五年に「集合的記憶」という用語を紹介したとき、彼は集団が価値判断のフレームワークを共有すること、集団のアイデンティティが記憶を構築することを指摘した。記憶においては、文化的交流――意見の交換や教育という意味で――がもっとも重要である。何しろそれは、記憶にとっての基盤であり前提である。人はコミュニケーションを図るときのみ記憶できると、アルブヴァクスは強調した。そのため、またオーラルヒストリーに重きを置く学者もいるために、社会の記憶について論じる際、一部の学者は「集合的記憶」より「社会的記憶」と呼ぶほうを好む（Burke 1989; Fentress & Wickham 1992; Olick & Robbins 1998）。二十世紀の過激な政治体制が集合という概念を乱用したので、「集合」という言葉には不利な響きがある。集団とか政治的に抑圧して画一化するといった意味を連想させ、アルブヴァクスの概念に些細な誤解を引き起こしやすくなる。記憶の社会的な面は確かに重要であるが、二つの用語を置き換えられるとは思わない。「社会的」記憶とは、集合的記憶の一部にすぎないからだ。したがって、またここでの議論のためにも、集合的記憶の分析には、「コミュニケーション的記憶」と「文化的記憶」との区別が必要だという立場に賛同したいと思う。ただし、この二つの概念を一つにしかねないような類似点も確かにある。行き詰まりを見せているこの用語問題には、まだ決着がついていないようだ[1]。集合的記憶には三相の概念があり、「公的記憶」が、コミュニケーション的記憶と文化的記憶の間にはさまれていると、わたしは考える。まずは、コミュニケーション的記憶と文化的記憶の考察から始めよう。

ヤン・アスマンは著名な研究『文化的記憶（*Das kulturelle Gedächtnis*）』（一九九二年）において、集合的記憶を文化的記憶とコミュニケーション的記憶に分けた際、文化的記憶に含める必要がある正統な文化的人工物と非正統な文化的人工物を意図していた。文化的人工物は過去の文化の情報の担い手だとある程度はっきり言えるからだ。アスマンによれば、文化的記憶とは、ある集団（または集団に属する個人）の過去の情報を包括するあらゆる文化遺物と儀式で構成され、その集団により論じられるものだという。コミュニケーション的記憶とは、集団の忘却を防ぐために、三、四世代の間——少なくとも小規模に——その時代に生きた人により伝えられる、生きる人々の記憶（たとえばホロコーストの記憶など）を指す。こうした目撃者の記憶がすたれると、文化的記憶がそれを部分的に引き継ぐようになる。当然ながら、これは置き換わるという意味ではない。正統的意味でも神話的意味でも、文化遺物ならば——理論上は——無限に記憶を担える。社会的記憶を提唱する者の中には、文化的記憶を除外し、コミュニケーション的記憶を社会的記憶という用語と同一視する者もいるので、『夜と霧（*Nuit et Brouillard*）』を扱うときに生じる問題を述べるには、アスマンの説のほうが好ましいと思う。

『夜と霧（*Nuit et Brouillard*）』がどう受け止められてきたか、具体的に言うならば、世代間の交流（コミュニケーション的記憶）により、どう伝えられてきたかについて分析を試みることは、文化的記憶に対する注目とコミュニケーション的記憶に対する注目を結合させることである。映画を通して、人々は歴史についての情報を得ることができるし、死者を思い出したり、追悼したりするようにもなる。過去を真剣に扱うきっかけとなった映画もある。外国の作品でも、国民文化に歴史を伝える役割の一翼を担うことが、間違いなく可能である。つまるところ、コミュニケーションによる追憶のプロセスは、必ずしも一つの国家背景に属さない文化的記憶に支えられているということだ。たとえば、フランス人やヨーロッパの人々が振り返るとき、『夜と霧（*Nuit et Brouillard*）』は複数の文化背景で考察され、異なる国や大陸で論じられてきた。文化的記憶に属する議論に対処すれば、追憶の固定化に影響を与え、コミュニケーション的記憶内でやり取りすることになる。その逆もまた同様である。この考え方は、文化的記憶の地位、および文化的記憶とコミュニケーション的記憶との相互作用を再定義する。本書の主眼——『夜と霧（*Nuit et Brouillard*）』が複数の社会、または社会の中の集団により、どのように考察されてきたか——は、コミュニケーション的記憶に対処するための道筋をつける。本書で前提となるのは、コミュニケーション的記憶は文化的記憶を拠りどころとする存在になりうるし、その逆もまたしかり、という考えだ。言い換えれば、コミュニケーション的記憶と文化的記憶は、コミュニケーションのための器とみなすべきだということである。ハラルト・ヴェルツァー（2002）が主張するように、メディアは自伝的記憶に影響を与えるという信念は、コミュニケーション的記憶も文化的記憶の伝達により形成されるという考察を裏づける。

ここで、読者に第三の記憶の「形態」について思い出してもらいたい。コミュニケーション的記憶について検討するとき、これは単独で明白に存在しうるということを心得る必要がある。コミュニケーション的記憶から公的記憶へのステップは、ほとんど人目につかない。個人的領域で始まったやり取りは、公的領域へとやすやすと境界を越えられるからだ。そこで、有力な見解（政治家、知識人、学者などの見解）と直面し、政治的議論を経て、記憶はある時点で、芸術やメディア、建築、儀式などに保存される。しかし、このモデルにおける集合的記憶は、三相から成るものであり、三段階のプロセスではない。要するに、こうした記憶の局面は、必ずしも時系列で起こるわけではないということだ。理論的に考えれば、一要素が欠けているか表面化しないこともあるだろう。

受容の進行を通して、コミュニティがどんな記憶をどのように留めるのか、ホロコーストについて何をどのように記憶したいのかがわかる。過去というこの社会構築主義的概念に取り組むとき、文化的記憶を重視することで、コミュニケーション的記憶も関連させることになり恩恵を得られるという考えを、本書では展開する。文化遺物の受容は、ホロコーストに関する別の領域のコミュニケーションと関わるということだ。同時に、文化的記憶とコミュニケーション的記憶に与える政治的記憶の影響も除外できないし、政治的記憶の仕組みを疎外することも、それが生じたときに注目しないことも許されない。記憶のプロセスに重点的に取り組む際には、記憶の水平線がどこで結びつくのか、何度も検証する必要がある。筆者がこれを強調するのは、集合的記憶の研究は、「メソッドや資料に関して、受容の問題への関心がいまだ十分ではない」（Kansteiner 2002: 180）との見方に同意するからだ。

本書で示す事例研究は、『夜と霧（*Nuit et Brouillard*）』に関するまったく新しい研究の基礎となり、ホロコーストの記憶のプロセスを指し示すものだ。これまでホロコーストの記憶を把握しようとした者の多くは、『夜と霧（*Nuit et Brouillard*）』の重要性に触れているが、その多様な受容についての言説を分析した者はいない。映画に対する反応を検証すれば、記憶のメカニズムと戦後の重大な時期の記憶のポリティックスが、詳らかになる。本書の事例研究が示す各国の比較は、文化遺物が記憶に占める地位や、直接的・間接的にホロコーストに巻き込まれた国の記念追悼政策に関する言説に、貴重な洞察を授ける。ホロコースト、映画、文学、記憶、歴史、ユダヤ人の歴史と文化に関心を抱く研究者や学生にとって、本書の事例研究は非常に有益なものになるはずだ。文化的記憶をコミュニケーション的記憶、公的記憶と結びつけたいと考える者にとっては、模範となるだろう。

大衆文化では、「夜と霧」のテーマは多様なかたちで現れた。一九六三年、フランス人歌手のジャン・フェラは『夜と霧（*Nuit et Brouillard*）』という歌を発表した。歌詞の説明の力は限られていた――つまり、映画のナレーションがホロコーストを描写した方法を踏襲していたが、『夜と霧（*Nuit et Brouillard*）』から学べる教訓をもたらしはしなかった。一九八〇年代、夜と霧（Nacht und Nebel）という、どう考えても挑発的な名前をつけた、ベルギーの人気バンドもいた。フェラの歌は多少映画に影響を受けていたので、彼の歌を聴けば映画を思い出すかもしれないが、シンセサイザーで奏でられたベルギーのバンドのＣＤを聴いた者はどうだろうか？　バンドのメンバーはその名前の由来を知っていたのだろうか？　さらに、一九九〇年代になると、何とドイツで、「夜陰に乗じて（Bei Nacht und Nebel）」というボードゲーム（参加人数は四人まで、対象年齢は八歳以上）が発売された！　闇夜に森の湖畔で道を探すという内容のこのボードゲームで遊ぶ者たちは、この無邪気な表現にかつてどんなひどい意味があったのか、果たして気づくことがあるのだろうか？　この表現がナチスによってどのように汚されたのか、忘れられてしまったのだろうか？　それとも、ドイツ人はナチスという重荷から解放されたのだろうか？　人々の歴史がどう語り継がれるのかについては不透明であり、いわば記憶のゲームと言えるのだが、それは文化的記憶の証であり、集合的記憶全体の構成が探究されるときに、初めて理解されるプロセスなのである。

第一章　映画『夜と霧』における記憶の構築

エーヴァウト・ファン・デル・クナープ

ホロコーストについて考えを巡らせるとき、ドキュメンタリー映画『夜と霧（*Nuit et Brouillard*）』の映像があなたの頭に浮かぶかもしれない。だが、映像の表現力が強すぎるあまり、映画が本来の出来事を覆い隠してしまうこともある。表象されたもの以上に表象が優先することを踏まえると、果たして歴史的事象の真実を把握できるのか、映像から受ける印象を内在化するだけで十分なのかという、根本的な疑問に行き着く。本章ではその疑問に最終的な答えを出さずに、アラン・レネの映画における記憶に関連する表象の問題を検討する。

『夜と霧（*Nuit et Brouillard*）』は記憶についての映画である。記憶の場という概念が流行り出す前に、レネは記憶の探究を企てた。一九五五年当時の打ち捨てられたアウシュヴィッツ収容所の廃墟と瓦礫が、古代の記憶術にも似た、解釈学という行為の起点であった。歴史的事件の現場だった廃墟を見つめるとき、ある種の空想が湧き上がり戦慄が走る。つまり、わたしたちは強制収容所という閉鎖空間で起きたことを想像し、自分たちの時代に関連づけようとするのだ。その過程で、収容所の廃墟は腐葉土の役割を果たし、それを土壌として啓蒙という希望が花開く。言い換えれば、残虐行為を今後いかに阻止するかについて、鑑賞者は考えざるをえなくなる。この映画で用いられた、モノクロ映像とカラー映像、スチール写真と動画を組み合わせるという手法は、記憶に疑問を抱き、記憶を調べる時代に先鞭をつけた。

概念や事象を効果的に首尾よく伝える、時代を超越した秘密の処方箋など存在しない。事実として信頼に足る経験は、フィクションと同じくらい大きな影響を大勢の観客に与えられる。一九七八年にオランダで出版された、ヨナ・オバースキーの伝記小説『チャイルドフッド（*Kinderjaren*）』〔キネマ旬報社、一九九四年〕がその一例である。これは、子ども時代にナチスの強制収容所で過ごした体験を、その後何十年もたってから子どもの視点で綴った作品だ。オバースキーの観点は多くの読者の目を開かせた。出版から一五年後、この小説を基にして、ロベルト・ファエンツァが『鯨の中のジョナ（*Jona Che Visse nella Balena*）』（一九九三年）という映画を撮影した。ロベルト・ベニーニが主演・監督した映画『ライフ・イズ・ビューティフル（*La vita è bella*）』（一九九八年）がいくつもの賞を受賞した理由の一つは、子どもの目を通した強制収容所のとらえ方が非常に感動的だったからだ。オバースキーの小説に、または彼の体験を基にファエンツァが一九九三年に制作した映画に、ベニーニが触発された可能性を無視すべきではない。いずれにせよ、一九九八年に公開されたこの架空のストーリーは、歴史的枠組がなければ鑑賞者に理解されないだろう。フィクションは、経験的実在を認識することにより活かされるものだ。たとえば、終戦直後の数年間にホロコーストをテーマにした映画を撮った監督は、それ以降の監督と比べて、現実に近い内容の映画を作った。

アウシュヴィッツを舞台にした映画『アウシュヴィッツの女囚（*Ostatni etap*）』（原題の意味は「最後の局面」）を一九四七年に撮影したヴァンダ・ヤクボフスカとは違い、レネは強制収容所の生還者に収容所の体験を再現させることを好まなかった（Avisar 1988: 35–8 を参照）。レネはむしろ場所や光景を記録することを選んだ。その後かなりの年月を経てから、クロード・ランズマンは、映画『ショア（*Shoah*）』（一九八五年）で表象の問題の解決策を見出そうとし、ホロコーストの加害者と被害者に追体験させることによって、ホロコーストを感情面で理解できるようにすべきだと訴えた。非人道的犯罪の映像は観客の心をとらえないのではないかと、ランズマンが懸念したのに対し、追悼が先決問題だった一九五五年当時、レネは、大半の観客に知られていない、ホロコーストに関するわずかな視覚資料で間に合わせるしかなかった。レネのドキュメンタリー映画の狙いは、事実を提示することで実態を思い出すように促し、新たな残虐行為を阻止することだった。

『夜と霧（*Nuit et Brouillard*）』を制作するにあたり、レネには予算も期間も限られていた。一九五五年五月二十四日に契約を交わし、助成金の都合で同年のクリスマスまでに映画を完成させなくてはならなかったのだ。[1] レネの映画撮影班は、一九五五年九月二十九日から十月四日にかけてアウシュヴィッツ＝ビルケナウで、その後十月七日から十日にかけてマイダネクで撮影した。[2] 彼はアーカイブ映像をモノクロ資料に頼らざるをえなかった。フランス、ドイツ、イギリスのどの軍事筋も、資料をいっさい提供しなかった。各国軍が裏で結託して、このような非協力的態度を取っているとレネは考えた（Resnais 1987: 53）。要するに、ナチスの残虐行為を示すことによって、自分たちの軍人としての威信が傷つくのはごめんだと、誰もが思ったのだ。

フランス当局にとっても、『夜と霧（*Nuit et Brouillard*）』には受け入れがたい点があった。フランス映画検閲委員会は早くから扱いづらい問題を提起した。一九五五年十二月に、ピティヴィエ強制収容所で職務に就くフランス人警官が映る場面の削除を要請したのだ。委員会は当時の政権を侮辱したくないと考えたわけだが、どうやらヴィシー政権と戦後体制の民主的な警察部隊との区別がつかなかったようだ。レネはそ

図１　『夜と霧（*Nuit et Brouillard*）』のアウシュヴィッツでの撮影風景（© Argos Films）

の削除要請を拒否した。だが結局、ケピ帽〔フランス軍やフランス警察の制帽〕とそれを被る人物が特定できないように、画面を修正するという妥協案を受け入れ、フレームの左上の隅を棒線で隠した。一方で、映像とナレーションの関連性は重要であるから、「Camp de Pithiviers（ピティヴィエ収容所）」の名称はナレーションに残すべきだとレネは主張した（Resnais 1987: 55–6）[3]。このようないきさつにより、国民社会主義者の活動がフランス国内に存在したことは否定されなかったが、映像を修正したせいでフランスの協力は明らかにされなかった。奇妙なことに、検閲の要求で入れた棒線は、映画がＤＶＤ化されたときには消されていた。棒線はもはやこの映画の歴史の一部と化していたので、検閲の痕跡を残すべきだったか否かについては疑問が持たれる。

構成

このドキュメンタリー映画は、三〇六のショット、二三のシークエンスで構成されている(Raskin 1987:65–130)が、ライナー・ハイニッヒが指摘するように、シークエンスは一五しかないとも言える(1958: 2, 9–10)。すでに伝説となっていたこのドキュメンタリー映画の構成に再度焦点を絞るために、集中的に議論されたのち早い段階で分析が行なわれた。導入部と結びのほかに、映画は全体として五つのパートで構成される。どのパートでも、過去と現在がモノクロとカラーの映像で交互に現れ、映像から文章へ、静から動へと、対位法的な流れを生み出し、希望から絶望へと行きつ戻りつする(Colombat 1993: 136–7)。冒頭のショットで、雑草が生い茂るアウシュヴィッツ絶滅収容所の跡地と、かつてそこで行なわれた非人道的な犯罪とのくっきりした対比が穏やかに映し出される。映画の最初のパートでは、まずナチスのイデオロギーを取り上げてから、一九五五年のアウシュヴィッツの光景に戻る。二番目のパートでは、苦しみ飢える被収容者たちと、申し分のない生活を送るSSとの対比が描かれる。三番目のパートでは、科学実験、身体的拷問、処刑、支配層専用の売春宿など、被収容者に負わされた加虐的状況が描かれる。四番目のパートは最初から最後まで白黒の映像で、ガス室と累々たる死体の山の映像を用いて、確立された絶滅手法について取り上げる。五番目のパートは、解放の場面とこのおぞましい所業の露呈、そして責任の所在の問題を提示して締めくくられる。結びで、カメラは撮影当時の一九五五年に戻る。その十年前にこの場所でどれほどおぞましい出来事があったのかを語り、どんな洞察が得られたのか、それが鑑賞者の人生にどんな意味を持つのかと疑問を投げかける。こうしてホロコーストは暴かれる。

非人道的行為に関するかぎり、後世の研究が変更や修正を加える必要のないほど、『夜と霧(*Nuit et*

Brouillard)』はそれを描き出している。映画公開から四〇年近くがたち、社会学的分析により収容所での戦慄すべき所業が確認されたが、映画にはすでにその詳細が描かれていた。たとえば、健康状態に基づいた分類と変動的な階層化、物々交換の品々、仕事の種類、相互連帯、弾圧者が気まぐれに見せる残忍性、延々と続く点呼、適切な治療の欠如、医療行為の名目による選別などである（Sofsky 1999を参照）。

視覚的表現力

無声映画に関する往年の理論が、『夜と霧（*Nuit et Brouillard*）』の分析に適用できる。ベラ・バラージュは一九二四年に、無声映画は人目を引くパントマイムの力と、どの国の人にも理解できる物真似という術《すべ》を利用していると述べた（1980: 33）。『夜と霧（*Nuit et Brouillard*）』には、ナチスと犠牲者の姿が映るアーカイブ映像が使われている。画面の犠牲者は演技をしていないが、ナチスの中にはカメラに向かって演じている者もいるかもしれない。この場面で用いられる無声という表現方法は、会話よりも多くのことを伝えており、バラージュの理論の正しさを証明する。この現象は、アーカイブ映像を扱うすべての映画にあてはまる可能性がある。収容所で正面から撮影される映像が多かったのは、人物の顔をよく描写するためだとされている。カメラは死刑を宣告された人々を探り、暴いたのである（Losson 1999: 30–2）。

ロラン・バルトが提唱した〝ストゥディウム〟と〝プンクトゥム〟も、『夜と霧（*Nuit et Brouillard*）』に適用できる。〝ストゥディウム〟が、映画の背景と意図に観る者が抱く全般的関心を指すのに対し、〝プンクトゥム〟は、映画で印象に残ったことによって引き出される魅力を指す（1985: 35）。バルトはこの二つの言葉を写真に対してのみ用い、映像には用いなかった。わたしはバルトとは対照的に、『夜と霧（*Nuit et*

Brouillard)』の静止画も動画も、たとえば物体、表現、遺体、身振りなどが注意を引く場合には、観る者に〝プンクトゥム〟を体験させられると主張したい（矛盾しない別のアプローチについては、Wilson 2005を参照）。鑑賞者のこうした受け止め方は、ジークフリート・クラカウアーが自らの映画理論で述べた、傍白の魅力に回帰する（1971: 86）。

この視聴覚の時代にあって、衝撃的な映像への対処がいかに難しいか、スーザン・ソンタグは長年論じてきた。何かを「見つめていて」世界のざわめきに囲まれている人々にとって、沈思が難しいことを裏づけるために、ソンタグは意図的に、ワルシャワのゲットーで手を上げる少年という、一九四三年に撮影された象徴的な写真に言及した（2003: 119）。『夜と霧（*Nuit et Brouillard*）』でも、この有名な写真が使われている。人間の苦悩を写した写真に迫る難しさはひとまず脇に置き、他者の〝喜び〟を見る難しさに注目したいと思う。『夜と霧（*Nuit et Brouillard*）』には、笑顔を浮かべる――あるいはさまざまに演じる――看守や将校、SS、傍観者が登場する。この種の映像についても、入念に検討する必要がある。

ナラティブ・スタイル

シモーヌ・ド・ボーヴォワールは、特別試写会で『夜と霧（*Nuit et Brouillard*）』を観たあと、言葉を失ったようだ。自伝『或る戦後（*La force des choses*）』〔紀伊國屋書店、一九六五年〕でこの試写会に触れているが、映画の内容や感想は一言もない。鑑賞後にドキュメンタリー映画の論評を依頼されたが、そのような窮屈な枠組の仕事は難しい、とだけ記されていた（1963: 371）。ボーヴォワールは後年、クロード・ランズマン監督の『ショア』の脚本に序文を書いた。彼女がこれを書いたということは、『夜と霧（*Nuit et Brouillard*）』のナレーションに対し暗黙の敬意を表したと解釈できる。

『夜と霧（*Nuit et Brouillard*）』のナレーションを書いたのは、ジャン・ケロール（一九一一―二〇〇五年）である。ケロールのナレーションは、これをドイツ語に翻訳した詩人、パウル・ツェランの作品全集が一九八三年に刊行されるまで、活字としては発表されなかった（1983, vol. 4: 76–99）。ようやくフランスで発表されたのは、一九九七年になってからだった。ケロールはフランスの詩人で、のちほど詳述するが、彼自身も「夜と霧」命令により収容所に送られるという経験をした。彼が収容されたのはアウシュヴィッツではなく、マウトハウゼン強制収容所だった。映画はアウシュヴィッツを記憶の中心に据え、アウシュヴィッツやベルゲン＝ベルゼン、ブーヘンヴァルト、ダッハウ、マウトハウゼンなどの強制収容所の映像を使用した。『夜と霧（*Nuit et Brouillard*）』は、映像にナレーションと音楽を結びつける。映像は、時間や場所、状況に関する情報を観る者に授ける。ナレーションはこの情報を補い、端的に倫理的判断を下す。ナレーションの修辞疑問文が、視聴者に積極的な立場を取るように迫る。映像と同じように、文章は記憶を助けるために語られる。一九五五年のアウシュヴィッツの静かな風景を目の当たりにするとき、記憶はわたしたちを強制収容の日々に引き戻す。だが、こうした過去の年月と記憶は、アウシュヴィッツに限らない。

ケロールは確立された修辞学の境界線に忠実であるが、従来の境界を頑なに守っているわけではない。映画の修辞学的意図は、古典的な記憶術を用いており、映像とナレーションを構造化することで活かされている。まず、平和な時代にアウシュヴィッツを訪れた映像を用いて、ナレーターは特定の話題（有限の問題《クアエスティオ・フィニータ》）を進める。彼は価値判断なしにそうしているわけではなく、強制収容所と絶滅収容所で何が起きたか事前に知っていることを起点にして話す。この導入（前置き《エグゾルディウム》）のあと、ナレーションは国民社会主義の台頭から始めて、移送の時期まで話を進める。二回目のフラッシュバックのカラー映像で、ケロールは次の命題を提示する（提示《プロポジティオ》）。絶滅収容所の跡地を訪ねる目的は何か？　以降のナレーションで、この命題は感情的で情報に富んだ論拠により擁護される（論証《アーグメンタティオ》）。視聴者は過去に起きたことを頭に思い描こうとし、その恐怖を描くことで主題を明白にしようとするのだ。最後に（結び《ペロラティオ》）、ケロールは視聴者に対し、何が起きたのかをふたたびはっきり思い起こさせ、罪を認めない人々を非難し、このような恐怖が再発する危険を警告する。この警告が二つ目のテーマであり、戦略的見地から最後に述べられる。感情に訴えること（動かす《モヴェーレ》）によって、証拠を告げて提供すること（教える《ドケーレ》、検証する《プロバーレ》）によって、何が起きたのかについて、そうした事態の再発を阻止する必要性について、ケロールは観る者に納得させようとしたのだ。この点に関し、レネは恐怖を描いて大衆の感情に訴えたにすぎないという批判があるが、これには驚かされる（Mitry 1998: 342）。このような批判は、映画が制作された時代を考慮していないばかりか、『夜と霧（*Nuit et Brouillard*）』の手段と目的を過小評価するものだ。

　ナレーターは冒頭のショットから、自分が草に覆われたアウシュヴィッツ収容所に足を踏み入れた一団の一人だと明かす。たとえば、「わたしたちのほかに足跡はない」という件《くだり》がある。しかも客観的な口調で解説する。「収容所を一見したところ」「人（one）は早く眠りにつかなくてはならない」「移送された人々にとって、寝ても覚めても頭から離れないことがある。食べ物だ」という具合だ。「人（one）」という特定の個人を指さない代名詞を用い、移送された人々を代弁して話すことにより、ナレーターは自らの視野の狭さから逃れたがっていることがうかがわれる。したがって、ケロールの経験は解説の基盤の一部ではあるが、可能なかぎり自らの経験を目立たなくさせている。最後のシークエンスのカラー映像で、ケロールはようやく自身のことをナレーターに言及させる。「わたしが語りかけている今このとき」。ここで彼は、一九五五年のショットとこの映画を体験している時点との、時の流れの橋渡しをしたいと考える。

図2　ジャン・ケロール，1960年頃

ケロールはふたたび、映画制作の時点とはっきり関連づける。脚本の「わたし」という語り口は、ナレーションが醸し出す雰囲気と一致しなくてはならない。ケロールは次に、こうした映像を観る人々のことを、破壊につながりかねない新展開について警告を受けるべき集合体として、一人称複数形で書く。『夜と霧（*Nuit et Brouillard*）』の脚本は、集合的アイデンティティの感覚に資することを目的にしているように思われる。

ホロコーストは象徴的表象の歴史からの著しい逸脱だった。『夜と霧（*Nuit et Brouillard*）』で、レネは言語に絶することを敢えて語った。それを果たすために、ナレーションにテーマを持たせる手法を取った。殺された人々の亡骸を処理する場面で、ケロールは暗示的看過去《プラエテリティオ》という、信頼に足る修辞技法を採用している。「この遺体で……何とも言いようがないのだが……目的はこの遺体から石鹸を作ることだった……。皮膚では……（Avec les corps... mais on ne peut plus rien dire... avec les corps, on veut fabriquer du savon... Quant à la peau...）」。起きたことは筆舌に尽くしがたいと語り手は最初に述べるが、次にその事実に言及する。ここでは映像とナレーションが緊密に連携している。鑑賞者は遺体と石鹸を目にする。皮膚も目に入るが、ナレーションはその描写を、観る者の想像に任せる。画面に映る数枚の人間の皮膚にさまざまな絵が描かれている。ナレーションがないので、被収容者の皮膚との無言の対面は、鑑賞者の想像力にあからさまに訴えかけ、観る者の視覚体験がわずかに満たされる。たとえば、どんな目的で皮膚を剝がしたのか疑問が湧き上がるかもしれない。そこで、人間の皮膚でランプシェードが作られたとナレーションが流れる。別の可能性を考える。人間の体から切り剝がしてまで刺青を手に入れようとする人たちの美意識とは、どのようなものかと思わざるをえない。そもそも、装飾として使うために皮膚の一部を切り剝がすなど、普通の人には思いもよらない悪質な行為である。外科的に組織を強奪するこの種の行為は、ナチスの医師が手広く行なっていた実験の一部だった。人間の体の部位を用いて何かを作るとは何ともおぞましい行為であり、暴力と殺人により実行されたことは間違いない。加工という実用的な目的の一方で、ただ刺青を手に入れるために皮膚を収集する行為に、実用的用途はない。原始社会で狩猟の戦利品を集めるにも似た、野蛮な美意識のなせる業である。たとえそんなことが可能であったとしても、犠牲者をそのように扱うなど、人間の体を実用目的で加工する以上におぞましいことである。

画像もケロールの脚本も、従来の決まりきった方法に頼らずにこの破壊を描いていることは、明白である。それにもかかわらず、映画自体は一般的な見識を示している。そうした見識の一部には、映画制作以降に生じたものもある（したがって、厳密に言えば見識を示しているとは言えない）。たとえば、体制に支持されている場合、人間は非道徳的なふるまいに及びやすい、といった結論などがそうである。「残酷さや道徳的無知が求められる役割に、多くの人はいともたやすく陥るものだ――その役割が上位の権限により正式に強化され、正当化されてさえいれば」（Bauman 1989: 168）。『夜と霧（*Nuit et Brouillard*）』のナレーションは、ドキュメンタリーにつきものである回想のプロセスを強固にする役割を果たしており、映画の構成の大きな特徴をなしている。歴史的経験を説くケロールの表現は、驚くほど穏やかで的を射ており、効果的だ。

映画ではその存在が目立たないが、目撃者であるケロールの扱い方については、ジェイムズ・E・ヤングの説が思い起こされる。ヤングはホロコーストの生還者をビデオ撮影することに関して、「証言を録画する目的は、体験を記録することや、そうした事実を提示することではない。むしろ、証言する目撃者の姿を記録すること、証言という行為で生まれる、出来事の理解と意味を記録することである」（1988: 159）と述べた。

あらゆる証言は記憶の選択であり、証言が行なわれた状況において形成される。したがって、話し手がどのような背景で記憶を語るかについて考慮する必要がある。

企画の原点

『夜と霧（*Nuit et Brouillard*）』が歴史的信憑性に最善を尽くしているという印象は、映画に奥深い効果を与える。後に続く章で示されるように、映画受容に関するほとんどの記録には、この「恐ろしいほどの穏やかさ（douceur terrifiante）」（Truffaut 1956）が功を奏したとある。ドキュメンタリー映画の信頼性は、社会的・歴史的背景と結びつかねばならないことは言うまでもない。この点を考慮すると、『夜と霧（*Nuit et Brouillard*）』の制作は、第二次世界大戦の戦後十周年と、当時進行中だったアルジェリア戦争を抜きにしては考えられないだろう。歴史的受容と芸術的観点から、信頼性の価値は大きい。映画で使用されたアーカイブ映像は、（映画）史上、当時まだ大々的に公表されていなかった。ましてや、一つの物語にまとめられてはいなかった。さらに言えば、これほど重層的なドキュメンタリー映画は、かつて制作されたことがなかった。

レネは映画制作を打診されたとき、強制移送を実体験した人物を脚本家にするという条件が認められた場合にかぎり、監督を引き受けるという意向を示した。その脚本家というのが、ジャン・ケロールだった。ケロールは、グーゼン゠マウトハウゼン収容所の生還者で、『夜と霧の詩編（*Poèmes de la Nuit et du Brouillard*）』の作者である。映像を観たケロールは吐き気を催し、編集室で一行も書けなかった。その後ケロールが書いた脚本を、監督助手のクリス・マルケルが映像のリズムに合わせて調整した。ケロールはさらに、編集段階の変更を最終的に反映させた（Resnais 1987:53-4 を参照）。

「夜と霧（Nuit et Brouillard）」という言葉は、映画に二回登場する。最初は開始後七分、夜間に列車が到着し、あたりに霧が立ち込めている場面だ。二度目は、「ＮＮ」という白字の字幕がコートの背中に浮かび上がるところだ。(4) 映画のタイトルは、一九四一年十二月七日にヒトラーが発した命令、「夜と霧（Nacht und Nebel）」を指す。ヒトラーはこの名称を、リヒャルト・ワーグナーのオペラ『ニーベルングの指環』四部作の一つ、『ラインの黄金』に出てくる頭韻を踏んだスローガンから取ったとされる（Raskin 1987: 18 を参照）。この名称のせいで、「夜明けとともに」に匹敵する日常概念（「夜陰に乗じて（bei Nacht und Nebel）」が悪しきものになった。この概念の意味論的価値を、第二次世界大戦の歴史が否定的な含みで汚した。「夜と霧（Nacht und Nebel）」命令と宣告は、占領地域でナチスに抵抗した市民で一週間以内に死刑に処せられなかった者が、どこに行くのか、どんな運命が待ち受けているのか知らされないまま、みな移送させられることを意味した（Moltmann 1957:5-6）。フランスのレジスタンス活動家も、「夜と霧（Nacht und Nebel）」命令により、「ＮＮ」収監者として真夜中に逮捕された。夜霧のごとく跡形もなく、氏名不詳者として姿を消すことを余儀なくされた人々は、強制収容所で死ぬ運命にあった。精力的なレジスタンス活動家だったケロールは、一九四二年七月十日の午前四時に逮捕され、収容所に送られた。彼もやはりＮＮ収監者とされ、太い赤字のＮＮというおなじみの印とバツ印を、背中とズボンにつけられた。

映画のタイトルについてはいくつもの説明が可能だろうが、「夜と霧（Nacht und Nebel）」の歴史的意義に由来すると考える者は、移送された人々のごくわずかしか「ＮＮ」収監者ではなかったという事実に気づくべきである。この表現は映画の中で、別の記号をつけられた別の種類の囚人にとっても、同じ役目を果たしている。この一般化の傾向をとらえた映画批判は、ケロールの詩集の重要性に目を向けていなかったものと思われる。ケロールの個人的体験が、映画に決定的な影響を及ぼしたのだ。

第二次世界大戦は、ケロールの作品やタイトルで重要な役割を果たしている。たとえば、『生命は反応する（*La Vie répond*）』（一九四八年）『死体安置所で生まれて（*Le Charnier natal*）』（一九五〇年）『記憶の風（*Le vent de la mémoire*）』（一九五二年）などの作品が、それを裏づける。映画史に刻まれているように、『夜と霧（*Nuit et Brouillard*）』の制作は、ケロールが一九四五年に書いた『夜と霧の詩編（*Poèmes de la Nuit et du Brouillard*）』に、いくらか起因する。ケロールの詩が、映画のナレーションと融合するだけにとどまらないことは明白である。間テクスト性が何箇所かあることも、それを証明する。たとえば、詩「新たな時（Temps Nouveaux）」の冒頭の一行、「今こそ廃墟に植物が芽吹くときである（C'est maintenant le temps des herbes sur les ruines）」（Oster 1973:117を参照）のイメージは、映画の冒頭と結びに重なる。映画のナレーションはそこで、収容所跡地が自然の力に侵されつつあるという、新たな時代の流れについて述べている。

根拠としての歴史調査

ケロールはまったく白紙の状態でナレーションを書いたわけではなかった。ナレーションの内容は、自己の体験を扱った自らの著作により先鞭をつけられ、レネが選んだ視覚資料により枠組が定められ、ホロコーストの理解を試みるフランスの歴史家の企画により事前に方向づけられていた。一九五四年に出版された『一九四〇―四五年の強制移送の悲劇――ドイツ強制収容所の生還者の証言（*Tragédie de la déportation 1940–1945: Témoignages de survivants des camps de concentration allemands*）』が、映画『夜と霧（*Nuit et Brouillard*）』の文書資料である。当初、映画のタイトル候補の一つだった『レジスタンスと強制移送（*Résistance et Déportation*）』

は、間違いなくこの書名から影響を受けた（Delage 2005: 132）。同書の編者であるオルガ・ヴォルムゼルとアンリ・ミシェルは、レネの映画制作の実現に手を貸した。ヴォルムゼルとミシェルの二人は、映画制作の発注元である、第二次世界大戦歴史委員会のメンバーだった。委員会は一九五一年に設立され、七八年以降は、現代史研究所の名称で知られている。ミシェルは後日、映画という媒体は現代の歴史叙述において特別な位置を占める、と強く訴えた。この現代の歴史叙述の端緒を開いたのは、歴史的価値のある史料を戦時中に収集していた米軍歴史家の記録だった。

ヴォルムゼルはのちに、『夜と霧（*Nuit et Brouillard*）』から――とりわけケロールから――どれほど影響を受けたか、陰に陽に示した。自著の題名である『連合軍が収容所の門を解放したとき――強制収容所の悲劇の最終幕（*Quand les alliés ouvrirent les ports: Le dernier acte de la tragédie de la deportation*）』は、ケロールが書いた映画のナレーションの一文「連合軍が門を開けたとき……（Quand les alliés ouvrent les portes…）」から拝借した。ヴォルムゼルは自著でケロールについてはっきりと言及している（Wormser-Migot 1965: 11）。さらに、この史実を描くうえで説得力を高めるために、ケロールの『ナチスの強制収容所システム（*Le système concentrationnaire nazi*）』（一九六八年）から、何箇所か引用した。

ヴォルムゼルとミシェルは目撃証言のドキュメンテーションを行なう際、ユダヤ人の迫害について論じているが、それは議論の主題ではなかった。この点に関し、二人は映画監督に相談していなかったと思われる（Krantz 1985:109）。映画に反ユダヤ主義的要素が明らかに欠如している理由としては、ケロールがカトリック教徒であること、戦時中フランスが二重の役割を担っていたこと、一般にフランスの映画制作会社の偏向が甚だしかったこと、などが考えられなくもない（Krantz 1985: 112–14）。だが、この解釈はどう見ても成り立たず、最後の理由に関してはまったく説得力がない。ヴォルムゼルとミシェルのドキュメンテーションと、とりわけ二人が果たした顧問的役割については、忘れられている。

『一九四〇―四五年の強制移送の悲劇――ドイツ強制収容所の生還者の証言』と映画の構成は、驚くほど似通っている（Raskin 1987: 25–6）。現にこの書籍の章題は、次に示すように映画のテーマに瓜二つだ。（i）移送、（ii）収容所に到着、（iii）日々の生活、（iv）収容所の労働、（v）収容所内の社会的分類、（vi）人間の抵抗能力――その精神生活と抵抗、（vii）「死の部屋」たる病室、（viii）死（絶望による自殺から処刑まであらゆる種類の死、選別過程とガスによる処刑）、（ix）撤退と解放。[5] 各原文や映像を取り上げて構造と類似点を詳述する前に、犠牲者集団の立場の普遍化について検討する必要がある。

ホロコーストの非ユダヤ化

絶滅の仕組みが身の毛もよだつほど効率化されていたと、ナレーションは映画で何度か指摘する。レネは、映画のメッセージが当時起きていたアルジェリア戦争と関係があることを認めた。映画では死者を追悼するだけにとどまらず、歴史の真実を語り、破壊のその他の形態やシステムについて社会の注意を引きたい、とレネは訴えた。彼はこれに絡めて、フランス政府がアルジェリア人捕虜を拘留する収容所を設立したことにも言及した（Resnais 1987: 51)）。映画が観る者に与える審美的な影響に話が及ぶと、レネは疑念を露わにした（Prédal 1996: 114）。彼が当時の戦争に干渉しようとしたことが、つまり、集合的記憶のために情報を蓄え広めたいとするメディアの典型的な野心をこの映画によって増大させることで、同時代の人々に目前の危機を気づかせたいと意図していたことがうかがえる。

ダビデの星から大勢の人がユダヤ人だとわかる場面が、映画にはわずか四箇所しかないことについて、抗議の声が上がるのは当然だと言えるだろう（Michael 1984: 37）。『夜と霧（*Nuit et Brouillard*）』はユダヤ人絶滅に関するドキュメンタリーだと広くみなされていたが、研究が進むうちに、その見方は、厳密に言えば正しくないことが明らかになってきた。映画ではユダヤ人絶滅が明示されていないからである。ユダヤ人殺害に一言も触れていないのだから、映画制作者は歴史改竄の罪を犯したことになり、共犯者だとされた。その他多くの修正主義者と同様に、映画制作者は失われたユダヤ人の命を蔑ろにし、収容所にはユダヤ人以外にもさまざまな犠牲者集団がいたことを指摘した（ibid.）。したがって、『夜と霧（*Nuit et Brouillard*）』はホロコーストを「非ユダヤ化」し、ナチスの掲げた反ユダヤ主義を前面に押し出さなかった、と言い立てられた。政治的に公正《ポリティカリー・コレクト》な批評家は、内容も背景も検討せずこの主張に同調した。

「ユダヤ人」という言葉が一度も映画に使われないという指摘は、正しくない（この指摘は Michael による。1984: 37）。「ガレージ風」に建てられた収容所の場面で、ケロールは「アムステルダムから来たユダヤ人学生（étudiant juif d'Amsterdam）」に言及する。一度も使われていないと思われたのは英語の字幕のせいかもしれないが、その解釈は適切ではない（Krantz 1985: 108, 118）。だがやはり、ナレーションが集団虐殺を普遍化した点は、確かに特筆に値する。この「普遍化という言葉のために……視聴者はホロコーストの根本的現実を回避し……ユダヤ人犠牲者の苦しみに世界の大半は無関心だったという事実を無視することになる」（Michael 1984: 37）。映画はレジスタンス戦士や政治活動家に言及するが、強制移送者の最大の集団については正体を明かさないままだ。これに関しては、ケロール自身がレジスタンス運動に関わり、「夜と霧（Nacht und Nebel）」命令により収監されたという事実から、説明がつくだろう。ロバート・マイケルはこの事実や解釈については明記していない。一方で、映画のタイトルがヒトラーの命令に関連することについて、彼は的確にとらえている。[6]

こうした批判をする者は、大勢のユダヤ人が映像に映っているという事実を見過ごしている（Avisar 1988: 15–16）。またわたしは、目的論的な視点にも反対する。当時の鑑賞者は、どのような集団が強制移送されたのかを知っており、その大多数がユダヤ人であることを理解していたはずである。映画で挙げられた地名がユダヤ人の暮らしていた都市だと、映画を観た人々は気づいたにちがいない。最初に観た人たち、つまりナレーションをドイツ語とオランダ語に翻訳したユダヤ人の作家たち（前者がパウル・ツェラン、後者がフィクトル・ファン・フリースラント）も、もちろん気づいたはずだ。さらに、現代人が『夜と霧（*Nuit et Brouillard*）』を観るとき、ヨーロッパのユダヤ人の絶滅に考えが及ばないはずがない。だが言うまでもなく、この映画がホロコーストの一般的理解を社会に導入する役割を担っているという主張を裏づけるには、実証研究を行なうしかないだろう。

国民社会主義にとって最重要の動機であった反ユダヤ主義、およびユダヤ人絶滅計画を映画が告発していないという事実は、現在に至るまで争点となっている。ホロコーストが映画でなぜあのように描かれたのか、その背景についてはほかにもいくつか理由がある。ユダヤ人も、政治的理由で収容された者も、映画では同一視されていた。大量虐殺の犠牲者の大半はユダヤ人だったが、映画はそれを明確にしていない。犠牲者を区別しないこの姿勢は、戦争犠牲者の構成に対する一九五〇年代のフランスの見方を反映している（Friedländer 1993: 52）。レネのドキュメンタリーも、やはり一九五〇年代の思想の潮流に従った。何しろ、実存主義者が個人を重視していた時代である（Kramer 1996: 521）。以上の点から、映画で取り上げながらナチスをなぜ加害者と名指しないのか（Avisar 1988:1）、この映画がなぜフランスでも他国でも成功を収めたのか（Colombat 1993: 165）、説明がつくかもしれない。犠牲者であるとはどういうことかという認識の普遍化は、他国でも広がっていた犠牲者集団を区別しない傾向と一致した。

ホロコーストという人種差別政策に明確に言及していない点をめぐり繰り広げられた論争は、たった一文を加えるだけで避けられた可能性がある。レネが梗概で引用した次の内容を、ケロールは脚本執筆の最終段階で考慮に入れなかった。

「ユダヤ人問題の最終的解決」。一九四二年決定。「劣った人種は我々に仕えるべきである。ユダヤ人、ポーランド人、ジプシー、ロシア人は抹殺すべきだが、それは生産的に行なわれるべきだ。労働させて抹殺する方法が、もっとも生産的である……」(Delage 2005: 130 に引用)

絶滅を命じたこの歴史的決定に触れずに、ケロールは脚本でヒムラーの訪問のみ言及した。「一九四二年、ヒムラーは収容所を訪問。殲滅の必要があるが、生産的に行なわれなくてはならない。生産性に関しては技術者に任せ、ヒムラーは殲滅の課題に取りかかる」。ケロールが脚本に含めなかった理由は多々あるだろうが、映像の進行に合わせてナレーションをつける難しさに加えて、時間の制約があったことも念頭に置くべきだろう。注目すべきは、「殲滅」や「絶滅」という言葉が映画で実際に使われたことである。こうして、ナチスの狙いが人種に関わることだと、ケロールは端的に示唆したのだ。

一九六六年、『夜と霧（*Nuit et Brouillard*）』はユダヤ人に言及していないも同然だという抗議に対して、上映時間の制約からこれ以上詳しく扱うことができなかったと、ケロールは答えた。レネは普遍的なメッセージを伝えたかったと述べる一方で、自分が判断ミスを犯した可能性にも気づいていた（Krantz 1985: 108–9）。一九五六年に、たとえ長編映画でも、あのとき起きたことをあますところなく描くことはできなかったはずだと、ケロールは指摘していた。戦時中の出来事を客観的に描くことは不可能だと、この発言で遠回しに述べたのだ。『夜と霧（*Nuit et Brouillard*）』が伝えたかったことは、国民社会主義の収容所についての真実だった。したがって、この映画は根強い人種差別に対する失望の表現、および「死者（nos morts）」を偲ぶための記念碑だととらえる必要がある。反ユダヤ主義やユダヤ人犠牲者について、ケロールは一言も語らなかった（1956a）。目的論的な分析は、当然ながら、映画におけるミッシングリンクを浮き彫りにする。たとえばアンナ・レディング（2002）は、『夜と霧（*Nuit et Brouillard*）』のような映画がジェンダーの観点からいかにホロコーストの記憶を築いたのかについて重点的に取り組んだ。結果として、この映画が多くの残虐行為のジェンダー的側面とホロコーストに対する戦いを除外している、との結論に達したのももっともだった。

個人の心的外傷《トラウマ》に関わる映像にナレーションを書いたり、それを翻訳したりすることには苦痛を伴う。現代の外傷専門医によれば、初期のトラウマに関連する出来事に直面した場合、新たなトラウマが引き起こされるおそれがあるという。もちろん、治療を受けていない患者を調べるべきではない。とはいえ、強制収容所の生還者の大半は、おそらく心的外傷後ストレス障害（ＰＴＳＤ）を患っている（いた）と思われる。認知心理学では、トラウマを負った人は、トラウマとなった出来事に関連する言葉に非常に敏感だということが判明している（McNally 2003: 147）。つまり、著述業はトラウマを抱えた人にとって危険な職業ということになる。関連する言葉によって嫌な体験がよみがえり、ふたたびトラウマを負いやすいからだ。トラウマを負った人は記憶増進にも悩まされる。これは、自己の体験を過剰なほど鮮明に思い出す、記憶障害の一種である（McNally 2003: 21）。フランスのレジスタンス戦士（ケロール）が映画のナレーションを書き、ユダヤ人作家のパウル・ツェランとフィクトル・ファン・フリースラントが、それをドイツ語とオランダ語に訳した。ナレーションを検討する際には、この点を考慮する必要があるだろう。映像に文章を付け加える行為は、それ自体が難しい作業である。目撃者の立場でありながらそのような行為に及べば、さまざまな影響が生じるはずである。

『強制移送の悲劇』を織り込む

前述したように、詩と文献が『夜と霧（*Nuit et Brouillard*）』の基盤を形成した。ケロールの貢献に加えて、ヴォルムゼルとミシェルによるドキュメンテーションも重要な役割を果たしている。とはいえ、『強制移送の悲劇』の内容は、撮影技術で具体的にまとめることのできる範囲を超えていた。

彼らのドキュメンテーションとは対照的に、『夜と霧（*Nuit et Brouillard*）』は共感を示しながら追憶の旅に乗り出し、未来への教訓を授ける。ヴォルムゼルとミシェルは、もっぱらフランス人目撃者の証言および戦争体験に基づく数編の詩を用いて、『強制移送の悲劇』をまとめ、さらに数枚の写真と絵を加えた。フランスの視点だけで作られているので、あらゆる国の視点を取り入れたドキュメンテーションとは言えない。それと同じことが『夜と霧（*Nuit et Brouillard*）』にも当てはまる。この映画は、『強制移送の悲劇』が構築した歴史的視点にあからさまに基づいた歴史観を描いている。

『強制移送の悲劇』に掲載された一五枚の写真のうち、四枚がレネの映画で使われた。一枚目は、ブーヘンヴァルトに至る道を示すありふれた道路標識の写真で、画面に次のナレーションが流れる。「素朴な道路標識が人々に帰路を示す（Des pancartes de style rustique renvoient chacun chez soi）」（Wormser & Michel 1954: 48）。まる二枚目の写真は、消毒を待つ人々が立ち並ぶマウトハウゼンの広場で、「まず収容所を見てほしい。まるで別の惑星だ（Premier regard sur le camp: c'est une autre planète）」とナレーションが呼びかける場面で使われた（Wormser & Michel 1954: 49）。もちろん、この場面に至るまでの出来事は省略されている。収容所に到着後、真っ先に消毒が行なわれるわけではない。ナチスの欺瞞と恐怖の描写の最後に、レネはハルトハイム城（リンツ近辺）の写真を差し挟む。「これはハルトハイム城だ。窓を黒塗りしたバスで移送されてきた人々は、この城を二度と見ることはない（Ce château d'Hartheim, où des autocars aux vitres fumées conduisent des passagiers qu'on ne reverra plus）」。三枚目は、ヴォルムゼルとミシェルが、「マウトハウゼンの〝真っ黒な輸送車〟の目的地（but des "transport noirs" de Mauthausen）」とキャプションをつけた写真だ（1954: 64）。レネはこれを別の場面で使った。火葬場に向かうトラックのシークエンスを加えて、こんなナレーションを流したのだ。「〝真っ黒な輸送車〟は夜の帳が下りる頃に発ち、その行方は杳として知れない（"Transports noirs" qui partent à la nuit et dont personne ne saura jamais rien）」。ハルトハイムが大量の安楽死のために使われた事実は、このように戦争犯罪の別の場面へと仕立て直された。四枚目の写真は、映画の最後に登場するベルゼン収容所で遺体が山積みされた光景である（1954: 448）。

ユダヤ人の大量殺害は、『強制移送の悲劇』のまえがきでは二次的な問題としてしか取り上げられない。まえがきの第二段落で、「何百万もの人々の、何十万ものフランス人の殺害」（Wormser & Michel 1954: 7）と、まずは全体として、次に国籍を挙げて、犠牲者に言及する。ユダヤ人については第九段落になるまで触れてもいない。ユダヤ人大量殺害の規模を考えれば、ここまで後回しにするのは妥当ではない。ヴォルムゼルとミシェルは収容所に強制移送されるまでの道程を語っており、読者は資料でそれをたどることができる。「読者はその足取りをたどれる。移送者には男性、女性、子ども、キリスト教徒やユダヤ教徒、機械工や医者、ド゠ゴール支持者に共産主義者もいる」（1954: 10）。最初の章はこのような調子で展開する。強制移送の理由を四点挙げているが、ユダヤ人絶滅はそのうちの三番目にすぎない。一つ目の理由は、レジスタンスが結束しないように、占領地域の刑務所を空にするためだとされる。二つ目が、強制労働者を獲得するためであり、三つ目に、役に立たない者（「高齢のユダヤ人、女性、子ども」）を殺害するため、四つ目は、ドイツ人とSSに生活必需品を供給するためだという（1954: 13-14）。歴史家二人があれこれ列挙した、一貫性のない不適切な順番もさることながら、特筆すべきは、殺害対象をユダヤ人の高齢者と女性と子ども、と判で押したように一括りにして排斥していることだ。この種の移送は、政治的危険人物であるNN収監者などの少数の集団には適用されなかったと述べてから、移送先がそっけなくまとめられている（1954:13-14）。

この本の冒頭では、さまざまな犠牲者集団に対し、苦痛を被る順に勝手にランク付けがされる。「夜と霧（Nacht und Nebel）」というカテゴリーも取り上げられるが、これについては、同書の別の箇所で元NN収監者によって詳細に述べられる（Wormser & Michel 1954: 126）。二人の編者は、本文よりもあとがきでユダヤ人絶滅への関心を示した。強制移送されたフランス人政治犯一一万五〇〇〇人のうち、四万人が生還した。強制収容所に送られたフランス在住のユダヤ人十万人のうち、生還したのはわずか二八〇〇人だった。六〇〇万人の犠牲者が、「ユダヤ人であるという罪を遺体焼却炉で」（1954: 507）ともに背負った。

『強制移送の悲劇』と『夜と霧（*Nuit et Brouillard*）』には、ユダヤ人の立場に特別な注目を寄せていないという事実以上に、細かい類似点がある。それを示すには数例を挙げればこと足りるだろう。まず、マウトハウゼンの採石場の限界を超えた労働について、両者とも大いに注目した。マウトハウゼンで収容所生活の経験があるケロールは、採石場の箇所を読んで、とくに注意を引かれたにちがいない。映画のナレーションはこの採石場に触れている。『強制移送の悲劇』のまえがきでも、マウトハウゼンの採石場は（アウシュヴィッツ、ミッテルバウ＝ドーラ、シュタースフルトとともに）、非人道的な苦痛を課す場所だとされていた（1954: 47）。まえがき以外にも採石場の状況についての記述がある。ケロールも、切り出された沿道の石に刻まれたスペイン語の追悼文を引き合いに出している（1954: 43）。もう一つの類似点は、疲労困憊の描写に腐心している点である。映画は弱りきった者に光を当てる。心身ともに衰弱した彼らに残された望みはただ一つ、どこかに置き去りにされて死ぬことだ（1954:127）。書籍では、アウシュヴィッツのSSが、オペレッタに由来するドイツの有名な行進曲を聴きたがっていたという逸話が紹介される。それは「ベルリンの空（Berliner Luft）」であると判明した（1954: 442–3）。ケロールもナレーションに、労働に向かう行進に使われたオペレッタのことを書いた。その他の類似点には、ラウラとドーラという地下工場（1954: 178, 190）、被収容者と収容所職員のヒエラルキー（1954: 210）などがある。支配者と奴隷の区分については、映画公開の十年前に、ダヴィッド・ルセが著書『強制収容所の世界（*L'Univers concentrationnaire*）』（一九四六年）で喝破した。映画は、疲弊した人々の尊厳に重点を置いていた（1954: 210）。しかも、どちらかと言えば不相応なほど、その点に目を向けた。何しろ、医務室とそこで行なわれた残忍な実験について、一六六から一九〇までのショットを費やし、二分以上も映像が流れるのだ（1954: 295–351）。もちろん映画は残虐行為についてごく短く言及するだけだが、そうした場面を次々と見せれば、観客に及ぼす影響は甚大である。事実を詳細に語る余地は、『強制移送の悲劇』のほうがある。たとえば、去勢された三人の男性を映した五秒間の映像は、「ユダヤ人は断種を施されていた」（1954: 341–2）という噂を語る、一人の目撃者の一ページにわたる証言に相当する。

もっとも目を引くのは、『強制移送の悲劇』の結びとケロールの脚本の結びの部分が、驚くほど似通っている点である。同書はここでも目撃者の証言を引き合いに出している。収容所を生き延びたある弁護士の話が、生還者の苦悩をまざまざと突きつける。このような叫びは、いつの日か無関心と忘却の壁を突き破るだろう（1954: 507）と、ヴォルムゼルとミシェルは締めくくる。ケロールの脚本は、絶え間ない叫び声はわたしたちには聞こえない、という一文で結ばれる。この酷似はいかにも、ドキュメンテーションとそこから生まれたドキュメンタリーが、似通った構造で作られたという特色を示すものだ。『強制移送の悲劇』には、ケロールが脚本の最後に発した、似たような出来事がふたたび起きるおそれがあるという警告はない。ところが、ダヴィッド・ルセが一九四五年八月に著した『強制収容所の世界』では、最後にこの警鐘が鳴らされる。「だが、ＳＳの精神構造にも社会の下層階級にも見られる特徴の最たるものは、世界中の国々の社会の多岐にわたる分野でも見つかる……登場人物を違《たが》えて、将来似たような出来事が起こる可能性がある」(1946: 186–7)(7)。

ケロールの脚本が、彼の若い頃にすでに存在した考察や文章と無関係だと考えることは誤りだろうし、彼のナレーションが、本人の体験およびヴォルムゼルとミシェルの編んだ書籍だけを基盤に生まれたと考えることも誤りだろう。収容所を分析したルセの名著をケロールが熟読していたことも、当然考えられる。ジャーナリストだったルセは、一九四四年一月に収容所に送られ、いくつかの収容所生活を経て生還した。

音楽的表象

ユダヤ人作曲家で、東ドイツ国歌の作曲者である、ハンス・(ヨハネス)・アイスラーは、一九五五年十月八日に『夜と霧（*Nuit et Brouillard*）』の音楽を依頼され、二十五日に受諾する旨の電報を打った。十一月最後の週に、アイスラーはパリでこの映画音楽を作曲した。アルゴス・フィルムからは、十一月十五日から遅くとも十二月一日までに仕上げてほしいと、かなりの短納期を提示されたが、アイスラーはこれに応えた(8)。同社は二〇万フランスフランの報酬を約束し、フランス入国ビザの取得を支援した(9)。パリに来るまで映画音楽は完成していなかったものと思われる。彼の遺品の中に映画のショットの詳細なリストがあり、怪しげなドイツ語訳が各シーンに書き込まれていた。パウル・ツェランのドイツ語訳とは明らかに異なる翻訳だった。アイスラーは早い段階から映画のシーンの説明を入手していた可能性がある。[10] 後日、レネからアイスラー宛にシーンの概要が郵送された。[11] 最終的には、手書きで訂正されたツェランの訳も受け取った。[12] ツェランがようやく翻訳作業に取りかかったのは、一九五六年の後半、フランス語版が公開されてからだった（第三章参照）。

アイスラーが『夜と霧（*Nuit et Brouillard*）』の音楽を担当したことは、彼のほかの仕事と比べるとそれほど世間に知られていない。それでも、映画の批評記事ではその事実が取り上げられた。アイスラーの映画音楽の詳細な分析が行なわれたのは、映画公開後四〇年が過ぎてからだった。草に覆われた収容所を映した冒頭のカラー映像で流れた序曲は、依頼を受ける前にすでに作曲されていたことが判明した。アイスラーがこの曲を作ったのは、一九五四年、ベルトルト・ブレヒトから『冬の闘争（*Winterschlacht*）』という戯曲の音楽を依頼されたときだった。これはドイツの旧ソ連に対する敗北を描いた戯曲で、ヨハネス・R・ベッヒャーが一九四一年に書いた作品だ。ベッヒャーは東ドイツの国歌を作詞し、一九五四年から五八年まで東ドイツの文化大臣を務めた人物である。アイスラーはこの序曲の着想を、カール・クラウスの『最後の審判（*Weltgericht*）』に引用された、シェイクスピアの戯曲『ハムレット』のホレイショの独白から得た。[13] クラウスが第一次世界大戦に疑問を投げかけたセリフを、アイスラーは東ドイツのこの観念的な戯曲と戦争ドキュメンタリー映画の冒頭に結びつけた。『夜と霧（*Nuit et Brouillard*）』に新規のサウンドトラックを作曲してほしいというアルゴス・フィルムの要求に、アイスラーは事実上応じていなかったことになる。[14] おそらく、納期が短くて無理だったのだろう。アイスラーが音楽を再生利用した事実について、制作会社と

図 3　ハンス・アイスラーの肖像画，1953 年，ゲオルク・アイスラー作
（Schartner 1998: 12 より転載）

監督がどの程度気づいていたのかはわからない。下書きや現存する楽譜から、ほかにも何らかの関連性が明らかにされるのかどうか、わたしには答えられない。主題を奏でる第一バイオリンと第二バイオリン、トランペット、バイオリンの高音、バスクラリネット、シンバル、フルートという構成が、アイスラーの楽曲の特徴である。目まぐるしい拍子の変化（二分の二、四分の四、二分の三、八分の三、八分の四）は、アイスラーの典型的な作風である。[15]

アイスラーの詩学は、レネのドキュメンタリーが制作される前から知られており、ブレヒトが奉じた批判的カタルシスを取り入れようとしたレネの詩学と、大きな類似点があった。一九四四年、アイスラーはユダヤ人哲学者テオドール・W・アドルノと共同で、『映画音楽の作曲（*Komposition für den Film*）』という書籍を著した。一九四七年に刊行された当初は英語版のみで、著者名はアイスラー一人だった。その後イデオロギーを考慮して大幅に改訂され、一九四九年に東ベルリンで、やはりアイスラーの名前で発売された。やがて、アドルノによる改作版が一九六九年に出版された。驚いたことに、アドルノもアイスラーも映画音楽に熱烈に肩入れした。アドルノ——彼はのちに、ポスト・アウシュヴィッツ時代にふさわしい表現様式として、刺激的でやすやすと消耗されない芸術を支持した——とアイスラーは志を同じくし、不協和音がはっきり響くタイプの映画音楽を擁護した。この考え方は、映像に付随するような中立的音楽を用いる、アメリカの映画業界の傾向とは正反対だった。アイスラーによれば、音楽と映画の構成が論理的かつ体系的に融合した場合にかぎり、映画音楽の解放が生じる。そのときはじめて、「中立化のメカニズム」が破られるというのだ（Adorno 1970を参照）。アイスラーは持論である理論的映画音楽論を、ニューヨークのニュースクール・フォー・ソーシャル・リサーチのプロジェクトで試した。やはりドキュメンタリー用の音楽が作曲され、分析が行なわれた。戦争の映像が映ると、視聴者は深く思考する余裕を持てなくなった。

このとき、対立するような展開の音楽が絶え間なく流された（Adorno & Eisler 1969: 123）。このプロセスは、『夜と霧（*Nuit et Brouillard*）』にも関連があると言える。後日、レネがアイスラーとの思い出を語ったとき、アイスラーが映画音楽と図ろうとしたバランスについて指摘した。さらに、アイスラーの曲を演奏したスタジオの演奏家たちの期待を上回る芸術的発見があったことも話した（Dümling 1993: 118, 121）。

名うての反ファシズム主義者であるアイスラーに映画音楽が依頼されたことは、特筆に値する。『夜と霧（*Nuit et Brouillard*）』の音楽を作曲した際、アイスラーは対位法を用いるとともに、何と西ドイツ国歌である「ドイツの歌（Deutschlandlied）」の断片を歪ませて用いた。数箇所でその音楽が使われたが、ヴェステルボルク駅（オランダ）からの移送の場面である一番目のシークエンスで、とくに派手に使われた。アイスラーはこのようにしてナチスの暴力との対比を示した。国民社会主義という時代遅れの考え方にしっくりするとはいえ、映画で西ドイツの国歌を流すとは、東ドイツに共感を抱く作曲家がいかにもやりそうなことであり、ドイツの戦争犯罪がなければ、国歌の利用など想像だにしなかったはずである。その観点に立つと、西ドイツがヒトラー体制に責任を負い、東ドイツはいかなる戦争犯罪にも責任はないということになる。[16]

レネはアイスラーに、映画の成功も映画への反発も手紙で知らせた。[17] 一九五七年、アイスラーは映画プロデューサーとのビジネス上のトラブルに巻き込まれた。アルゴス・フィルムがアイスラーの承諾なしに、彼が作曲した『夜と霧（*Nuit et Brouillard*）』の映画音楽の楽譜を、パリのエノク楽譜出版社に二〇万フランスフランで売るという契約を結んだことが露呈したのだ。余談だが、これはアイスラーがアルゴス・フィルムから受け取った作曲報酬と同額である。[18] 依頼を受けて創作した音楽の著作権は自分にあると、アイスラーは主張した。一九五六年にアイスラーが、ある楽譜出版社に対し、自作の音楽――『プンティラ旦那と下男マッティ（*Herr Puntila und sein Knecht Matti*）』『夜と霧（*Nacht und Nebel*）』『冬の闘争』——に責任を持ちたいと提案したことにも、その考えがはっきりと見て取れる。[19] ところが、アイスラーはこの提案のことをアルゴス・フィルムに相談していなかった。楽譜出版社がどのような返答をしたのかは不明だが、『夜と霧（*Nacht und Nebel*）』のレコーディングが行なわれることはなかった。

映像とナレーションにおける表象

レネは解放十年後に撮影した映像を、『夜と霧（*Nuit et Brouillard*）』に用いた。ケロールは冒頭のショットに、地面は雑草に覆われているというナレーションをつけた。しまいにはこれに変化を加え、かつての点呼場所に今や草が生い茂っている、と具体的に伝えた。レネの制作班や当時の観客にとって新発見だった情報は、五〇年たった現在ではすっかり既知の情報になった。しかも、絶滅収容所と強制収容所を表す独自のイメージとなり、わたしたちの記憶の一部にもなっている。

この戦争について主流だった言説から、ケロールは逃れることができなかった。個人的体験から事象を伝えるにとどまり、ユダヤ人の悲嘆やユダヤ人殺害の数々の真実が歪められている点に特徴がある。また、情報提供という点では時代遅れだったこともわかる。その好例が、ナレーションで強制収容所と絶滅収容所を厳密に区別していない点だ。だが一方で、短い映画の中で定義づけを行なうと、説明だらけになると考えたのかもしれない。マウトハウゼンの映像につけたケロールのナレーションが、それを端的に表している。「まずこの収容所を見てほしい。まるで別の惑星だ（Premier regard sur le camp: c'est une autre planète）」。収容所についてどれほど語るかは、語らないことによって決まることが、このナレーションからわかる。このような体験をもたらした原因について何も触れておらず、背景が完全に欠けている。冒頭の収容所の光景は、戦後になって検証されたジェノサイドと収容所体験のその他事例と同様に、「アウシュヴィッツ」とは何かという集合的枠組に、まだしっくり当てはまっていなかった。天体が遠くに見えた時代に、収容所は別の惑星だという表現を用いたのは、その体験がひどく異質だと示唆したうえに、不気味で、とても現実とは思えないということを表そうとしたのだ。

映画は、ナチス体制が始動した一九三三年から始まる。ナチスの会議から建設中の収容所、その後に続く強制移送へと、事実を簡略化して進行するので、映画はナチスのイデオロギーの進展について誤った印象を与える。こんなに短縮しては、観る者の頭の中に不正確な因果関係が浮かぶ。つまり、ナチスが権力を掌握した当初から、「ユダヤ人問題の最終的解決（Endlösung）」が目標だったという印象を与えるが、それは歴史的事実として正しくない。一方で、映画の結びは驚くほど時代を先取りしている。ホロコーストは異例な出来事ではないと判明するかもしれず、至るところで起きる可能性があると公言するのだ。これについては、歴史家の間でも長年にわたり意見が分かれるところだ。

カポの所業を扱う際に、ケロールのナレーションは明らかに一九五〇年代の雰囲気を反映している。カポとは、被収容者の監視のために、ＳＳに選ばれた被収容者のことだ。ナレーションは何度もカポに言及し、カポのせいで命を落とした者もいると語る。医療部門が描かれる場面には、残酷な実験をするカポがいる。カポもＳＳも管理業務を担っていたとみられる。カポが収容所で特権的地位にあったことは、快適な部屋を与えられていたことから明らかだ。物品を蓄え、若く選りすぐられた女性をあてがわれたうえに、収容所の売春施設の利用も認められていた。カポの犯罪行為に鑑賞者の注目が集まるので、映画の終盤で、悪行の責任は自分にないとカポが言い訳をすると、鑑賞者の心中に怒りが湧き上がる。幸運にも、いまだに罪を問われず市民生活を送っているカポがいるという解説を聞くと、その怒りは一層激しくなる。ケロールのナレーションにおけるカポへの注目度は、ヴォルムゼルとミシェルが『強制移送の悲劇』でカポに注目した度合と一致する（1954: 46, とくに 127）。しかし、カポの役割については、ルセもすでに著書『強制収容所の世界』で何度か強調していた。『夜と霧（*Nuit et Brouillard*）』で白黒はっきりして見えたことが、イスラエル人のダン・セットン監督のドキュメンタリー映画『カポ（*Kapo*）』（一九九九年）では、グレーに描かれる。後者では、かつてカポのせいで苦しんだ被収容者、または自身がかつてカポだった者の姿が描かれている。抑圧された状況において、生存の倫理は恣意的になる。

ユダヤ人の受難にほとんど注意が払われていないという批判を踏まえて、映像と脚本を大まかに検討する必要がある。収容所建設や強制移送、一斉検挙の映像が流れる最初のセクションでは、ナレーションはユダヤ人について――アムステルダムから来たユダヤ人学生以外――一言も触れていないが、画面にダビデの星が数個だけ目に入る。次に、家族と一緒に駅のホームにいる老人が映ると、ダビデの星がはっきり見える。この場面を入念に調べると、ヴェステルボルク通過収容所で待つほかの人たちにも、「ユダヤ人の烙印」がつけられていることが見て取れる。ドアが閉まる寸前まで、列車の中から手を振る人々の姿が画面に映る。その後、服にダビデの星を縫いつけられた男性が、駅のホームで車両のドアを閉める。その男性は通過収容所に残った。車両のドア付近にいた少女がユダヤ人だと誤解されて強制移送の象徴となったが、かなりあとになってから本当はロマだったと判明したことがある[20]。同じように、九号車両の脇に立つこの男性の身元も判明した。ハンス・マルグレスという名前のドイツ系ユダヤ人だ。一九三八年、二十歳のときにベルリンを離れ、その後ヴェステルボルクに行き着き、ユダヤ人警察の一員となり、グリーンのつなぎ服を着用して秩序を守る任務を負った（Lindwer 1990: 134, 151）。

図4　アウシュヴィッツでの撮影風景．左から二番目の人物がアラン・レネ（© Argos Films）

二番目のシークエンスは、夜明けに列車が到着した光景で終わる。三番目のシークエンスの冒頭で、移送された者が選別される映像がナレーションとともに流れ、彼らが収容所生活に編入される様子が描かれる。この映像の背後にある意味を突き止めるには、綿密な分析を行なうしかない。すると、映画はここでも犠牲者をグループに分類していないことがわかる。「夜と霧（Nacht und Nebel）」命令で捕まった者やポーランド人、犯罪者を除けば、ユダヤ人はわずか二人しかここに登場しない。

わたしたちはまず、識別番号W一〇二三七三の刺青が入った、被収容者の腕をじっと見ることになる。収容所は犠牲者を几帳面に記録していたので、この被収容者は、一九四三年二月十五日にアウシュヴィッツ＝ビルケナウに到着したことがわかる。彼が乗った列車は、パリ郊外のドランシー通過収容所の集合場所から、数千人のユダヤ人男女や子どもを運んだ。移送者は選別され、この男性を含む男一四四人、女一六七人が収容所に入れられた。その他六九九人は、そのままガス室に送られた（Czech 1989: 414–15）。

ユダヤ人迫害にほとんど触れていないという抗議に鑑みると、映し出された人々の背景を明らかにすることがいかに大きな意味を持つか、このショットは明白に物語る。これは当然、目的論的観点である。映っている犠牲者の身元や出自は、後日ようやく判明した。しかも、このショットを何度も点検しなければ、識別番号は判読できなかった。

数秒後、赤い逆三角形と黄色い三角形が重なり、真ん中にAの文字が入ったダビデの星が画面に映る。この印は、反社会的人物として分類されたことを示すものだ。星の上に一九五九という数字がある。このショットに含まれる情報も、やはりフィルムを巻き戻し、スロー再生しなければわからなかった。

ナレーションと映像の内容は、完全に一致しているわけではない。どうやら徹底的に調査するつもりはなかったようで、ナチスの犠牲者の種類がいくつか省略されている点が目を引く。たとえば、エホバの証人の信者と同性愛者は列挙されていない。被収容者の分類のあとに、カポから収容所の所長までのヒエラルキーが紹介される。ナレーションは強制収容の政治的理由を強調するが、映像を精査すると、人種的な動機も重視されていたことがわかる。政治的理由を強調するのは、前述したように、大量殺戮の普遍化を如実に示す証拠だと受け止められた。要するに、赤い三角形が黄色い星を支配していたとみなされたのである。

ヴォルムゼルとミシェルが編集した本は、国民社会主義体制下における業界の関与を取り上げ、その実例としてシーメンス、ビュッシング、ゲーリング、ハインケルなどを挙げている（Wormser & Michel 1954: 156）。被収容者やインフラ、絶滅計画から不当な利益を得ていたドイツ産業界を、ケロールは次のように熱心に告発する。

> 強制収容所は、請負業者や仕様書やコンペ、それにおそらくワインが絡み、競技場か巨大ホテルみたいに建設された。
>
> 大手企業の化学工場は、有毒な製品サンプルを収容所に送付した。もしくは、自社の実験のために被収容者を購入した。
>
> 業界の大手企業はこの無尽蔵の労働力に興味を示した。ＳＳ・シュタイアー、クルップ、ハインケル、Ｉ《イー》・Ｇ《ゲー》・ファルベン、シーメンスにかぎられていたが、特定の収容所を自社工場とする企業もあり、収容所から労働力を調達した。

ドキュメンタリーの最後に、収容所解放の場面が映る。ナレーションはそこで、「連合軍が門を開けると……（Quand les alliés ouvrent les portes...）」とだけ告げる。ベルゲン＝ベルゼン強制収容所は一九四五年四月十五日に、ダッハウは四月二十九日に解放された。英仏それぞれのニュース映画制作班は、現在もよく知られる、地面に散らばる遺体の映像を撮影して公開した。『夜と霧（*Nuit et Brouillard*）』でこの映像が使われたシークエンスは、ロシアが撮影した女性の亡骸が映った三秒間のショットで締めくくられる。続いて、イギリスのニュース映画制作班がベルゼンで撮影した、ブルドーザーが遺体を集団墓地に押し込む光景が映る。この一三秒間のショットは、観る者に深い印象を与える。遺体が切断されたり腐敗していることまで、このショットからつぶさにわかる。その一分半後にようやく、「すべての門は（toutes les portes…）」とナレーションが流れる。そのときまで、鑑賞者は音楽だけの映像を眺めるしかない。ほかのドアが開けられて、犠牲者の姿が見えたあと、加害者の姿がちらりと映る。SSの制服を着た女性看守たちがバラックから出て来る。その直後に、連合軍に銃を突きつけられ、遺体を移動させるSS兵の姿が続く。イギリスがベルゼンで撮影した、女性の遺体を背負って運ぶSS兵、集団墓地に子どもの遺体を放り投げるSS兵、草むらに頭蓋骨を並べるSS兵の姿が画面に映る。このような映像が一五秒間流れたあと、次のショットとナレーションが始まり、カメラのレンズを見つめる生存者たちの、恐怖と無気力に支配された姿が現れる。掃討作戦を撮影したロシアの映像に、次のナレーションが流れる。「連合軍が門を開けると……すべての門は……被収容者は何が起きているのかわからぬまま眺める。自由の身になったのだろうか？　日々の生活が戻ってくるのだろうか？」。この「被収容者は何が起きているのかわからぬまま眺める」という文章は、誤解を招きやすい。さまざまな光景が目の前で繰り広げられるなか、被収容者たちは埋葬の様子を眺めていたとされるが、唯一明白なのは、彼らがカメラのレンズを見つめていることだけである。複数の映像資料を調べた結果、この表現がまぎらわしい印象を与えていることがわかった。現実の再構築は忠実な表象として経験されるが、この場面が本来どのように撮影されたのかを分析すれば、映像が現実の認識を示すこと、特定の瞬間との因果関係を表していないことが裏づけられる。

図5　アウシュヴィッツの便所（© Argos Films）

被収容者が置かれた悲惨な状況に関して、ケロールのエッセイ『ラザロたちの夢（*Les rêves lazaréens*）』（一九五〇年）は、『夜と霧（*Nuit et Brouillard*）』の脚本を予感させるばかりか、文字通りその原型となっている。ケロールは映画のナレーションで、「尿意を催させるスープ（La soupe était diurétique）」に触れ、トイレに一日七、八回も行くことになると述べた。この話はケロールのエッセイでも取り上げられた（Cayrol 1950: 39）。下痢に悩まされたり、不意に休息が中断されたり、健康が急変するといった、被収容者に与えた影響は、収容所体験がどのように表象されるかを決定づけた。こうした経験があの恐ろしい時代の記憶と密接に結びつくようになった。歴史家のヴォルムゼルとミシェルは、ケロールの評論『われらの間のラザロ（*Lazare parmi nous*）』（一九五〇年）の二節の一部を、自分たちが編集した書籍に使用した（1954: 136）[21]。

バルトロメオの皮膚

映画の最後に現れる死体の山と集団墓地の光景は、名高い芸術作品を参考にしたと解釈されてきた（Avisar 1983: 37; 1988: 11）。戦慄を覚えるこのショットの青写真は、図像解釈学的に見て、オーギュスト・ロダンの彫刻『地獄の門』と、ミケランジェロのフレスコ画『最後の審判』だと考えられている。一五四一年に完成した『最後の審判』は――その他多くのことはさておき――魂を失った人々が地獄に落ちる姿を描いた作品である。皮膚を剝がれて殉教した聖バルトロメオが、片手にその皮膚を持ち、もう片方の手にナイフを持った姿で描かれているが、その描写には目を奪われる。また、ミケランジェロは剝がれた皮膚の顔を自らの顔に似せて描いたという、その信念にも圧倒される。こうしたことが映画の内容と相まって、慈悲や犠牲者との同一視の問題への取り組みという解釈につながるのである。

『夜と霧（*Nuit et Brouillard*）』の最後の映像が、前述した二作品に「驚くほど似ている」とするイラン・アヴィサルの発言に続き、「最終的解決の非道さは、人間の世界の公正概念を打ち砕き、神と神の裁きという概念にも異を唱えるものだ」（1988: 11）との主張が現れた。この主張はわたしにはきわめて刺激的に聞こえる。映像を論じる際に用いられがちな幾重もの解釈と誤謬を露わにするからだ。ダンテに着想を得た作品、またはダンテにまつわる作品との関連性は、そもそも目新しい指摘ではない。収容所体験を扱った欧米の多数の書籍から、地獄との、追ってダンテとの関連性が、収容所の表象において重要な役割を果したことが、終戦直後に判明している（Taterka 1999）。

もちろん、図像解釈学という有力な表意文字の影響を受けずに、レネは集団墓地の映像を見ることはで

図 6　聖バルトロメオ．ミケランジェロの『最後の審判』（1541 年）の細部

きなかった、と言えなくもないだろう。美術史はときに無邪気な目を塞ぐことがある。レネが用いた映像を撮影した解放軍を顧みるに、集団墓地を記録したカメラマンが、図像解釈学の枠組を念頭に置いていたのかどうかは不明である。レネが見たのは編集された映像であり、レネもニュース映画から映像を選び、自ら編集した。

鑑賞者はおそらく、美術史の知識に影響されずに集団埋葬の場面を見ることはできないだろう。とりわけ、映画の前半部で映った切断された頭部や体の部位を、テオドール・ジェリコー（一七九一―一八二四年）の油彩画、中でも『切断された頭部』（一八一八年）や『切り離された手足の研究』（一八一八／一九年）と結びつけて考えることもできるかもしれない。画像の残酷さに影響されまいとするとき、図像解釈学の知識がよみがえる可能性は高い。だが、キリスト教美術における表象の最高峰を引き合いに出すことでしか、歴史家が現実に対処できないのだとしたら、ひどく驚愕すべきことだ。その点、芸術家の想像力は現実を追い払うことができるように思われる。まるで、身の毛がよだつものはみな、すでに芸術で表現されているかのようだ。そうであるならば、さらに多くの芸術作品がその名を連ねることになるかもしれない。『夜と霧（*Nuit et Brouillard*）』の場面が、前述した芸術作品と潜在的な関連性があるのか、その作品が媒介役を果たしているのか――つまり、レネが図像解釈学によって映像を選択したのか――については、不明である。また、（i）レネはいかなる場合でも観る者を動揺させようとするので、無関係である、（ii）意図は必ずしもその影響と一致しないという事実を踏まえると、無関係である、ということになる。さらに言うなら、こうした芸術との整合性のせいで、ジェノサイドは不当にキリスト教的見地から枠にはめられるようになったのだと思う。ナチスの犠牲者は、キリスト教に関連した罪を犯したのではなく、その他の理由で苦難を受けたのだ。遠近法的に考えれば、わたしたちの歴史認識では、地獄はいわば消失点となる。

言い換えれば、罪人は地獄で報いを受ける。けれども、どのような地獄で、どのイデオロギーに照らして、いったいどのような罪のために？　それに、なぜホロコーストやホロコーストの映像が、別の時代に描かれた地獄と同一視されなくてはならないのだろうか？

ベルゲン＝ベルゼン強制収容所で撮影されたこの種の映像に重要性があるために、レネとしては、ほかにどうしようもなかったのだろう。映画に使ったショットに若干サディズムが含まれるのかと問われたとき、レネは否定した。彼によれば、イギリスが撮影したブルドーザーの映像は、その事実を記録するためだけに撮影され、本来は大勢の観衆に見せるためのものではなかったという。そうした映像を、レネは『夜と霧（*Nuit et Brouillard*）』で世界に見せたいと考えた（Roumette 1961）。ニュルンベルク裁判に証拠品として提出された記録映画、『ナチの強制収容所（*Nazi Concentration Camps*）』（ジョージ・スティーヴンス監督、一九四五年）の原資料の抜粋をレネは見た。この記録映画は、レネが『夜と霧（*Nuit et Brouillard*）』の最後に使った集団墓地の場面で、幕を閉じる（Douglas 1995 を参照）。

結　び

文化的人工物は、本来意図したこととは別の意味を持つ場合がある。『夜と霧（*Nuit et Brouillard*）』がホロコースト映画を意図していないという事実を受け入れた場合、政治的に正しい《ポリティカリー・コレクト》発言はどれも完全に効力を失う。ならば、レネの映画は時代と状況の産物ということになる。とはいえ、やはり驚くほど多角的な映画なので、この映画に対して多くのアプローチが取られてきた。歴史的真実の表象は、『夜と霧（*Nuit et Brouillard*）』においてはきわめて複雑である。学術的言説はレネの意図から離れて、歴史の異質性に対する寛容性を示すとされた、残存するひずみに注目した。この映画は何よりもまず、映像のような残虐行為が起きないように警告を発しようとした。種々のコミュニティがそれぞれの文化的背景でこの映画をどのように体験したのかは、ホロコーストがどのように受け止められたのかという歴史的知識に――限定的枠組の中での分析や解釈以上に――資するものである。だが、映画（制作）に関する事実情報の欠如は、その受容に影響を与えるおそれがある。これに対して知識は、特定の時代や状況における特定の人間やコミュニティの考えに、目的論的に干渉することはないはずである。

第二章　検閲と承認——フランスにおける映画『夜と霧』の受容

ジャン゠マルク・ドレフュス

一九九〇年五月、フランスは衝撃を受けた。カルパントラにあるフランス最古のユダヤ人墓地が冒瀆されたのだ。人里離れたこの墓地は、かなり高い壁に囲まれていたのに、何者かが墓地に侵入し、墓石を破壊した（中には十六世紀に建てられた墓もあった）。もっとも戦慄を禁じ得なかったのは、埋葬されたばかりのフェリックス・ジェルモン氏の遺骸が暴かれたうえに、杭で打たれたことだ。この恐ろしい、人種差別的犯行は、事件発生後しばらく発覚しなかった。古色蒼然とした墓地と小さなユダヤ人コミュニティを訪れる者はほとんどいなかったからだ（Mossé 1996; Leibowitz 1997 を参照）。

この事件に対し、すさまじい反響が起きた。人種差別と反ユダヤ主義に抗議する大規模なデモが、フランスじゅうで発生した。極右の人民主義運動である国民戦線が、選挙でも世論調査でも支持率を伸ばした。一〇〇万人もの市民がパリの街頭を行進した。その中には、フランス閣僚とフランソワ・ミッテラン大統領の姿もあった。フランス大統領が一般市民と同じようにデモに参加したのは、第五共和政史上初めてのことであり、このときは、厄介な問題、つまり「ファシズムがフランスに戻ってきたのか?」という問題に答えるために、何か手を打つ必要があった。フランスの公共放送局三局で、『夜と霧（*Nuit et Brouillard*）』を同時刻に放映することが決まった。当時のフランスはまだケーブルテレビが普及していなかったので、市民がそのメッセージを逃すことはまず考えられなかった。

アラン・レネの映画『夜と霧（*Nuit et Brouillard*）』は、一九九〇年当時、すでに古典だった。カンヌ映画祭で初上映された一九五六年以降、フランスの大勢の児童・生徒や学生がこの映画を観た。フランス映画の中でもとくに名高いこの映画をテレビ放送することは、ファシズムの脅威に対する答えとしてふさわしいと考えられたのだ。『夜と霧（*Nuit et Brouillard*）』を学校で鑑賞したことのある大多数のフランス国民も、同じ印象を抱いたと思われる。この映画は、フランスでふたたび災難が起きるぞという警告だけではなく、脅威を防ぐ役割があるとみなされていた。記憶の再活性化が必要だと思われた。『夜と霧（*Nuit et Brouillard*）』は、解毒剤となるはずだった。

何年もの捜査、長時間にわたる警察の尋問、数々の噂にもとづく誤った方針による取り調べを経て、スキンヘッドのグループがこの事件の犯人として逮捕され、裁判にかけられた。極右とファシストの原型のような組織がずさんに結びついたこのグループの憎悪に満ちた若者たちは、強制収容所のナチス親衛隊（ＳＳ）看守とはかけ離れていた。フランスでは、公開以来、『夜と霧（*Nuit et Brouillard*）』は傑作として称賛を浴びているが、誤解も受けていた。公開当初から、レネが本来意図したものと、観客が目にしたものとは、必ずしも一致していなかった。

フランスでは、『夜と霧（*Nuit et Brouillard*）』はもっぱら、学校や映画クラブ、大学、諸団体、記念式典で上映された。たとえばパリの場合、学生街のカルティエラタンにある小さなアートシネマ、ユルスリーヌ座で、現在に至るまでほぼ間断なく、毎週一回、午後の時間帯に上映されている。ホロコーストを教える指針としてこの映画を用いるようにと、必ず教科書で推奨される。[1] テレビで放送される機会はさほど多くないが、最初の放送は、一九五九年四月二十六日にさかのぼる。その後、一九八三年二月十二日と、一九八七年五月十六日に再放送された。

国内での数週間に及ぶ議論を経て、映画は一九五六年五月にパリで一般公開された。映画に反対する声はほとんど上がらなかったので、この議論はさして紛糾しなかった。そうだとすれば、レネの意図が正しく把握されなかったからだ。一九五六年に一般公開されたときには、ロジェ・レーナルト監督の『モーリヤック（*Mauriac*）』（一九五三年）と、ポール・エゼール監督の『黄金の世紀（*Un siècle d'or*）』（一九四九年）という二本の短編映画とともに上映された。この二本は、『夜と霧（*Nuit et Brouillard*）』のテーマと明確な関連性はなかった。前者は、保守主義でカトリックの小説家、フランソワ・モーリヤックの姿を描いた作品だ。モーリヤックは、一九四四年に占領下のフランスで設立された全国作家委員会という、レジスタンスに近い立場をとる団体の一員だった。戦後、モーリヤックは収容所について積極的に取り組んだ。そこで行なわれたことがいかに邪悪か、すぐに気づいたからだ。彼は生還者の回想録によく序文を寄せた。たとえばその一つに、一九五七年に出版された、ノイブランデンブルクの出身者でラーフェンスブリュック強制収容所から生還した、ミシュリーヌ・モーレルの回想録がある。モーリヤックは一貫してド・ゴールを支持し、一九五二年にノーベル文学賞を受賞した。人間の悪を作品の主題として選んでいるので、観念的には、『夜と霧（*Nuit et Brouillard*）』と関連があったと言えなくもない。エゼール監督の作品は、『夜と霧（*Nuit et Brouillard*）』の倍の長さで、フランドル絵画の芸術的・精神的意義について取り上げ、芸術映画としては比較的成功を収めた。この三本立ての企画がどれほどの観客を動員したのかは不明だが、一九五六年の六月中旬まで、エトワール座で上映された。

『夜と霧（*Nuit et Brouillard*）』は、有識者からの委嘱作品だった。当時、新進の映画監督だったアラン・レネは、第二次世界大戦歴史委員会という公的機関から、監督を打診された。委員会の代表を務めていたのは、著名な歴史家でありレジスタンス活動家だったアンリ・ミシェルである。同委員会はそもそもレジスタンスのメンバーを代表する組織だった。一九五四年、解放十周年を記念して、委員会は収容所を紹介する展示会をパリで開催した。映画を委嘱する話が浮上し、一九五五年五月、委員会はアルゴス・フィルムという映画制作会社にこれを依頼した。代表のアンリ・ミシェルと、やはり歴史家のオルガ・ヴォルムゼル＝ミゴが、その調査とドキュメンテーションを引き受けた。マウトハウゼンに収容されていた、元レジスタンス活動家で詩人のジャン・ケロールが、映画のナレーションを書いた。この映画の狙いは、強制移送者の苦しみが忘れ去られつつある状態を食い止めることだった。その当時、強制移送の映像と言えば、多くのフランス人が送られた、ブーヘンヴァルト強制収容所とダッハウ強制収容所の映像が中心だったことに留意する必要がある。人種的理由の強制移送と政治的理由の強制移送とは、はっきり区別されていなかった。エルサレムでアイヒマン裁判が開かれる五年前ということもあり、大量虐殺に対する意識はフランス人の中でまだ漠然としていた（この心的状態と記憶の形成についてはWieviorka 1992を参照）。強制移送の場面が描かれるときは、ユダヤ人とレジスタンス活動家が入り混じった、一種類の強制移送しかなかった。フランスのユダヤ人も、人種的強制移送と政治的強制移送が区別されるのを見たくなかった。レネの映画は、この心的状態を反映していた。強制移送全般が、実に印象的に描かれて、世界の映画史に残るような作品となった。ユダヤ人についておおっぴらに触れたのは次の一箇所だけで、ほかの強制移送者と一緒にいる場面だった。「一方で、ドイツ人労働者のブルガー、アムステルダム出身のユダヤ人学生ステルン、クラクフ出身の商人シュムルスキ……」（Cayrol 1997: 19）[(2)]。

図7　『夜と霧（*Nuit et Brouillard*）』のアウシュヴィッツでの撮影風景（© Argos Films）

ホロコーストは、『夜と霧（*Nuit et Brouillard*）』の中で忘れられても隠されてもいない。ケロールはナレーションで、「ワルシャワ、ウッチ、ブリュッセル、アテネ、ザグレブ、オデッサ、ローマでの一斉検挙」についての件《くだり》を書いた。フランスのピティヴィエにある捕虜収容所にも触れている（この収容所はドイツが設立したが、フランスが監視し運営した）。ここに収容されていたのはユダヤ人だけだった。強制収容所と絶滅収容所は絶えず混同されており、映画の脚本ではあらゆる収容所は死に至るものとされている。最終的解決について簡単に述べるとともに、遺体焼却所、ヨーロッパじゅうからの強制移送、ハンガリーのユダヤ人が護送される映像、チクロンガスなどを紹介する。アウシュヴィッツの偽りのシャワーについて述べているが、「ガス室」という言葉は使われていない。高名な歴史家のアネット・ヴィヴィオルカは、映画で使われる収容所について次のように述べた。「強制収容所の一義的な見方が押しつけられていた。さまざまなＫＺ〔ドイツ語で強制収容所の略語〕とその司令部が、一九三三年から四五年までまったく変わらぬ、一意的な収容所となっており、そこでは、強制移送された者――政治犯、公民権を剝奪された者、レジスタンス活動家、〝人種的〟強制移送者、ドイツ人、フランス人、ロシア人、ポーランド人――はみな、同じ運命に見舞われることになっている」(1992: 191-2)。

わずか数か月の間に、『夜と霧(*Nuit et Brouillard*)』はフランスで二回の検閲を受けた(Lindeperg 1987 を参照)。まず、ロワレ県ピティヴィエにあるユダヤ人収容所の場面が問題視された。収容所の正面で、フランス人憲兵が見張りに当たる場面だった。ヴィシー政権がフランス系ユダヤ人の迫害に責任があることを、この映像は如実に物語っていた。どうやらこれが、フランスがナチスに協力したことに対する告発だと受け止められたらしい。その事実を描くことは、一九五五年時点ではまだ難しかった。戦後、多数の大臣や副大臣が審理にかけられ、対独協力行為の罪で公判に付された。一九四九年、そうした一連の公判の終盤で、警察局長を務めていたルネ・ブスケは、ユダヤ人一斉検挙の責任を問われた。彼は国家侮辱罪で五年の判決を受けたが、レジスタンスに協力していたとして、ただちに減刑された(Froment 1994 を参照)。

一九四二年から四四年まで占領下のフランスで親衛隊(ＳＳ)を率いていたカール・オーベルクと、その右腕だったヘルムート・クノッヒェンの公判が、一九五四年に開かれた。フランス国民はこの公判に比較的無関心だった。パリが解放されて十年が過ぎ、次の段階に進むべき時を迎えており、粛清の時期は間違いなく終わっていた。十月九日、両被告は死刑を宣告されたが、一九五八年に恩赦が与えられ、一九六二年、ド・ゴール将軍により釈放された。その頃も、国民の記憶からヴィシーは消えていなかったが、世間では議論や争い、対立は次第に収まりつつあった。歴史家のアンリ・ルッソが、精神分析の用語から名づけた、「抑圧」（1987: 77ff）の段階に入ったのだ。
『夜と霧（*Nuit et Brouillard*）』に登場するフランス憲兵のケピ帽は、好ましからざるものであった。検閲委員会はこの映像の削除を要求した。レネは当初これを拒んだが、最終的に、ケピ帽に棒線を入れることにした。ケロールが脚本でピティヴィエに言及した箇所は、変更せずにそのまま残した。この事実は新聞に少なくとも一度は取り上げられたが、さして世間の注目を集めなかった（Doniol-Valcroze 1956a）。

二回目の検閲行為は、大きなスキャンダルを引き起こした。在仏ドイツ大使館がフランスのモーリス・ルメール通産相に対し、カンヌ映画祭のコンペティション部門からこの映画を取り下げるよう、正式に要請したのだ。統一欧州の機運が生まれていた当時、独仏の二国間関係はすでに外交的優先事項だった。それが、『夜と霧（*Nuit et Brouillard*）』のせいで、危機に瀕するかもしれなくなった。駐独フランス大使フランソワ゠ポンセの息子が、パリのドイツ大使館で開かれた内輪の集まりで、この映画を見せたようだ。欧州防衛共同体（ＥＤＣ）の構想が破綻したので、フランスとドイツは共同市場の準備をしている最中だった。一九五七年にはローマ条約も締結される予定だった。ドイツ大使館はこのときはじめて直接フランス外務省に干渉したが、失敗に終わった。当時の外相クリスチャン・ピノーは、かつてのレジスタンス活動家であり、ブーヘンヴァルト強制収容所に送られた経験があった。

映画の取り下げが決まると、フランスのマスコミは一斉に反応した。レネとケロールは、ドイツ国民とナチスの犯罪者の区別に慎重を期していたと、フランスのジャーナリストは擁護した。たった一人、この決定を支持する声を上げた者がいた。小説家のジャン・デュトゥール（1956）は、映画祭のコンペティション部門からの撤退を支持する記事を、スイスの名門紙『トリビューン・ド・ジュネーブ』に寄せた。彼はかつて、占領下の時代を舞台にした小説を書いていた。一九五二年に、『オー・ボン・ブール（*Au bon beurre*)』(言うなれば「おいしいバターのお店で」)で、ヴィシー政権、闇取引、告発に与する乳製品小売店一家を描き、ベストセラーとなった。戦争で利益を得る中産階級の臆病なフランス人を残酷に描き出し、占領下のフランス人の不面目な姿を世に示した。この小説は、一九五六年に別の出版社から再版された(ガリマール出版とクラブ・デュ・リーヴル・デュ・モワ)。デュトゥールは忘却を推奨した。アウシュヴィッツをはじめとする強制収容所を完全に忘れるべきであり、この歴史の暗黒の一幕が若い世代にとって教訓になることなど何もない。ある種の無垢な状態に戻るべきであり、人間性への信頼を取り戻すべきだと考えたのである。他とは一線を画するこの意見は、ヴィシー政権に関わりすぎたフランス右派を引きつける、ある種の回帰主義を表していた。デュトゥールは決して強制収容所の事実を否定するのではなく、自らの記憶を追い払ってはどうかと提案したのだ。彼の願いは、映像に力があるという考えとその力に対する恐れを、逆説的に示していた。小説家でジャーナリストでもあるデュトゥールは、記憶の伝達のみならず、記憶の形成における『夜と霧(*Nuit et Brouillard*)』の潜在的影響力を理解していたのだ。

レジスタンス活動家と強制移送者の団体も、断固とした態度を見せた。一九五六年四月九日、「抑留経験のあるレジスタンス活動家と愛国者の全国連盟組織」という共産主義の組織は、『リュマニテ』という共産党機関紙と『リベラシオン』の二紙に、プレスリリースを出した。カンヌ映画祭出品映画の検閲に抗議する内容だった。

一九五六年四月十日、エドモン・ミシュレ法相は元老院で質問したとされる(映画のDVDに付された小冊子にある通り、国民議会ではない)。かつてレジスタンス活動家としてならしたミシュレは、ダッハウ強制収容所に送られた経験があり、一九四五年にド・ゴール政権に入閣し、一九五九年から六一年まで法相を務めた。彼の質問は、『フラン=ティルール』と『ラ・クロワ』の二紙に掲載された。ミシュレ

(1956a, 1956b) は通産相にこう質問した。

> 選考委員会が映画を外したことは、フランスのレジスタンス運動と強制移送者を公然と否認することになるとは思われませんか？　また、ドイツ当局介入の結果としてこの措置が講じられたとするマスコミの非難に、ドイツ連邦共和国（FRG）の政府と国民が不快感を示すとは思われませんか（連邦共和国は一貫してナチスの犯罪との関連を否定しますが）？[3]

ルメール通産相はこれに対する見解を表明したが、外交問題について論じるのは控えた。映画祭の雰囲気は追悼と沈思黙考に好ましくないという奇妙な根拠で、自身の決断を正当化し、映画は純粋に娯楽であり、一般に知的なメッセージを伝えられないという、何とも変わった考えを述べた。だが、『夜と霧（*Nuit et Brouillard*）』についてはひと言も意見を言わなかった。さらに、これは映画祭各部門に出品する類の作品ではないとも指摘した。それは確かにそうである。この映画は強制移送者とその家族を傷つけるおそれがあると、ルメールは自らの見解を締めくくった。生還者に敬意を表するふりをしながら、彼らの記憶は、レネとケロールによる強制移送の表現と向き合うべきではないと、ルメールは説明したのだ。この根拠は一見もっともらしく聞こえるが、『夜と霧（*Nuit et Brouillard*）』がなぜカンヌ映画祭でだけ検閲を受け、ヨーロッパの映画館では受けなかったのか、その実、まったく説明していなかった。

カンヌ映画祭の選考委員会も抗議の声を上げた。強制移送者の主要七団体の代表は、ルメールと面会した。この論争がようやく終結したのは、『夜と霧（*Nuit et Brouillard*）』がカンヌ映画祭のコンペティション部門外で上映されると、正式に発表されたときだった。映画は一九五六年四月二十六日に公開された。この日は、「強制移送の日」でもある。映画に好意的な記事は例外なく、映画の質や、恐怖を描く映像と記憶に関する考察ではなく、検閲問題に焦点を当てていたことに留意する必要がある。

この作品の映画としての質は、若手監督に与えられる名誉あるジャン・ヴィゴ賞を受けたことで、フランスで評価された。批評家やフランス映画界に拒否されたのではないにせよ、この作品の立ち位置は、他作品からかけ離れていた。第二次世界大戦を扱った映画は、終戦直後の数年間に盛んに制作されたが、その頃にはあまり作られなくなっていた。アンリ・ルッソの調査によれば、ナチス占領時代を取り上げた作品は、一九五六年のフランス映画のわずか二パーセントを占めるにすぎなかった（1987: 262）。特筆すべきことに、一九五六年には、クロード・オータン＝ララ監督の『パリ横断（*La traversée de Paris*）』も公開された。この映画には、解放直後に描かれた英雄的行為とはほど遠い、食糧調達や闇取引に忙しく立ち回るフランスの市井の人々が描かれている。一九四九年の『二〇〇万人還る（*Retour à la vie*）』のように、強制移送問題を喚起する映画がフランスで作られたことはあった。ただ、収容所システムの中心となる地を舞台に据えたことで、『夜と霧（*Nuit et Brouillard*）』は、この時代の映画としては異色の存在だった。フィクションではあるが、一九六一年になってから、強制収容所を舞台にした別の映画が公開された。アルマン・ガッティが監督した『囲い地（*L'enclos*）』という、やはり実験的な映画である。

『夜と霧（*Nuit et Brouillard*）』は、多くの意味で決然たる態度を示す映画である。レネは映画で、戦時中と当時とのあからさまな類似点を指摘し、映画の恐怖がくり返されるおそれがある、しかもフランスによってくり返されるおそれがあると糾弾した。レネの頭の中にはアルジェリア戦争があった。この作品は、そうした危険にはっきりと警鐘を鳴らす、フランスで最初の映画となった。検閲をめぐる論争が起きた時期は、フランスが植民地の戦争に突入した危機的な時期だった。フランスからの独立を目指す武装組織、民族解放戦線（ＦＬＮ）が一九五四年に一斉蜂起して以来、アルジェリア情勢は不安定になっていった。フランス領アルジェリアでは次第に緊張が高まり、一九五五年八月、三都市で蜂起が起こり、ＦＬＮにより一二三人のヨーロッパ人が殺害された。フィリップヴィルの虐殺と呼ばれるこの事件に対する報復として、数千人ものアルジェリア人が殺害された（その正確な数はいまだ不明である）。一九五六年一月二日、フランス議会選挙の結果、社会党のギー・モレ内閣が発足した。二月六日、モレはアルジェリアを訪問した。現地で彼を待ち受けていたのは、ヨーロッパ系住民による暴動だった。三月、国民議会は政府に対し、アルジェリア問題に対処するための「非常大権」を授けた。モレは軍事力を増強させ、数か月もたたぬうちに、アルジェリアで戦うフランス兵の数は倍増し四〇万人に達した（Rioux 1983: 99–108）。

独立運動を支持する少数の知識人は、大規模な植民地戦争の危険を予測していた。一九五六年後半になると、拷問問題が新聞の見出しに踊り、フランスの世論を動かし、アルジェリア情勢に対する抗議活動が広がりを見せるようになった。しかし、一九五五年から五六年前半にかけては、そうした危険を指摘する声はほとんど上がっていなかった。つまり、レネとケロールはこの問題に関しても先駆者であったのだ。(4)ケロールの書いた脚本に、アルジェリアの出来事に触れた箇所が一文だけある。この文章は不明瞭と言わざるをえない。映画の最後のほうで、有名俳優ミシェル・ブーケの声で、ナレーションは問いかける。「この奇妙な建物を見たわたしたちの中で誰が、新たな拷問者が現れると警告を発するべきか？　拷問者は本当にわたしたちとまるきり違う顔をしているのか？」処罰を免れたカポや殺人者について触れてから、ナレーションはさらに続く。

わたしたちは真剣な眼差しでこの廃墟を見つめる。あたかも強制収容所という古い怪物が、この瓦礫の下で息絶えてでもいるかのように。この遠ざかる映像を前にして希望を取り戻したふりをしている。あたかも強制収容所という疫病から回復できたかのように。ここで起きたすべてのことは、一つの時代、一つの国にしか存在しないと信じ込んだふりをしている。周囲で起きていることを見ようとせず、消えやらぬ叫びに耳をふさいでいる（Cayrol 1997: 42–3）。

この部分が映画解説で取り上げられることはほとんどない。共産主義について言及した箇所だとみなす者もいた。ジャーナリストで映画監督でもあるジャック・ドニオル＝ヴァルクローズだけが、映画の主張が正しいと気づき擁護した。ケロールは、共産党寄りの文芸週刊誌『レットル・フランセーズ』の記事で、「周囲で起きていることを見ようとしていない」というナレーションについて次のように述べ、アルジェリアを指すと示唆した。「わたしたちの母国も、恥ずべき人種差別問題を免れないことを忘れてはいけない」（Cayrol 1987b）。アラン・レネも、アルジェリア問題に心を痛めていると明言した。(5)

映画『夜と霧（*Nuit et Brouillard*）』をめぐる論争は、検閲問題にかぎられていた。批評家も解説者もアルジェリア戦争については触れなかった。公開当初から映画に関する誤解が存在していたが、誤解は一つだけではなかったのだ。映画は引き続き大きな成功を収め、映画の教育的価値については、とくに称賛を受けた。若い世代に教育を施すにあたり信頼に足るツールとみなされ、学校で数えきれないほど上映された。

シルヴィ・ランドペルグは、『夜と霧（*Nuit et Brouillard*）』と向き合うべき、二つの記憶のカテゴリーを定義しようとしている。一つは、強制移送を直接経験した世代の生きた記憶だ。これは、強制移送者とレジスタンス活動家の組織がこの映画に示した反応を物語っていた。もう一つは過去とかけ離れた記憶で、間接的なイメージにより築かれた記憶、占領時代を覚えていない若い世代の記憶であり、歴史的描写に近い——歴史的事実に近いというわけではない——記憶である（Lindeperg 1987: 136–8）。後者の記憶を持つ観客

図8　映画『夜と霧（*Nuit et Brouillard*）』のアウシュヴィッツでの撮影風景（© Argos Films）

にとっては、芸術的資質や革新的な映画手法が、この映画に正当性をもたらすうえで重要な位置を占めた。この点に関しては実証的データに欠けるので立証が難しいとはいえ、『夜と霧（*Nuit et Brouillard*）』の公開時、映画館に足を運んだ観客の大半が、普通の映画の観客よりも若く、教養があり、知的だったと主張することはできる。つまり彼らは芸術的価値の高い映画を見にきたのだ。『夜と霧（*Nuit et Brouillard*）』は、アラン・レネのその他の作品とともに、フランス映画界の転換点となった。ナラティブという新たな手法を用いて第二次世界大戦を描いた最初の映画であり、歴史と現実を描く新たな手法を世に示した。この点は、映画公開時には注目されなかったが、現在では広く認められている。

『カイエ・デュ・シネマ』誌に載った批評記事をひも解くと、興味深いことがわかる。同誌は当時、創刊後まだ年数が浅かったが、非常に知的な映画批評家の記事を中心に載せ、フランス映画に新たな芸術的傾向を見つけようと、アンテナを張りめぐらせていた。数年後、『カイエ・デュ・シネマ』はヌーヴェルヴァーグの火付け役となった。一九五六年五月、ジャック・ドニオル＝ヴァルクローズの署名入りで、同誌に『夜と霧（*Nuit et Brouillard*）』の批評が載った。彼はまず、芸術的価値と道徳的価値の間に横たわる緊張について取り上げた。「『夜と霧（*Nuit et Brouillard*）』は基本的に、映画批評を加える必要がない作品」だとし、「葬送オラトリオが織り込まれたこの作品には、敬意とある種の沈黙が求められる。その沈黙を破ることは冒瀆とも受け取られかねない」（1956b: 37）とした。だが続けて、この映画は力強く、ゴヤかカフカにも匹敵する芸術作品だと述べた。映画が忘却の芸術、過去の芸術であるとしても、レネのこの作品は、映画が記憶の芸術であり、「永遠に停止した時間」（1956b: 38）の芸術にもなりうることを証明した。批評の最後で、彼は次のような警告を発した。「混然と横たわるこのすべての亡骸を、生きているかのごとく愛そうではないか。彼らは今後いつまでも、わたしたちのもとを離れることがないのだから」（ibid）。

もう一つ、言及に値する批評がある。その数年後、ヌーヴェルヴァーグの旗手として瞬く間に名を馳せるようになったフランソワ・トリュフォーは、レネのこの映画を、批評家のありきたりの言葉で説明することはほぼ不可能だと述べた。

> これはドキュメンタリーでもなく、告発でもなく、詩でもない。二十世紀でもっとも重要な現象に関する思索である。……ひと晩の間、批評家や観客の立場を忘れなくてはいけない。一人の人間として関わり、大きく目を見開き、驚嘆しなくてはいけない。『夜と霧（*Nuit et Brouillard*）』は、その他すべての映画を数時

間にわたり消し去る。この映画は絶対に観るべきだ（1975: 321–2）。

初公開から二〇年後、記憶と世間の注目は、強制収容所からヨーロッパのユダヤ人虐殺へと移った。この変化は、一九七六年から七八年にかけて欧米で発生した（フランスについては次に記述がある。Rousso 1987: 155–94）。第二次世界大戦の象徴は、ホロコーストが中核をなすようになった。不思議なことに、『夜と霧（*Nuit et Brouillard*）』はその変化に適応して、引き続き鑑賞された。データがないので、フランスの学校での正確な上映回数は不明だが、一九七八年以降に増えた可能性がある。その背景には、教育現場の事情もあるだろう。わずか三〇分の映画なので、一時間の授業で鑑賞するにはちょうどいい。フランスでやはり同じように大きな称賛と注目を集めた映画は、クロード・ランズマン監督の『ショア』だけだ。だが、その上映時間は九時間を超える。

一九八五年に公開された『ショア』は、ヨーロッパのユダヤ人絶滅だけを取り上げている。ランズマンが使用したのは、戦時中ではなくその当時撮影した映像のみで、大半がホロコーストに関わった人々を撮影した映像だ。収容所でも撮影を行なったが、どちらかというと撮影の対象（死の収容所）をありのままに描いていた。『夜と霧（*Nuit et Brouillard*）』とは対照的に、どこの収容所なのかが明示され、記憶という包括的な存在を描いてはいない。ユダヤ人の味わった苦しみの痕跡がほとんどの場所で残っていないことを、ロングショットが示す。『ショア』が重きを置いたのは、ポーランドであり、死の収容所だった。どことなく、呼び起こされたユダヤ人の記憶による、レネの映画に対する答えのようにも受け取れる。両作品は往々にして比較され、対峙させられた。『夜と霧（*Nuit et Brouillard*）』が公開されてから、当時すでに三〇年の時が流れていた。現在に至るまで、『ショア』が『夜と霧（*Nuit et Brouillard*）』の影響力を凌駕することはない。ホロコーストの記憶を呼び起こす必要があるときには、『ショア』も含むリストの中から、やはり『夜と霧（*Nuit et Brouillard*）』が推奨された。一九五五年に作られたこの映画は、それ以降も依然として、ヨーロッパのユダヤ人絶滅についても描いているとみなされた。この見方を改めることは難しかった。ホロコースト史研究者の先駆けとして名高いラウル・ヒルバーグ（1994）は、その混乱を非難した。『夜と霧（*Nuit et Brouillard*）』では、「ガス室送りの対象は、ユダヤ人とは一度も言及されておらず、ベルギー人、フランス人、オランダ人の囚人だという印象を受ける」。

『夜と霧（*Nuit et Brouillard*）』は、フランスで（その他多くの国でも）有名になったために、どういうわけか、映画が強制移送の表象を「飲み込んだ」。映画を見たことがない人でも、これを引き合いに出すことができた。奇妙な話だが、映画のタイトルは強制移送のパラダイムとなった。政治犯と強制移送された人々のために建てられた特別な像は、国民社会主義の強制収容所システムの、ひいてはホロコーストのシンボルとなった。強制収容所と死の収容所に送られた大多数の人に、「夜と霧」（NN）の印はつけられていなかった。収容所内でも、「夜と霧」の囚人はほかの囚人から隔離されていた。フランスでは、映画のせいで強制移送者の種類が区別しづらくなった。史料研究の進展を反映させずに、学校の授業でこの映画を見せ、歴史の唯一の知識源とみなしているせいで、現在に至るまで、この件に関する誤解は広く行き渡っている。

また、『夜と霧（*Nuit et Brouillard*）』のために、フランスに収容所が存在したという事実を表明しづらくなった。この歴史の一ページについて研究が始まったのは、一九八〇年代になってからだった（Grynberg 1991; Peschanski 2002）。ヴィシー政権とその時代の記憶に関する騒動がフランスで持ち上がる――ここ一五年ではよくあることだ――と、学校の授業で第二次世界大戦と収容所についてどう教えるべきか、教育相は必ず回章で問いかける。教育相はたいてい、映画『夜と霧（*Nuit et Brouillard*）』を見せるよう学校に要請する。「この映画を要請することは、ほとんど条件反射になっている」（Conan & Rousso 1994: 255）ほどだ。だが、教室の反応も問題になっていた。事前学習を施さなかった場合、年少の児童はひどい衝撃を受けるおそれがあった。また、映画の暴力表現がめずらしくなくなっているので、生徒たちが混乱することを恐れて、映画を見せない教師もいた（Conan & Rousso 1994: 256）。

「夜と霧（Nuit et Brouillard）」という表現が、ホロコーストのことも指すと言われていることもあり、広く知られるようになったためか、『夜と霧（*Nuit et Brouillard*）』という歌が作られた。アウシュヴィッツで殺されたユダヤ人の父親に捧げる歌だと、共産主義を信奉する人気歌手のジャン・フェラは公表した。一九六三年に作曲されたこのフランス歌謡は、その後何かと話題に上った。

ホロコースト否認問題に関連して、『夜と霧（*Nuit et Brouillard*）』はふたたび論争の的になった。フランス人のホロコースト否認論者ロベール・フォーリソンは、映画の一行を引いて、ユダヤ人殺害に科学的根拠はないと証明しようとした。映画では、犠牲者九〇〇万人という数字が示されたが、九〇〇万人が収容所で殺されたとは言っていない。フォーリソンは数多くの論文で、映画『夜と霧（*Nuit et Brouillard*）』を引き合いに出し、こんな有名な映画がこんな間違いを犯すならば――次いでジャン・ケロール、オルガ・ヴォルムゼル＝ミゴ、アンリ・ミシェルの名を列挙した――収容所に関する歴史研究をすべて俎上に載せ、否定することができると言い立てた（Faurisson 1994, 1999）。この誤謬に満ちた論拠は、記憶についての画期的役割と、破壊すべき象徴としての役割を果たしうる『夜と霧（*Nuit et Brouillard*）』の名声と威力を、反対に証明することになった。

一九九七年、ジャン・ケロールの脚本はファヤール社から出版された。映画は当時も広く見られており、脚本は名作とされていた。二〇〇三年、『夜と霧（*Nuit et Brouillard*）』のＤＶＤが発売されると、わずか数週間で完売した。

第三章　啓発的行動——ドイツにおける『夜と霧』

エーヴァウト・ファン・デル・クナープ

共同体の大小を問わず、一時的な記憶喪失的態度が共同体に見られる場合、視聴覚作品の助けを得て、失った記憶を取り戻すことが可能に思える。『夜と霧（*Nuit et Brouillard*）』がドイツで公開されたとき、世代間の対立と結びついた記憶の復活が起きたが、それ自体が、記憶のポリティックスに支配されたものだった。『夜と霧（*Nuit et Brouillard*）』は、現在も盛んに論じられている。

罪悪感の問題

一九五〇年代のドイツ議会での討論について調査したところ、ドイツ国民の名のもとに行なわれたジェノサイドという恥ずべき反ユダヤ主義戦争に、戦後政府はほとんど対処できていないという結果が明らかになった。その当時、ナチス政権時代に対するドイツ国民の態度は、言うなれば次のパターンに要約できる。ドイツ国民は集団責任を放棄し、複数の集団と特定の個人に罪があると非難した。その結果、自分たちは犠牲者だと考えるに至り、真の犠牲者は誰なのかを見失うようになった。国民社会主義は神話の領域にあるとされ、あのような惨禍をもたらした責任を誰も問われることなく、ヒトラーの時代は、時の流れにより俯瞰的に見られるようになった。こうした自己イメージの結果、ドイツ人は反全体主義者であるというアイデンティティを身につけた。つまり、人々は過去をただ忌み嫌うと同時に、反共産主義というイデオロギーを理由に、共産主義は全体主義のいわくつきの形態だとして、拒絶することができた（Dubiel 1999: 69–70, 75, 281–2）。

罪悪感と戦争犯罪をめぐる戦後論争が終結し、ドイツ国民がこの話題を打ち切りたいと感じるようになったので、一九五八年になりようやく、戦争犯罪者追及のために、ルートヴィヒスブルクに法的機関が設立された。一九四五年以降に視覚資料の入手が可能になり、『夜と霧（*Nuit et Brouillard*）』がドイツで広く上映された。その副次的影響として、国民社会主義者犯罪追及のための司法行政中央本部の設立に国民の十分な支援が得られたことは、無視できない。これに関連して、ジェラルド・ライトリンガーの『最終的解決（*The Final Solution*）』が英語から翻訳され、一九五六年に『最終的解決（*Die Endlösung*）』としてドイツ語版が出版されたことにも触れなくてはいけない。この分厚い研究書の翻訳は、ドイツ国民の再教育対策であるとされ、前述した司法行政中央本部の基盤を構築するうえでも一役買った。フランクフルトでアウシュヴィッツ裁判（一九六三―六五年）が始まると、大勢の加害者がドイツ社会の一員として復帰していたことが明らかになった。一九六〇年代の終わり頃、ドイツ社会では、若い世代の尽力により、過去の戦争とその対処が議論の主題として公然と扱われるようになった（Glaser 1990: 315–17; Hoffmann 1992）。

過去を忘れたがっていた西ドイツ国民は、アデナウアー首相の発言に進んで耳を傾けた。首相は正常化政策で国民を救済し、対外的には――国際社会の期待という重圧がのしかかっていたので――かつての国家元首による絶滅政策に遺憾の意を表明した。つまりアデナウアーは、かつてのドイツ国家による破壊行為から顔を背けて、新ドイツ国家の再建に関心を向けたのだ（たとえば、Herf 1997を参照）。一方で、ドイツ国民の沈黙は、過去の否定というより、罪を認めていたためであり、過去を忘れたいという欲求と同一視すべきではないと言われる（Rauschenbach 1998: 360–3）。元ナチス党員の社会復帰に関して状況判断を誤ったにもかかわらず、一九五〇年代に戦史が編纂されるなど、過去の多岐にわたる領域に注目が集まっていたという考察からも、両者の立場が統合されていたことが見て取れるはずだ（Kittel 1993; Fulbrook 1999）。

『夜と霧（*Nuit et Brouillard*）』にドイツ人の大きな注目が集まったことも、この考察を裏づける。映画に対する反応は、洞察あふれるこの映画を無視できないとドイツ人が考えたことに加えて、ドイツ人が自ら作った恥の壁の陰に隠れているという議論が誤りであることも実証する。さらに言うなら、戦争がその他メディアでどのように描かれているかドイツ人が関心を寄せていたことからも、やはりこの議論は正しくない（Hoffmann 1992: 51）。だが同時に、一九五〇年代の西ドイツの姿勢に対する肯定的な見方を、理想化するべきではない。ホロコーストについてさらに真剣な歴史論争が湧き上がったのは、アイヒマン裁判（一九六一—六二年）のあとであり、国民の意識がようやく高まったのは、マーヴィン・チョムスキーの『ホロコースト（*Holocaust*）』が発表されてからだったと、多くの歴史家が強く主張する（たとえば、Kershaw 1999: 150を参照のこと）。西ドイツでの『夜と霧（*Nuit et Brouillard*）』の受容は、想像もつかなかった事象を認識しつつある重要な段階とみなすべきだが、この映画が集めた幅広い注目を、明白な歴史観の変化と混同すべきではない。それでも、映画への高い評価は、強制移送と絶滅政策に対する国民意識の向上を意味するという主張を、筆者は支持する。そのうえ、一般にユダヤ人虐殺が「Hで始まる言葉」に命名される以前から、ドイツの公共の言説において、ホロコーストの概念は知られていた。ドイツでは当初、『夜と霧（*Nuit et Brouillard*)』は、ナチス強制収容所の盛衰を描いたドキュメンタリーと受け止められたが、ドイツでは絶滅収容所という用語も使われており、大量殺害戦略が強調されることも多かった。

ドイツの穏健的態度

一九五五年五月五日、ドイツ連邦共和国は主権を回復した。その三日後、正式にＮＡＴＯ加盟国となり、再軍備が認められた。こうしたこともあって、一九五五年は、分割ドイツの歴史において画期的な年となった（Steininger 1992: 497）。当時、反共産主義の風潮が広がっていた西ドイツでは、右派ファシスト的な傾向は問題とされず、大勢の元ナチス党員が公職に就くことが認められていた（Thränhardt 1996: 111–14）。西ドイツ国民が過去との対峙をことさら避けようとはしていなかったとする見方は根強いが、熱心に記憶に留めようとしたのかというと、それは疑わしい。新たな（〝赤い〟）危機が台頭したおかげで、国民は思い出してはいたが、何らかの具体的な儀式には、少なくとも大規模な公式行事としては、まだ着手していなかった（Schillings 1996: 20–1）。世間のこうした風潮の中で、西ドイツの映画界も同様の風潮に支配されており、レネの映画は平和を乱すとみなされた。保守派はとくにその傾向が強かった。

戦後、戦争を追悼したいと考える個人や団体は、もちろん存在した。終戦から十年以上が経過し、『夜と霧（*Nuit et Brouillard*）』が公開された年に、国際アウシュヴィッツ委員会は、アウシュヴィッツに建立する記念碑のデザインを公募した。それは一九五六年七月二日のことだったが、実際に追悼記念碑の除幕式が行なわれたのは、一九六七年六月になってからだった（Hoffmann 1998: 25）。映画の世界では、内外ともに、多種多様な作品が制作され配給された。もっとも、当然ながら戦後の映画業界も、淘汰のメカニズムからは逃れられなかった。過去の成功に磨きをかけたり、娯楽を広めようとしたりして、人々は戦前に中断したところから再開しようとしていた。

『夜と霧（*Nuit et Brouillard*）』との思惑の食い違いという、映画史における歴史的現象を振り返ることには意義がある。これは、映画館の観客の体験に間違いなく重大な影響を及ぼした。一九五〇年代のドイツ連邦共和国では、娯楽性が高く安全な世界観を示す、政治色の薄い映画が主流だった。たとえば、コメディ、冒険もの、西部劇、メロドラマ、ミュージカルなどだ。当時のドイツで『夜と霧（*Nuit et Brouillard*）』級の映画制作は不可能だっただろうと指摘する批評家もいる（Anon. 1957b）。革新性の欠落や、友好的で従順な雰囲気が、当時の映画の特徴として挙げられる（Glaser: 235–9; Korte & Faulstich 1995）。近い過去を映画で描こうとする取り組みは、あくまで最小限に留まった。

ハイマートフィルム〔「故郷映画」と呼ばれるドイツ映画のジャンル〕が大きな成功を収めた（Höfig 1973）おかげで、野外映画場が全国に広まり、観客動員数を伸ばした。『夜と霧（*Nacht und Nebel*）』の題名で上映された『夜と霧（*Nuit et Brouillard*）』は、もちろん、これほどの成功を収めはしなかったが、一九五六年十二月に国内で上映が開始された。鑑賞対象年齢が十六歳以上だった事実は、ドイツ社会がこの映画を重要視していたことを雄弁に物語る。これに関連してやはり重要なのは、ヴィースバーデンの映画審査委員会が、レネの映画に「高評価」を与えたことだ。だが、これに先立ち、さまざまなことがあった。

仏独関係——カンヌとボン(1)

一九五六年の第九回カンヌ国際映画祭が近づくにつれ、政治秩序と国際関係がいかに不安定であるかが露呈した。第二次世界大戦歴史委員会の依頼により、『夜と霧（*Nuit et Brouillard*）』は、映画祭のプログラムに加えられた。ところが、ドイツ政府からの抗議で、映画はコンペティション部門への出品が認められず、公式上映ができなかった。ドイツ政府としては、同映画の国内上映については支援する意向だった。だが、和解が優先されるこの時期、国際映画祭で上映されれば、ドイツのイメージに有害だと判断したのだ。

パリのDr・フォルラート・フライヘル・フォン・マルツァン独大使は、自国政府に代わり、映画祭憲章第五条を根拠に上映禁止を主張した。他国の名誉を傷つけない内容の作品にかぎり出品が認められると、第五条には明記されていた(2)。フランス政府関係者の介入により、映画はプログラムから取り下げられることになり、フランスとドイツに深刻な論争を巻き起こした。四月二十三日から始まった映画祭で、レネの映画は出品作品の上映会場ではない、アンティーブ通りにある小さな劇場の大ホールで上映されることになり、四月二十九日の日曜日、招待客向けに特別上映された（Raskin 1987: 44）。この上映会は、モーリス・ルメール仏通産相の指示で企画された（Anon. 1956n）。ドイツからの苦情を尊重し、倫理的および芸術的観点から特別上映を企画したと、ルメールはその判断の根拠を述べた。要するに、この「事実にもとづく」映画をフィクション長編映画と肩を並べて上映し、まして賞を競うなど、不適切であるとしたのだ（Anon. 1956o）。またルメールは、フランスでは強制収容所犠牲者の追悼記念日に当たる、四月二十九日に上映日を設定した。フランスでは五月二十二日に一般公開された（Raskin 1987: 44）。

知識人はカンヌの措置を即座に非難した。ジャン・ケロールは四月十六日の『ル・モンド』紙で抗議し、その先陣を切った。ケロールは隣国の知識人に訴えた。「ドイツの友人たちよ、我々の友情に対するこの冒瀆についてどう思われるか？　これはまさに冒瀆である。親愛なるハインリヒ・ベル氏、あなたはどう思われるか？」（Cayrol 1987a）。ベルはただちに、この心からの叫びに応じた。四月十七日、フランスの仲間に宛てて、ベルはケルンから電報を打った。

親愛なるケロール、『ル・モンド』紙に掲載されたきみの訴えの全文は、今晩にならないとわたしのもとに届かない。そしたらすぐに手紙を書く。ひとまずのところ、どうかわたしの心からの共感と友情を受け取ってほしい。ハインリヒ・ベルより（フランスで発売されたＤＶＤ『夜と霧』（*Nuit et Brouillard*）のカバーより翻訳、二〇〇三年）[3]

おそらく、ベルはドイツの作家仲間からこの記事について聞いたのだろう。ベルとともに一九五九年に「ドイツ・ユダヤ協会」を設立したパウル・シャリュックは、一九五六年四月十六日、この上映禁止について、「友情に対する冒瀆」だとラジオ番組で非難した。映画の趣旨からしてこれは誤りであり、しかも、残虐行為の目撃者が沈黙を余儀なくされたことで、フランスも罪を犯したと主張した。[4]その後まもなくして、シャリュックはこの件を新聞でも非難した（Schallück 1956b）。彼はケロールの失望と同調し、何人かの仲間と声明を出した——その中には、ベル、ハンス・ヴェルナー・リヒター、エーリヒ・クビー、ヴァルター・ディルクス、アルフレート・アンデルシュ、オイゲン・コーゴン、ハンス・ゲオルク・ブレンナー、エルンスト・クロイダー、ヴォルフガング・ヒルデスハイマーがいた。この集団抗議は、反ファシズムを掲げるサークル「グリュンヴァルダー・クライス」の戦術と同じだ。声明の効力を発揮させるにはこの手段しかないとして、広く議論を呼ぶために考案された戦術である。この集団抗議のきっかけは、一九五六年四月十七日に書かれた、リヒター（有名な文学者集団である四七年グループの主催者）宛ての手紙だった。「おそらく新聞かハインリヒ・ベルから、わたしたちを動かす出来事がパリで起きたと知らされることだろう」。「映画に関する騒動がパリで起こった」ので、ヴェズレーで開く独仏作家会合で、フランスの仲間とその件について話し合う必要がある。ドイツでも行動を起こすべきだとして、次のように綴られていた。

『夜と霧（*Nuit et Brouillard*）』の事件で、グリュンヴァルダー・クライスとともに、今何か行動することが必要だと思う。まず、ケロールの筆法鋭い有益な記事の方針に沿って進めようかと考えている。そうすれば誰もが署名できる。このリストをボンに送るべきだ――できたら、国会で政府に質問できる立場の者に宛てることが望ましい（Richter 1997: 226–7）。

カンヌ国際映画祭での出来事は、ドイツの議会で確かに反響を呼んだが、シャリュックの抗議の影響があったのかどうかは確認できない。一九五六年四月十八日、ドイツの連邦議会で、出品禁止問題についての討議が行なわれた。この討議は、奇妙なことに、ヘルムート・ドゥビエルが一九九九年にまとめた記録に残っていない。『タイムズ』紙の記者は、この出品禁止をその他の事例と比較し、議会の講じた措置について次のように記した。

最近、日本政府は、イギリス映画『アリスのような町（*Town Like Alice*）』に対し、同様の要請を行なった。西ドイツの理由はこれとほぼ同じだ。過去の残虐行為や敵意を想起させる映画は、国際理解を高める目的の映画祭で上映されるべきではないと考えられている。……今朝の連邦議会において、社会民主党の議員は上映すべきだと主張した（Anon. 1956d）。

開会直後に、討論の議事録が議会の会報に掲載された（Anon. 1956i）。第一四〇回西ドイツ国会での討論を記した議事録には、社会民主党（SPD）のスポークスパーソン、アンネマリー・レンガーによる質問、臨時の質問、その他社会民主党議員の意見、内務副大臣ハンス・リッター・フォン・レックスの回答があった。戦争犯罪を嫌悪すると言っていた、与党のドイツキリスト教民主同盟（CDU）が、国際映画祭を政治問題の舞台とすべきではないと定めた法令を順守したがっていることが、議事録からはっきりと読み取れた。国会で映画が議題にのぼるなど、映画史上でも前代未聞だった。この映画は反ドイツ感情を煽るだけだと、キリスト教民主同盟は主張した。与党のCDUは過去に対して否認主義に陥っているのではないか、経済の奇跡など、ドイツの肯定的側面しか見せたくないのではないか、とSPDは指摘した。一方で社会民主党は、映画が国民の絆を強めることになると主張した。彼らは、国民に真実に直面してもらいたいと訴え、与党を扇動主義と責め立てた。特定の枠内で上映を禁止することにより、コミュニティを誤った方向に導く、コミュニティは過去に起きたことを知るべきである、とSPDは見解を述べた[5]。

その九年前に設立されたナチス体制下の被迫害者連盟（VVN）は、元レジスタンス活動家が四月十九日から二十二日にかけてパリで開いた会議でこの映画を観て、連邦共和国の出品禁止要請に抗議した。VVNは、ドイツの面目をSSのそれと同一視するようなものだと批判し、映画の内容ではなく、映画の上映禁止こそが、ドイツの名声を傷つけることになると考えていた（Anon. 1956t）。

ドイツの決定は神経過敏だとユダヤ人は批判した。ユダヤ人の被害者が芸術の諸表現に過敏反応を示すなら、それはもっともなことであり、話はわかるが、自分たちも被害を受けたかのごとく、大国が反射的にこの機に便乗するのは行き過ぎだとした（Zarek 1956）。

ドイツの定評ある報道機関は、ドイツ当局が申し立てたカンヌでの抗議を即座に批判した。この抗議は、加害者と「国家の不適切な団結」という恥をさらすものである。ナチス・ドイツの犠牲者に関することで、そのような姿勢を見せるのは異例であり、ドイツの政治判断は嘲笑を受けた、とした。この重大決定は、どうも責任ある上司の承認なしに下されたようで、一人の素人の官僚（大使のこと）が、この政治騒動を引き起こしたとされた（E. H. 1956）。アイヒマンの職務遂行への抑えがたい衝動が知られるようになるかなり前から、ドイツ人公務員の業務設定の手腕は語り草だった。プロシアの時代から続く政府職員の厳格な責任感は、ドイツ連邦国家で広く知られており、絶えず自虐ネタにされてきた。

こうした説明がいかにもっともらしく聞こえたとしても、ドイツ報道機関から別の意見が出たのも当然である。映画を観たあとで、ドイツの姿勢を肯定的にとらえる者はいなかった（E. H. 1956）。六月二十一日付で七月七日に発効された行政の覚書を受けて、同様の意図をしたためた書簡が、東京のドイツ大使から送られてきた[6]。外国人は、ナチスのドイツ人と連邦共和国のドイツ人との区別ができないと、在日ドイツ大使館は考えたのだ。確かに、『夜と霧（*Nacht und Nebel*）』は当初ドイツ政府から脅威と受け止められたが、これまで調査したかぎりでは、ドイツ国家に対して敵意を示した映画とは認定されなかった[7]。

ドイツの強制収容所よりも新しいソヴィエト連邦の強制収容所に対して、フランスが同じ手法で告発しなかったという不満は、いささか弁解がましく聞こえた。『夜と霧（*Nuit et Brouillard*）』とは異なり、この種の映画が公的資金で制作されることはなかった。もしかすると、フランス人の良心はドイツ人の悪事にしか刺激されなかったのかもしれない（E. H. 1956）。左派系の新聞は、政府の失策をネオナチ願望の表れだとみなした。「忘却術」が政府の指針と言えるまでになっていたので、忘れられないこと、忘れるべきではないことまで、忘れよと命じられたとき、国民の間から激しい怒りが噴出しかねなかった。この失策には、非ナチ化による追放者への補償や武力再編など、近年の過失と一致するところがあった。カンヌ映画祭での『夜と霧（*Nuit et Brouillard*）』の出品取り下げに、フランス人の協力があったのではないかという印象を、多くの人が受けた。罪の意識を抱いた人々は、取り下げが決定したのち、現状維持を図ろうとした（Huber 1956）。

上映の取り下げには、ドイツ側の理由以外にも三つの理由があると言われていた。一つ目は理由としては弱い。強制収容所を描くドキュメンタリーは、欧州軍を編成しようとする独仏計画を妨害することになるというものだが、これは疑わしい。フランス国民議会は長時間の審議を重ねた結果、一九五四年八月三十日に、欧州防衛共同体の構想をすでに無効にしていたからだ。二つ目の理由は、フランスの協力と責任が暗に描かれているために、フランス検閲委員会の介入をもたらしたというものだ（Krantz 1985: 115）。

三つ目は驚くような理由だ。ドイツの反ソ連映画『雨の夜の銃声（*Himmel ohne Sterne*）』（ヘルムート・コイトナー監督、一九五五年）が、同じ年のカンヌ映画祭に出展を認められなかったからだというのだ。それは当初ソヴィエト代表団が神経過敏な反応を示したせいだと見られていた（Korn 1956）。ところが、ソヴィエト代表団は映画祭委員会に対し、この映画についての抗議を提出していないという（Anon. 1956n）。主催者側によれば、同映画は正当な理由で受け付けが認められなかった。『雨の夜の銃声』は、カンヌ映画祭開催前に、ヨーロッパ数か国で上映されており、これが映画祭規約第三条に違反していたのだ。また、映画祭出品用の映画を検証する時間的余裕はなかった。さらに、国民感情を害するかどうかの判断は、映画祭の委員会にのみ権限がある。ドイツ代表団は公式発表の場で、『雨の夜の銃声』にいくらか批判の声はあったものの、ノミネーション直後に出品は受け付けられたと明かした。カンヌ映画祭開幕の二日後、四月二十五日になり、第三国がドイツの出品に異議を唱え、これを受けて、映画祭側はドイツ代表団に、自主的に取り下げるよう依頼した。ドイツ代表団はこの依頼を拒否したので、映画祭委員会は四月二十八日、出品取り下げを命じたのだという（Anon. 1956n）。『雨の夜の銃声』の出品禁止について、ほかに考えられる理由は、フランスの元政治犯連盟が、映画上映予定日にカンヌで抗議のデモ行進を行なうと発表したことだ。映画祭組織委員会は、これがソヴィエト支持のデモ行進と見られることを嫌い、同映画を禁止したと言われている（Huber 1956）。その真偽のほどは定かではない。この話は、『夜と霧（*Nuit et Brouillard*）』がカンヌで一度も上映されなかった場合、囚人服を着て抗議デモを行なうと元被収容者たちが映画祭上層部を脅したという、アラン・レネの話と酷似する（Raskin 1987: 63）。

このように、ドイツの出品をめぐり相反する説明がある一方で、避けがたい疑惑と抗議が存在したことは明らかである。ある国が別の国の出品に抗議したことを、映画祭側は当然ながら公表したくはなかった。だが、映画祭が『雨の夜の銃声』に対する抗議を聞き入れたという事実は、『夜と霧（*Nuit et Brouillard*）』にも確かに影響を与えた。レネの映画の出品にクレームをつけフランスの決定に対処したこと、その後、ドイツの名誉が疑われたと指摘したこと、そのどちらも、ドイツとしては当然の措置を取ったように思われる。

このように対応することで、映画祭委員会は国民感情を尊重していると主張した。ナチスが当時のドイツ政府と同一視されたという事実は、冷戦時によく見られた外交上のいたちごっこに、影響を与えないわけではなかった。さらに言えば、『雨の夜の銃声』と『夜と霧（*Nuit et Brouillard*）』の両作品は、カンヌ映画祭の期間中、コンペティション部門外で限られた観客に向けて上映されることになった（Anon. 1956m）。

ドイツ外交官側には別の言い分があるようだ。ドイツ大使館はフランスの陰謀の被害者だったというのだ。クリスチャン・ピノー仏外相はもともと、『夜と霧（*Nuit et Brouillard*）』の出品に反対していたのに、後日、フランス外交官らがドイツの決定を非難する側に転じたからだ（Kahn- Ackermann 1956）。ドイツの新聞はこれについて、介入の責任をフランスに押しつける策略だとみなした（Weisenfeld 1956）。

映画上映の訴え

ドイツの連邦政府報道情報局は、世論の動向を注意深く見守り、『夜と霧（*Nuit et Brouillard*）』上映禁止の抗議を伝える新聞記事を幅広く収集した。彼らはケロールの脚本のドイツ語訳を、匿名の翻訳者からさっそく入手し、映画のナレーションの検討に取りかかっていた。(8) カンヌの介入は当然、「外交上の妙手」(9) とは言えなかったので、非難をかわすために多大な労力が注がれた。抗議運動が起きていた時期に、ボンで国会議員とジャーナリストに向けてこの映画が上映された。幅広い観客に映画を見せる権利をめぐり、交渉が進んでいることが明らかにされた（Anon. 1956r; Anon. 1956w）。

六月三十日に開かれた、連邦祖国奉仕センター〔連邦政治教育センターの前身〕の監査役会では、全体主義と極右思想への傾倒を阻む対策が模索された。ＣＤＵ所属議員のパウル・バウシュは、『夜と霧（*Nacht und Nebel*）』をできるかぎり多くのドイツ国民が観られるようにすべきだと提案した。彼は連邦政府に対して、ドイツ語のナレーションをつけて上映し、全国に配給することを強く提言した。公務員はとくにこの映画を観るべきであり、ユース団体と映画クラブでは無料で上映すべきだとも訴えた。(10) 当時の副大臣の一人で、カンヌでの干渉を擁護したリッター・フォン・レックスが異議を唱えなかったため、この提案は支持されたものと受け取られた。政治情勢から言っても、このような啓発的提案を受け入れる準備が整っていたようだ。

ドイツ語版上映の実現に向けた努力は、「崇高」な努力だと見られていた。後日判明したことだが、映画を支持した者たちは、映画が幅広く上映されるのか、クレジットからアイスラーの名前が削除されたり、脚本が翻案されたりしないか、危惧していたという（Kahn-Ackermann 1956）。

一九五六年十月二十二日、連邦政府報道情報局も了解のうえで、ストラスブールの欧州評議会でフランス語版が披露された。同評議会の情報部門責任者であるポール・M・G・レヴィは、反ドイツの例証という印象を生み出さないように映画を紹介してもらいたいと、ドイツ政府から要請されていた。紹介内容についてはドイツ人職員と連絡を取る必要があった。報告によれば、上映会は順調に進み、映画紹介の際、レヴィは連邦政府報道情報局に謝意を表した。評議会の建物の入り口では、共産主義と目される若者たちのデモが行なわれたという(11)。

カンヌ映画祭のコンペティション部門での上映禁止は、政治に多大な影響を及ぼしたが、『夜と霧(*Nuit et Brouillard*)』にとっては、宣伝効果を高めただけだった。一九五六年三月末、第六回ベルリン映画祭の事前会合で、ベルリン参事会の市参事であるDr.ヨアヒム・ティブルティウス教授は、映画の上映に賛意を表明した。外務省としてはカンヌでの姿勢を堅持したかったが、ベルリン参事会は、六月二十二日から七月三日まで開催される映画祭以外の場での上映を決定し、『夜と霧(*Nuit et Brouillard*)』は、一九五六年七月一日から三日まで、シネマ館で上映されることになった(12)。西ベルリン市議会議長で翌年西ベルリン市長に就任したヴィリー・ブラントが、初回上映時にスピーチを行なった。ブラントはそのスピーチでこう述べた。ドイツ国民は決して忘れてはいけない、そうしてこそ、犠牲者は忘れることができるようになるのだから(Anon. 1956z. また Jacobsen 1990: 67–8 も参照のこと)。彼も、西ドイツ政府の横柄な決断を批判し、否定のメカニズムは誤りだと述べたようだ(Hansen 1956 を参照)。これはいかにもブラントらしい。のちに連邦首相の座に就いたとき、ブラントは過去について恥ずかしいと公言し、過去を悼むという重要な役割を担うことになった。

高まる注目

ドイツが『夜と霧（*Nuit et Brouillard*）』のカンヌ上映に抗議したことから、ドイツ国内での上映を危ぶむ声も上がった。だが、レネの映画は西ドイツ政府に禁止されることなく、国内の至るところで上映された。一九五六年以降、『夜と霧（*Nacht und Nebel*）』は政府公認で巡回上映が行なわれた。レネ自身が指摘したように、ドイツ連邦共和国はこの映画を購入した最初の国家だった（Raskin 1987: 55）。カンヌの一件は、映画の注目度を高め、真剣な議論を引き起こしただけだった。その後新聞はさっそく、ドイツの決断が招いた「高まる注目」、すなわち、政治的介入により予期せぬ逆効果が生じたことを記事で取り上げた（Weisenfeld 1956）。

振り返るに、『夜と霧（*Nacht und Nebel*）』の「広報マネージャーはボン」だという指摘はあながち誤りではない、ドイツの抗議がこの映画を世界的成功に導いたと、ドイツの『フィルムシュピーゲル』誌は指摘した。カンヌ映画祭の一週目、映画は世界各国に買い付けられ、売上高は二〇〇〇万ドイツマルクに達した。映画の制作費は三〇〇万ドイツマルクだった（Anon. 1956u）[13]。このお祝いムードに自制を促す投書が、同誌の編集者のもとに届いた。その人物は、映画上映に拍手を送ってはいたが、かつての犯罪者が社会で高い地位についていることを忘れるべきではないと、書面でたしなめた（Jaeger 1956）。

『夜と霧（*Nuit et Brouillard*）』の上映がカンヌで禁止されたのは、もちろん映画の受け止め方に重要な要因があったが、これが興行的成功を収めたのも、やはり映画のとらえ方によるものである。その頃ドイツで創刊された『フィルムクリティク』誌の編集者は、連邦共和国の介入を「恥ずべき」ことだと評した。『アンネの日記（*Das Tagebuch der Anne Frank*）』の舞台の成功を引き合いに出し、言うなれば、舞台の幕が下りても主演女優の人生は続いていたが、最後に、『夜と霧（*Nuit et Brouillard*）』のガス室にたどり着いたようなものだ、といみじくも指摘した（Anon. 1957b）。[14] この日記はすでに多数の言語に翻訳され、一九五〇年にはドイツ語版も出版されており、一九五六年に舞台化された。東西ドイツで一五を超える劇団が、『アンネの日記』を近日上演すると発表した。一九五六年の夏、ドイツだけで十万部を超えるペーパーバック版が売れた。[15] この舞台は一九五五年にアメリカですでに初演が行なわれ、成功を収めていたが、仏独関係を損なうことを懸念したフランスでは上演が見送られた（Barnouw & Van der Stroom 1986: 93）。外交関係のせいで奇妙な決断が下されたのは、カンヌばかりではなかったのだ。ドイツでは、ユダヤ人少女アンネのイメージが『夜と霧（*Nuit et Brouillard*）』のイメージに溶け込んだのに対し、フランスでは、アンネの人気の上昇は抑えられた。

ドイツ語版の登場

『欧州新聞　若い世代の政治紙』の記者、ルドルフ・ヴォラーが、『夜と霧（*Nuit et Brouillard*）』のドイツ語版制作の実現に重要な役割を果たした。連邦政府報道情報局が映画に関心を寄せていることを、ヴォラーがアルゴス・フィルムに知らせたのだという。アルゴス・フィルムが一九五六年六月六日付でヴォラーに宛てた手紙から、その事実がわかる。この手紙で、アルゴス・フィルムのS・アルフォンは、ドイツ語版の制作に喜んで協力すると述べている。映画の非営利目的利用の権利を、連邦政府報道情報局に総額二万ドイツマルクで販売すると、アルフォンは提案した。同年の六月二十九日、アルゴス・フィルムは連邦政府報道情報局に宛て、総額二万五〇〇〇ドイツマルクの契約書を送った。[16]

映画の権利購入の発表を受けて、吹替え会社二社がドイツ語版を制作したいと申し出た[17]。吹替えの権利についてもアルゴス・フィルムと契約を交わしていたので、二社の申し出は無駄足に終わった。早急に制作されることになった『夜と霧（*Nacht und Nebel*）』に対し、別の分野から接触があった。ドイツ語版の実現にヴォラーが果たした役割はすぐに広まった。ＩＳＳＦという国際学生団体はその尽力に感謝し、ヴォラーに宛てた手紙で、映画の幅広い公開を要望したうえに、ナチスが現行の連邦共和国政府で果たしている役割について、ナレーションで触れるべきだと訴えた。ＩＳＳＦはさらに、ドイツがこの問題に関心を抱いていることを世界に示すために、ドイツでも同様の映画を制作することを提案した[18]。

七月十七日、迅速なドイツ語翻訳の実現のためにも、早急に契約書を返送してほしいとフランスは要求した[19]。一九五六年七月二十六日、双方は契約内容の合意に達したが、正式な契約書がアルゴス・フィルムに送られたのは、八月二十三日になってからだった[20]。後日、アルゴス・フィルムは西ドイツ政府に対し、ケロールがユダヤ人の詩人パウル・ツェランにドイツ語翻訳を依頼した旨を通知した。ツェランはパリ在住で、監督の要望に応じた仕事ができると見込まれたのだ。ドイツ語訳の最終版は十月一日に提出され、十月八日にパリでレコーディングが開始されるはずだった。ところが、ツェランの最終版とされる原稿は、十月二十一日の日付になっている。マリニャン・スタジオで行なわれたレコーディングに、ツェランは積極的に参加していたようだ。ツェランに報酬が支払われたのは、十月三十一日だった[21]。彼の翻訳した文章がはじめて活字になったのは、一九七〇年に彼がこの世を去ってからのことで、一九八三年に出た彼の全集に、フランス語の原文とともに収められた（Celan 1983, vol. 4: 76–99. Knaap 2001, 2003も参照のこと）。

アルゴス・フィルムがドイツ語訳を西ドイツ政府に送ったとき、吹替えは先の手紙で伝えたエリッヒ・フォン・シュトロハイムではなく、別の人物を選ぶつもりだということも知らせた。アルゴス・フィルムは後日、ケロールの希望通りにクルト・グラスが吹替えを行なったと、手紙で報告した[22]。その手紙には、最終版ではない翻訳が同封されていた。

機密メモによると、交渉担当者のルドルフ・ヴォラーはパリに派遣され、ドイツ語ナレーション準備の監督役として対価を受け取ったという[23]。このメモが書かれた翌日の一九五六年十月二十四日、ヴォラーはアルゴス・フィルムのアルフォンに手紙を書いた。ヴォラーの仕事は、議会政治報道資料サービス局の会報からうかがい知れる。すなわち、連邦政府代表者たちには、「映画で顕著に見られた、ドイツ映画業界のいくつかの部門の忌むべき役割を緩和させること」という任務が課されていたのだ。連邦政府報道情報局がパリから受け取った、タイプライターの翻訳原稿の余白に、まさにこの一文が書き込まれていた[24]。

だが、アルゴス・フィルムに宛てた手紙からわかるように、ヴォラーはそれ以外の問題に注意を向けた。彼は映画と翻訳を称賛したうえで、三点について異を唱えた。まず、ナレーションの最後の「この国でしか」という箇所を削除するというレネの提案は、受け入れられないとした。それはまさしく、この映画で示したことはすべて、特定の時間や場所にかぎらない、したがってドイツでしか起きないということではない、と述べた箇所のことだ。そのせいで、結びのナレーションはいくぶん調和的な傾向が見られ、レネはその傾向を排除したいと考えていたのだが、それは――おそらく抗議後も――実現しないだろうと思われた。ヴォラーは次に、サウンドトラックに西ドイツ国歌を思わせる音楽が使われていたことに苦情を述べた。音楽による悪意に満ちたあてこすりは取り消されなかった。さらに、エンドロールにアイスラーの名前が流れることにヴォラーは抗議した。映画の前々からの支持者はすでに、アイスラーの共産主義的視点へのこのような抗議の声を危惧しており、その後、観客に影響を与えるという懸念も持ち上がった[25]。

サウンドトラックの変更を働きかけたのは、一つには、ドイツ国民の集団的良心と記憶を慰め、この殺

図 9　パウル・ツェラン　1958 年または 59 年．ジゼル・ツェラン＝レトランジュ撮影
（© Deutsche Schillergesellschaft）

人行為を非ドイツ化しようとしたためである。また一つには、音楽に政治的意図を込めることは、普遍化のアプローチにはふさわしくないからだ。その道徳的正否はさておき、ドイツ人共同体の記憶に影響を与えようとする意図からは、集合的記憶に与える映画の影響力をドイツ当局が認識し、高く評価していたという事実が浮かび上がる。

一九五六年十月十九日の金曜日、ナレーションのドイツ語吹替え作業が、当初の予定より遅れて、ヴォラーの監視下で始まった。ミキシングと編集が十月二十六日に行なわれ、作業終了は十一月六日の予定だった。十一月十六日、西ドイツ政府は『夜と霧（*Nacht und Nebel*）』のフィルムの複製を映画制作会社に依頼した。[26]

このドキュメンタリー映画を自局で放送したいと、さっそく数件のテレビ局から西ドイツ当局に申し込みがあった。真っ先に名乗りを上げたのはバイエルン放送で、一九五六年十一月九日に放送したいと考えていた。[27]バイエルン放送は、ドイツ語のナレーターについての希望を、制作段階ですでに伝えていた。だが、放送は実現しなかった。フィルムの複製に時間がかかるので、十一月九日の放送に間に合わないと、アルゴス・フィルムからバイエルン放送に伝えられた。[28]一九五七年四月十八日の洗足木曜日〔キリスト教の復活祭直前の木曜日のこと〕、『夜と霧（*Nacht und Nebel*）』はようやくドイツのテレビ局で放送された。[29]この映画の一部をドキュメンタリー番組に使用させてほしいとの再三の依頼があったが、連邦政府報道情報局は映画を完全な形で放映する独占権があると考えていたので、そうした依頼を受け付けなかった。[30]もっともそのような条件は、アルゴス・フィルムとの契約に含まれていなかった。おかしな話だが、バイエルン放送は映画を部分的に使用する許可を得ていた。[31]『夜と霧（*Nacht und Nebel*）』に関して連邦政府報道情報局が購入した権利には、映画の一部だけを見せることはできないと明記されていた。さらに、連邦政府報道情報局は映画を販売する権利を有せず、どんな要求であれ断らなくてはいけないともされた。映画の脚本についても、アルゴス・フィルムが権利を保有するので、映画記録集にもその掲載は認められなかった。ベルリン・テアター・アム・クアフュルステンダムが、上演作品で映画の三分の一ほどを使用したいと申請したが、舞台が商業的性質を帯びているという理由で拒否された。[32]

一九六〇年二月、アルゴス・フィルムは、テレビ放映権を連邦政府報道情報局から二五〇〇ドイツマルクで買い戻そうとした。公式の覚書が示すように、西ドイツ政府は政治的利害を持ち出してこれを拒否した。[33]

『夜と霧（*Nacht und Nebel*）』の配給

連邦政府報道情報局を通して映画が無料で貸し出されることは、周知の事実だった（Wichmann 1957; Feineis 1960）。ドイツ政府が原版の35ミリフィルムを16ミリフィルムにプリントして配給したものは、ほとんどが白黒だった。約二〇〇本の16ミリフィルムが、国内に出回ったものとみられる。[34]

ドイツ語版の制作が発表された直後から、『夜と霧（*Nacht und Nebel*）』を上映したいという希望が西ドイツ当局に殺到した。まだドイツ語版の制作段階だったので、手紙を送ってきた希望者全員に、準備ができていない旨が伝えられた。上映会を開きたいという手紙は、ドイツ各地の団体や地域社会、ディスカッションン・グループから届いた。残存するものだけでも二〇通ほどの手紙が、公開一年目（一九五七年五月末まで）に送られてきた。

最初に届いた手紙は、ネオナチについて研究するハンブルクの学生グループからだった。映画が若い世代に関心を引き起こしたことを端的に示す事例である。また、ボンにあるキリスト教徒・ユダヤ教徒協力協会からの手紙には、特別な要望がしたためられていた。『夜と霧（*Nacht und Nebel*）』の共同上映会を開きたいと提案してきたのだ。この提案は実現しなかった。手紙が届いたのは、ドイツ語版完成の前だったからだ(35)。

ノルトライン＝ヴェストファーレン州内相から要請があったことからも、『夜と霧（*Nacht und Nebel*）』上映により、恩恵を受けると期待されていたことは明らかだ。内相がこの映画を要請したのは、警察官教育にふさわしいと勧められたからだった(36)。ほかにも、ドイツ人映画クラブ連盟、ハンブルクの北西プロテスタント映画課、ナチス政権被害者同盟（ノルトライン＝ヴェストファーレン州連盟、ニーダーザクセン州連盟、ヘッセン青年連合、バート・ホンブルク成人教育サークル、ＩＧメタル、ハムの中等教育機関《ギムナジウム》、国立ハンブルク映像資料館、コーブルク州議会、ハンブルクの社会主義ドイツ学生連盟（ＳＤＳ））などから、要請があった。

ドイツ語版を借りられるかどうかは、要請元次第だった。要請が門前払いされた例もあった。ドイツ語版の貸し出しが可能だったというのに、ある反戦団体の要請は拒否された。良心的兵役拒否組合東フリースラント同好会から、『夜と霧（*Nacht und Nebel*）』と『アウシュヴィッツの女囚』（ドイツ語のタイトルは *Die letzte Etappe*、ポーランド語のタイトルは *Ostatni Etap* で、直訳すると「最後の段階」の意。ヴァンダ・ヤクボフスカ監督、一九四七年）のフィルムを要請する手紙に対し、西ドイツ当局は単刀直入に「ノー！」と返答した(37)。徴兵制度撤廃を目指しロビー活動をする反戦論者たちは、政府の支援に頼ることができなかった。

『夜と霧（*Nuit et Brouillard*）』は、短編ドキュメンタリー映画『エルンスト・ロイター（*Ernst Reuter*）』（キーペンホイヤー、一九五五年）と同時上映されることが多かった。これは、戦後の西ベルリン市長を務めた伝説的人物を描いた作品だ。贖罪の日として、また死者を思うべき日曜日として、この二編を「国民哀悼の日」（国民社会主義の犠牲者を悼む記念日。一月二十七日がホロコースト犠牲者追悼の日と制定された一九九五年まで、この行事は続いた）に上映するとベルリンが発表したとき、ヴィリー・ブラントは次のように述べたとされる。『夜と霧（*Nuit et Brouillard*）』が観客に呼び起こした感情を表すには「狼狽という言葉では足りない」。フランスで作られたこのドキュメンタリー映画が反ドイツ的かどうかについて、一九五六年十一月、ブラントはきっぱりと言った。「映画は我が国を批判しているわけではない。この映画が提起する恐ろしい問題が、こんにちに至るまで、必ずしも罪悪感の問題として大々的に扱われずにすんでよかったと思う」（Anon. 1956am; Anon.（Ka.）1956）。

武力問題に与えた影響

一九五六年七月七日、東ドイツ軍編成の半年後、西ドイツの国会は徴兵制度に関する法案を可決した（Steininger 1992: 547–8）。それなりの制限があるとはいえ、これで本格的な軍隊の編成が西ドイツで認められたことになった。同日、『夜と霧（*Nuit et Brouillard*）』の上映に大勢の観客が詰めかけた。映画を当時の状況と関連づける批評を書いた記者がいた。彼は戦時中やむなくヒトラーに仕え、戦後、ロルフ・ティーレ監督の映画『スキャンダル（*Das Mädchen Rosemarie*）』（一九五八年）の脚本を書いた人物で、次のように批評した。残虐行為は「ドイツの命令」であるというのに、「ドイツの制服」を着た者たちから、笑い声が上がる。加害者の多くは、まだ年齢的に、新ドイツ軍で任務を果たすことが可能だろう（Kuby 1956）。

この理屈からすると、『夜と霧（*Nuit et Brouillard*）』のカンヌ映画祭出品取り下げは、軍編成を視野に入れた政治的判断という側面もあったのかもしれない。だがこれは、一九五六年一月一日に、最初の一〇〇〇人が自主的に連邦軍に入隊した動きに、決して同調したわけではない（Steininger 1992: 547）。入隊動機は審査されず、動機の怪しい者もいたので、この自発的入隊は外部から不信の目で見られた。また、ヒトラーに仕えた軍人が新たな軍に入隊しているおそれも十分にあった。第三帝国の信奉者だった人々が新生ドイツにその思想を持ち込むという問題は、戦後ドイツ社会のあらゆる階層に対し、陰に陽に影響を与えた。

拒否から評価へ

一九五六年秋にバート・エムスで行なわれた第八回国際映画会議で、『夜と霧（*Nuit et Brouillard*）』は関係者の間に動揺をもたらした。二四か国から、六〇〇人を超える参加者と二五本の長編映画が、この映画祭に参加していた。レネの映画が上映される晩、その日最後の上映に、予定されていたロシアのダンス映画ではなくレネの映画を上映してほしい、と参加者は希望した。慎重に検討を加えた結果、予定通りロシア映画が上映された。すると、大勢が抗議の意を示して席を立ち、劇場を出た（Berger *et al.* 1989: 240）。地元新聞は記事で疑問を呈した。『夜と霧（*Nuit et Brouillard*）』のような「断固とした映画」を上映すべきでないと騒ぎ立てる保守的な声に対し、外国映画なので上映を拒みやすかったと、地元新聞の記者は感じた（Anon. 1956ah）。

ドイツ語版の初上映はハンブルクだった。欧州連合の前身機関や、国際反戦同盟、国際学生連盟の協力のもと、地元の映画クラブで上映された。元議員が、カンヌの上映禁止を訴えた駐仏ドイツ大使館を擁護しながら、この映画を紹介した。左派系の『フォアヴェルツ』紙の記者が、許されざるべきことを擁護する必要はないと、元議員を批判した。そのうえ、この機に乗じてすかさず、『夜と霧（*Nacht und Nebel*）』というタイトルの書籍に注意を引こうとした。これは、ザクセンハウゼン強制収容所の被収容者だったアルノルト・ヴァイス゠リューテルが著した本で、一九四九年に出版されたものだった。この記者はどうも正確な情報を把握していなかったらしい。連邦共和国では、このテーマについて多くの目撃者の証言が見過ごされていることが、同書からはっきりとわかる、映画はこの本を利用したのではないか、と記者は言い立てた（Friedrich 1957）。

『夜と霧（*Nacht und Nebel*）』を広く上映してほしいと要求する声は、ドイツでますます大きくなった。カンヌ上映禁止についての議論から一年がたつ頃、ミュンヘンを拠点とするジャーナリストが、「ドイツ人のトラウマ、こんなことが事実のはずがないと思いたがる気持ち」を打ち砕くために、『夜と霧（*Nacht und Nebel*）』の鑑賞を全ドイツ国民に義務づけるべきだと、声高に主張した。映画は「要鑑賞」とすべきである、上映禁止などありえない、そんなことをすれば、ドイツ政府は全ドイツ国民をひとくくりに扱うことになる。その後数か月の間に、このような批判がますます高まっていった（E. S. 1957）。

全国に配給され、幅広い議論を呼ぶ

『夜と霧（*Nacht und Nebel*）』の上映は、ドイツ国民に過去を振り返らせた。映画鑑賞が義務づけられることはなかったが、ドイツ社会の幅広い層にこの印象的な映画が知られるようになったのは事実だ。いくつかの州を除き、『夜と霧（*Nacht und Nebel*）』は公共の場で上映されたうえに、学校で生徒たちにも見せられた。当時は、中学校レベルで鑑賞されるのが一般的だった。また、テレビでも放送された。

一九五六年四月二十八日、ヨーロッパ青年運動のドイツ支部組織にあたる『欧州新聞』は、この映画は幅広く観られるべきだと提唱した。彼らのお膳立てにより、六月三十日にベルリン、ミュンヘン、ボンで映画が上映された。ボンのメトロポール劇場で十一時の上映回が終了したあと、ある調査が行なわれた。このときかかった劇場使用料の二〇〇ドイツマルクは、連邦政府報道情報局が負担した。[38] 観客は公務員や省庁職員、ボンとケルンの学生が大半を占めた。さらに、国内外の報道陣代表団、ドイツ連邦議会議員数名も、観客の中にいた。観客の四八・五パーセントが二十代と三十代だった。およそ七〇〇人の観客の過半数（五九パーセント）が、回答を記入した質問用紙を提出した。その回答から、『夜と霧（*Nuit et Brouillard*）』が当時ドイツでどのように受け止められたのか、明確に知ることができる。また、ドイツ政府はその結果をフランス語で公開した。[39] あるジャーナリストはこの調査を、人心をつかむこのドキュメンタリーが上映可能かどうか、観客の反応を把握するための、いわば一つの実験であると解釈した（Ockhardt 1956）。

回答者の九一パーセント強が、映画は客観的だったととらえた。八四・二パーセントが、強制収容所の犯罪をこの形態で描き出すことは緊要だとみなした。六三・八パーセントが、できるかぎり多くの人に、とりわけ若い世代に映画を見てもらいたいと答え、二五・七パーセントが、関心のある人に映画を見せるほうがいいと考え、特別鑑賞会を開くほうが好ましいと考えた。ドイツの一般市民が映画をどうとらえるかという質問に対しては、意見が区々に分かれた。五三・八パーセントが、ドイツ市民に衝撃を与え目覚めさせることになると考え、九・九パーセントが、目覚めさせるが拒否反応を引き起こすと考えた。一方で九・二パーセントの人は、感銘を与えることはないとし、二一・二パーセントが、衝撃のあまり世間はそっぽを向くとした（Anon. 1956ab）。ミュンヘンで実施された調査も同様だったが、ボンよりわずかに肯

図 10　H・E・ケーラーの漫画．1956 年

定的な回答が多かった[40]。

『ドイツ新聞および経済新聞』から転載されたH・E・ケーラーの漫画が、調査結果に添えられていた。世代間のギャップを描いた漫画で、ヒトラーユーゲントを彷彿とさせるボーイスカウトの恰好をした息子が質問する。「お父さん、強制収容所で本当は何があったの？」軍隊風で見るからに高圧的な態度の父親が答える。「ふむ――過去はつまるところ捨て置けばいい……」。このように質問を抑え込んでから、自分の記憶にとって大切な場所を指し示す。「ここにはかつてドイツの街灯があった！　忘れてはならんよ、ホルスト＝アドルフ、米軍が入場

したとき、その街灯は戦車に倒されたのだ！」息子の名前からは、父親の政治的信念もうかがい知れる。

回答者の率直な反応の中でもとくに目を引く感想がある。二十代から三十代に属するある回答者は、フランスのナレーションを見習い、ドイツのナレーション担当者もいっさい哀切感を漂わせるべきではないとした。四十代から五十代に属する回答者は、当時のアルジェリア情勢、および一九四四年／四五年以降のドイツ人捕虜の扱いに言及し、ドイツ語版では、問題をエスカレートさせるような傾向を避けるべきであり、ほかの土地でも組織的な残虐行為がなされていることを強調したほうがいいとした。同じ年代の回答者の一人は、ロシアの捕虜収容所を思い出させる場面が多いと述べた。二十代の回答者は、テーマの扱いが控えめすぎると感じた。二十代の回答者の中には、強烈な反ドイツ感情を引き起こすことを懸念する者や、ヨーロッパの結束を損なうおそれがあると考える者もいた。五十代より上の世代には、こう答えた者もいた。「この映画は事実だ。自分も強制収容所にいたからわかる」。したがって、対象グループ向けに公開した情報からも明白なように、被収容者が『夜と霧（*Nuit et Brouillard*）』を高く評価したとしても驚くにはあたらない(41)。

歴史を改竄する極右過激派以外に、少数の反対意見があったことも、調査からわかった。映画上映を支持する人々の立場は、基本的に、大きく三つに分かれた。一つは、自己浄化に関心を寄せるべきだと主張する人々だった。二つ目は、映画の価値は認めるが、映画で描かれた犯罪に責任があるのは、ほんの一部のドイツ兵だという立場を取る人々だ。この立場の人々は、映画を高く評価すると認めることにより、映画を中傷する人々にかえって重大な根拠を与えた。映画が上映されないほうがよいという心情を吐露しているようなものだったからだ。三つ目の立場は、歴史的理由や楽観的見解から支持する人々で、若い世代の将来に役立つと指摘し、映画の重大性を強調した。

超保守的な『ドイツ兵士新聞』は、当然二番目の立場を取った。南ドイツで発行されていたこの新聞は、映画上映を称賛するとともに、『夜と霧（*Nacht und Nebel*）』がイデオロギー目的で乱用されることに強い嫌悪感を示した。そうした乱用は、「大きな苦悩を抱える組織の人間を頑迷にしかねないほど道徳的観念に欠ける」と、記事にある（Anon. 1957g）。この記事は、戦争ドキュメンタリーというイデオロギー的名称を、戦争犯罪と同一視している。それ以外では、読者である軍関係者の擁護に終始した。同紙は、ドイツの親衛隊（ＳＳ）兵士と戦争犯罪人を同一視することは行き過ぎだとみなし、武装親衛隊（バッフェンＳＳ）の無実を裏づける証拠として、『夜と霧（*Nacht und Nebel*）』を利用していた。映画に武装親衛隊はまったく登場しないからだ。もちろん、それは決定的証拠にはならない。武装親衛隊が戦争犯罪にまったく手を染めていないなど、いくら何でも疑わしいと言わざるをえない。指摘するまでもないが、この記事の執筆者があらゆる軍事資料も種々雑多な軍事行為に丸投げにして考えていることには、驚かされる。武装親衛隊全体を、海軍や国防軍と同列に扱っているのだ。さすがに一九九〇年代末にもなれば、ドイツ国防軍が戦争犯罪に加担したと糾弾されることはないが、一九五〇年代でも、国防軍は親衛隊ほど世間から疑惑の目で見られてはいなかった。西ドイツ軍を擁護するこの執筆者が取ったもう一つの方策は、犠牲者の立場を堅持することだった。各国はそれぞれの悪行から注意をそらすために、ドイツの戦争犯罪に注目を集めたがっていた。そのうえ、罪のない大勢のドイツ人も戦争で命を落としていた。『ドイツ兵士新聞』のこの記事を読むと、彼らが『夜と霧（*Nacht und Nebel*）』に難色を示したことが奇妙に思える。記事からは、映画がむしろ政治的立場を擁護するフレームワークであるような印象を受ける。

記事の最初のほうでこそ称賛されているものの、やがて、映画は偏向的だとする論調に変わる。政敵や反体制派の脅威は、この映画に責任があるとされた。死者を食い物にして「政治活動」に従事する人々に荷担したとして、記事は最後に、映画を配給した政府を批判した。死者を安らかに眠らせるべきだった——そうしさえすれば、充満する恨みが治まる可能性がある、と執筆者は考えたのだ。

政府に対するこの攻撃姿勢は、実は、同新聞が一九五四年四月から翌年三月まで支給されていた、連邦政府報道情報局からの補助金が打ち切られたせいかもしれない。月額一万三〇〇〇ドイツマルクの補助金で、政府が同新聞を御用機関としようとしていたことは、確かにスキャンダルだが、『ドイツ兵士新聞』が政府と連邦軍から離反したことも、注目すべき出来事だった（Anon. 1957y）。連邦軍といえども、無条件で映画を上映したわけではなかった。議会が映画の幅広い上映を奨励したとはいえ、連邦軍は西ドイツ社会の自律した構成員としての立場を取り、まず軍関係者の間で映画を観て検討した（Anon. (-ler) 1957）。

映画上映を支持する三つ目の立場の人々の根拠は、タブロイド紙でさえ思考に役立つ精神的滋養を与えることが難しいのに、新世代の若者はつまらない読み物や漫画本に耽っている、と指摘する記事に代弁される。こんな文化的風潮では、ドイツ再統一問題はついでにしか取り上げられないと、彼らは危ぶんだ。将来のドイツの若者は、「再統一後に東ドイツの若い市民が……キリスト教的秩序の考え方になじみがないような場合」、ドイツ民主主義を背負って立つことができるのだろうか？（Wichmann 1957）

ここで問題になっているのは、倫理的とは言えない政治教育の効果であった。記事によると、ハンガリーの動乱は、うつらうつらとした市民の目を荒々しく目覚めさせ、記事の前年にカンヌで上映禁止の憂き目にあった映画にまつわる時事問題に、市民を注目させたという。記事はさらに、レネの映画のドイツ語版は、東欧に忘れられないドラマを生み出すはずだと主張した（ibid.）。

ドイツ労働総同盟（ＧＤＢ）のドイツ北部会合で『夜と霧（*Nacht und Nebel*）』が上映された際、観客はみな心を動かされ、ほかの議題が保留にされたほどだったという。北部地域委員長は次のように指摘した。

図 11　ドイツ語版の映画ポスター（© Filmmuseum/Deutsche Kinemathek Berlin）

ドイツ国民全体に罪があるという主張は正しくないが、この事実に向き合わないドイツ人には罪があるという核心を、総同盟は的確にとらえた。したがって、レネの映画は観るべきだが、誰も彼をも一緒くたにすべきではない。つまり、親衛隊（SS）全員に責任があるわけではない。委員長によれば、親衛隊員の多くがすでにGDBの正式組合員になっているという（Anon. 1957ac）。過去を忘れないように、恐ろしい現実をふたたび生まないようにと、バイエルン州のバイロイトで開かれたGDBの会合の晩にも、『夜と霧（*Nacht und Nebel*）』が上映され、組合員から大絶賛された（Anon. (gth.) 1957）。SSについての一貫した和解ムードは、映画上映に先立ち行なわれた、ケルン警察組合委員長の演説とは対照的だった。元ゲスターポが警察官になることを認めるべきではないと、警察組合委員長は訴えていた（Anon. 1957h）。

成人教育センターに提出された審査報告書には、『夜と霧（*Nacht und Nebel*）』の上映が神経をとがらせる問題になることを予期させる内容が、数多く記載されていた。映画を見せるべきか否か議論を重ねた末、映画を歴史家に紹介させることに決まった。観客は圧倒的に若者が多く、一四〇人ほどの観客の九割が十八歳だった。国民社会主義の時代、大勢の大人世代が傍観したのはなぜだろうか？　若者たちは、「経済の奇跡」にその原因があるとし、大人世代が経済の繁栄に力を注いだからだと考えた（geyer 1957）。映画を観終えたとき、観客の多くはホロコーストが実際に起きたことだとは信じられなかった。続いて、このような大量虐殺がふたたび起きる可能性について議論した。誰も独裁体制など望んでいなかったが、昨今の政治秩序の安全性に対する懸念が、議論から浮き彫りになった（geyer 1957）。要するに、この映画は、観客が自国の安定性について再考するきっかけとなったのだ。

一九五七年のドイツ議会選挙の結果は、前年のカンヌ映画祭の上映差し止めがアデナウアー政権にダメージを与えなかったことを示していた。ドイツキリスト教民主同盟（CDU）は、過去最高の得票数となり、投票総数の五〇・二パーセントを獲得した。ドイツ社会民主党（ＳＰＤ）も三一・八パーセントと支持を伸ばした（Thränhardt 1996: 323）が、『夜と霧（*Nuit et Brouillard*）』上映差し止めに反対した影響があったのかどうかについて、この結果からは当然証明できない。

ホロコーストの教訓

カンヌの一件が起きる前に、四歳から十八歳までの未成年者が映画という媒体をどう受け止めているか、ドイツの実証研究の結果が発表された。当時の若者は、もっぱら映画という媒体を通して人生について学び、社会生活の適合に映画が大いに役立っていることが、この研究から判明した。親や教師は映画文化など逃避行動にすぎないとみなしていたのに対し、研究者はこの結果を否定的に解釈しなかった（Stückrath & Schottmayer 1955, reviewed in Anon. 1956b）。この研究結果から、『夜と霧（*Nacht und Nebel*）』を若者に推奨できるという結論を引き出すことができた。

まもなく、『夜と霧（*Nacht und Nebel*）』の教育上の利点が明らかになった。一九五七年、世間が認識していない歴史的事実を、この映画がいかに誠実に伝えているかを説いた本が世に出た。これは、国立ハンブルク映像資料館とハンブルク国民教育評議会から出版され、政府がこの映画の教育的価値を高く評価していることが改めて証明された（Moltmann 1957）。再教育目的で映画を利用しようとした連合国側の思惑通り、『夜と霧（*Nacht und Nebel*）』はドイツの教育課程の一環となった。現にテオドール・アドルノは後日、しつけと教育は自主的思考に力を入れるべきであり、そうした政治的教育を通して、一丸となった多数派による支配的行動から個人は自らを守れるようになる、と唱えた（Lindner 1998: 289）。

この『夜と霧（*Nacht und Nebel*）』に関する教材は、強制収容所のシステムが説明され、ユダヤ人迫害について多角的に論じられており、得るものが多い。ナチスがユダヤ人殲滅を目的にしていたことも強調されている。このため、また同書の全般的解釈から、映画では犠牲者の大半がユダヤ人だと特定されていないにもかかわらず、『夜と霧（*Nuit et Brouillard*）』はやはりユダヤ人殺害を描いた映画だと、今なおみなされている。映画が事実に即することを強調するため、アラン・レネの言葉がこの本に載っている。音楽担当者やナレーターは紹介されていない。ましてや脚本の翻訳者やナレーションの吹替えの声についても、いっさい触れられていない。教育上の関心と比べれば、それは些末な事柄だ。執筆者は、教訓を与える目的で映画を使うように推奨しているので、映画を教育課程にしっかりと組み込み、通り一遍の解説に留めるべきではないと強調していた。そのうえ、多くの映像が「耐えられるか耐えられないかの境目」（Moltmann 1957: 5）であるので、学校上映は高等学校に限定すべきだと提言した。

同時に、『夜と霧（*Nacht und Nebel*）』の教材が対象とする読者層も、映画の価値に気づいた。ボンの調査に協力した学生の大半が、強制収容所の残虐行為の記憶を留めるために、若い世代に是非ともこの映画を見せたいと思った。「三七六名の学生中三四七名が、強制収容所での残虐行為の記憶を保持し、若い世代に見せることが絶対に必要だと感じた」（Anon. 1957d）。とはいえ、それは容易ではなかった。一つには、『夜と霧（*Nacht und Nebel*）』の視聴年齢は、十六歳以上が適切だと規定されていたからだ。この映画の鑑賞可能対象者を、ドイツのギムナジウムの最終学年の前年に歴史を学ぶ生徒に制限すべきか、早めに（九年か十年生で）卒業するその他の中等教育の生徒にも門戸を広げるべきかについては、年齢制限が設けられた時点で、すでに議論の余地はなかった（ibid）。

特筆すべきは、一九五七年にベルリンで開かれた学生議会が、映画鑑賞を高等学校レベルに義務づけるべきだと提唱したことだ。その根拠には説得力があった。国民社会主義者の残虐行為を、学校の教科書がいっさい取り上げていないからだ（Baer 1957）。

信頼に足る教育内容を提供してもらいたいという願いは、道徳的メッセージのみならず政治的メッセージでもあった。歴史の教科書には目立って欠落した部分があった。政府認定の教科書には、第二次世界大戦に関する考察が欠けているとの不満が寄せられていた。ドイツ以外の国で制作された映画である『夜と霧（*Nacht und Nebel*）』なら、いくらかその欠落を埋められた。学校の視聴覚資料の利用は今でこそ普通だが、当時の『夜と霧（*Nacht und Nebel*）』の上映要請は、教育向上のために視聴覚資料を利用したいという、教育史上初の抑えがたい衝動となった。驚くべきことに、それは学生の情熱によって実現した。また、映画を鑑賞した学生がドルトムントの学校新聞に載せた記事が一般に掲載されたことも、この動向をよく表している（Frese 1957）。

第一三回マンハイム国際映画祭の開催期間中、一九六四年の十月九日から十四日にかけて、「若者と映画」に関する特別会議が開かれた。議題の一つは、教室での『夜と霧（*Nacht und Nebel*）』の取り組みについてだった。一九六〇年代、映画はまだ地方を巡回上映しており、グループやクラスを対象に上映されていた。上映前に映画が紹介され、終了後に議論が行なわれた。一九五九年、バイエルン州の州立映画協会のプログラムの一つとして、『夜と霧（*Nacht und Nebel*）』が数か月間にわたり上映された[42]。このときは毎回平均七〇人の観客を動員したが、一九六四年には三三人にまで減少したと、マンハイムの会議で報告された。映画への関心が失われたせいではない。映画が、教訓を目的とする場で見られるようになったためだった。その場合、対象者は少人数になる傾向がある（Grieger 1964: 2）。

バイエルン州の数字は参考になるが、ノルトライン＝ヴェストファーレン州の数字と比べると、正確性に欠ける。一九五九年、『夜と霧（*Nacht und Nebel*）』は市民教育センターで五一九回上映された。その内訳は、若者向けの上映回が二三四回、成人向けが一三一回、政治結社向けが一二六回、連邦軍向けが二八回だった。ノルトライン゠ヴェストファーレン州では、一九五九年に二万八四三〇人がこの映画を見た。一回あたりの観客数は、平均五四人となる。同年、『夜と霧（*Nacht und Nebel*）』と関わりの深いその他有名な映画は、あまり鑑賞されなかった。同州での上映は、『雨の夜の銃声』が五九回、『エルンスト・ロイター』は七四回だった。[43]『夜と霧（*Nacht und Nebel*）』がほかの映画と比べて、教訓を与える目的で見られていたことがはっきりわかる。当時進行中だったゾルゲ／シューベルト裁判（一九五八年六月、ザクセンハウゼン強制収容所の戦犯二人の審理がボンで始まった）に関連する映画を見せることで、強制収容所の世界を示せるうえに、「収容所の看守が共犯者として有罪判決」を受けることを論証できた。[44]

映画にとくに感銘を受けたのは、青年団、ギムナジウムの政治作業部会、職業訓練学校、成人教育センターの組合の人々だった。また、一九五七年の「フラタニティ・ウィーク」〔フラタニティの会員募集期間〕の間、『夜と霧（*Nacht und Nebel*）』は数多くの都市で上映された（Grieger 1964: 2; E. S. 1957）。ミュンヘンの映画館では、その週の昼間の時間帯に、収容可能人数を上回る二六〇〇人の観客を動員した。これを企画したのは、キリスト教・ユダヤ教協力協会、バイエルンの「民主的サークル」の作業部会、民主主義を推進するレジスタンス活動家と被迫害者の代表組織の総連盟だった（Anon. 1957f）。ベルリンでは、若者は『夜と霧（*Nacht und Nebel*）』を無料で見られる場合が多く、一般客は〇・八または一・一ドイツマルクを支払った。学校生徒や公務員向けの特別上映会もあった（Anon. 1960e）。かつての強制収容所で映画を上映することもあった。ラーフェンスブリュック強制収容所での上映は、映画の説明にうってつけだった。[45]

『夜と霧（*Nacht und Nebel*）』は、決してすんなりと教育制度に採り入れられたわけではなかった。その一例を示すのが、地元の高校生はこの映画を見られないと伝える、一九五七年六月のゲッティンゲンの新聞記事である。「ゲッティンゲン市議会は、『夜と霧（*Nacht und Nebel*）』を市内の高校で鑑賞させるという提案を多数決により否決した」（Anon. 1957aa）[46]。

ゲッティンゲンの事例に先立ち、州レベルで映画禁止が命じられたところもあった。一九五七年、バーデン゠ヴュルテンベルク州の高校と教員養成大学で、『夜と霧（*Nacht und Nebel*）』の上映会が阻止された。これが波及効果を及ぼし、バイエルン州でも映画が禁止されることになった。同州は過去にナチスと厄介な関係にあったせいだろう。数十年後には、クロード・ランズマン監督の『ショア』の放送をめぐり、バイエルンのテレビ局で問題が起きた（Müller 1991: 35–6, 152）。映画上映禁止の決定は、前述したように、早い段階から映画に注目していたバイエルン放送の方針とは対照的だ。

バーデン゠ヴュルテンベルク州の干渉は、ドイツのマスコミから厳しく非難された。同州では一九六〇年代、若者の鑑賞対象について学校の内外で何度も干渉があった（Anon. 1960i）。州教育省（！）の積極的な推奨に反する決定を下した、国立バーデン゠ヴュルテンベルク映像資料館の委員会を、真っ先に調査の俎上に載せるべきである。若い世代が戦争について曖昧な記憶しかないこと、「だからこそ、教育的理由から若い世代がナチスの悪行を知るべきではないこと」という論拠が、事実を言い逃れするために用いられた。『夜と霧（*Nacht und Nebel*）』に対処できるほど成熟する必要があるというバイエルン州の論拠は、当局が成熟していないことを明かすようなものである。これは、国民社会主義でも、飛び抜けて未熟だった世代に特有の傾向である。さらに言うなら、映画を若者に見せることに反対した者たちは、自らが「悪い教師」だと告白していたようなものだ。若者たちがドイツの陰惨な歴史の一幕を知ることを、彼らは妨げようとしたのだ（Anon. 1957z）[47]。ユダヤ人の週刊誌も、映画推奨と相反する決定に驚きを表し、この映画の視聴対象年齢を十六歳以上にすべきだとする、バイエルン州青少年連合の意見に注意を向けた。若者に新約聖書も読ませてはいけないことにならないかと、彼らは皮肉った（H. L. 1957）。

ドイツ南部の州の学校で上映が禁止された映画は、『夜と霧（*Nacht und Nebel*）』だけではなかった。『イスラエル――希望の地（*Israel – Land der Hoffnung*）』（ドイツ・ドキュメンタリー映画社、ボン／レマーゲン、一九五五年）も、学校上映が禁止された。一九五七年四月二十五日発行の『シュトゥットガルト新聞』がこの干渉について取り上げると、購読者数人から編集者宛に投書があった。ある教師からの手紙には、禁止された『イスラエル――希望の地』を最近生徒に見せたうえに、『夜と霧（*Nacht und Nebel*）』も見せるつもりだとあった。別の者は二作品の禁止について非難し、若者が約束の地の人々に共感を示すことを、当局は恐れているのではないかと指摘した（H. S. 1957）。

ドイツ連邦共和国の公共の場でなら、『夜と霧（*Nacht und Nebel*）』は大した問題もなく上映された。ただし、当局の言動が物議を醸すことはあった。シュトゥットガルトでの上映は基本的に成功を収めたが、行政がその成功に影を落とした。『夜と霧（*Nacht und Nebel*）』は、前述した『エルンスト・ロイター』との同時上映で、シュトゥットガルトの映画館で誰でも鑑賞できた。そのうえ、組織やグループでも映画館を借りることができた。映画は当局の注意を大いに引いた。警察署長が二度の上映会を企画し、公務員一〇〇人に映画を見せるという好例を示した際、シュトゥットガルト市納税課は通常通り「娯楽税」を課し、これに水を差した。「ペニーを狙ったからにはポンドも手に入れよ（毒をくらわば皿まで）」のことわざを、彼らは曲解している。この場合「娯楽税」は不適切だと、マスコミは指摘した。そのうえ『夜と霧（*Nacht und Nebel*）』の上映に対し、その他多くの都市で免税措置が取られることになった（Anon. (gk) 1957）。後日、ミュンヘンではこの規定が適用されていなかったことがわかり、矛盾が露呈した。ドイツの一部の地域では、「何百万もの人々の苦しみよりも……条文のほうが重要だった」（Anon. 1957ab）ようだ。請求する権利が徹底的に行使された。結局、市長と協議した結果、シュトゥットガルトでは妥協が成立した。娯楽税は課されるが、イスラエル文化協会にその一連の手続きが委ねられることになったのだ。そのうえ、映画等級委員会は徴収することに「特別な価値」があるとして、税率は通常の二〇パーセントではなく、八パーセントに抑えられた（Anon. (gk) 1957）。映画館の館主たちは、同額をイスラエル文化協会に喜んで支払うし、そもそも課税すべきではないと考え、その他大勢の人々と意見を同じくした（Anon. 1957ab）。政府支援の映画上映に対する、しかもユダヤ人をはじめとする何百万人もの大量殺害を記録した映画の上映に対する課税は、血に染まった金を受け取るに等しい。しかし、ドイツ・キリスト教協会は、事後決定による官僚的なうわべだけの親切を認めなかった。

金銭にかかわる問題はフランクフルトでも起きた。フランクフルト成人教育連盟のフランクフルト映画サークルが、『夜と霧（*Nacht und Nebel*）』の入場料を徴収したのだ。一九五七年三月、映画の貸し出しを担当する機関は、弁護士にこの問題の調査を依頼した[48]。

ベルリンでは奇妙な光景が見られた。一九五九年十二月に開かれた警察会議の晩に、別の映画との二本立てで『夜と霧（*Nacht und Nebel*）』が上映される予定だった。ところが、『夜と霧（*Nacht und Nebel*）』の上映前に、二二〇名の警察官が抗議の意を示し、会場のシェーネベルク市民ホールから出て行ったのだ。会場にはわずか三〇名の警察官しか残らず、その大半は、社会民主主義警察官職業団体のメンバーだった（Anon. 1960b）。このボイコットはどうやら、カンヌ映画祭の差し止め要求のときと同じように、ドイツ連邦共和国をナチス・ドイツと誤って同一視したことから発生したようだ。歴史の一幕と関係があるにしても、右翼思想を持つ者なら祖国を擁護するし、左翼思想を持つ者が悪い料簡を起こしたとしか考えられない。偶然かどうかはわからないが、翌日、この恥ずべき行動が新聞で報じられると、定員一二〇〇人のベルリンの映画館に、入りきれないほどの人が押し寄せた。映画館に来たベルリンの若者に向けて、アムレーン市長もスピーチを行なった。この上映会は、アデナウアー首相の全面的な承認を得て、地元の青少年連合が企画した。こうした上映会を催すことで、若い世代が当時相次いだ反ユダヤ主義と距離を置くようになったと、首相は考えていた（Anon. 1960c）。

『夜と霧（*Nuit et Brouillard*）』が政治的姿勢の指標であるとわかる事態が、現在まで何度も起きている。「一九五九年独仏文化交流期間」のフランス・トーキー映画回顧展で、ドイツ語版の上映が企画された事例も、その一つだった。一九五九年一月二十九日に予定されていた上映が中止されたのだ。隣国との関係悪化を懸念した独仏協会の代表が抗議したためと思われる[49]。カンヌの亡霊が数年たってふたたび姿を現した。

学校の歴史の授業で『夜と霧（*Nacht und Nebel*）』を見せるようになると、女子生徒に視聴させない学校が相次いだり、視聴年齢が引き上げられたりということが一九六〇年代初頭まであった。一九六四年以降、映画フィルムの貸し出しが目に見えて増えたが、これは当時フランクフルトで開かれていたアウシュヴィッツ裁判と、ちょうど時期を同じくしていた（Grieger 1964: 3）。エルサレムで開かれたアドルフ・アイヒマンの裁判（一九六一―六二年）が物語るように、関心の高まりの原因は間違いなく、一九五〇年代初頭に始まる戦犯の起訴にあった。

マンハイムの会議では、『夜と霧（*Nacht und Nebel*）』に対するオーストリア人の反応についても報告された。上映直後、十八歳から十九歳の男性四六人に、六つの質問をした。その一年後、四六人中の三〇人に対し、同じ質問を投げかけた。最初に質問した四六人のちょうど半数が、いちばん心を揺さぶられたのは遺体がブルドーザーで運ばれる場面だと答えた。四五パーセントの人が、なぜホロコーストのようなことが起きたのかと感じた。四二パーセントが、映画は未来に対する警告だと受け止めた。一方で、二一パーセントが、映画の狙いはナチス体制がどのように機能したのかを示すことだと感じ、狂人の独裁者があの残虐行為をもたらしたと解釈したのは、四二パーセントだった。二五パーセントが、流血への渇望とユダヤ人への憎悪で解釈できるとし、三〇パーセントが、あのような残虐行為が二度と起こらないように政治家は尽力すべきだとし、二〇パーセントが、人種差別をなくすことがホロコーストの再現を阻むと考えた。この映画を若者に見せるべきだと思っていることが、回答からはっきりと読み取れた。九五パーセントが若者の視聴を支持し、そのうち五〇パーセントは、映画が抑止力となると考え、三七パーセントが、映画には情報を提供する働きがあるとした。一年後、同じ質問をされた人の八五パーセントが、ブルドーザーが遺体を集団墓地に放り込む光景を鮮明に覚えていた。四二パーセントが、映画の狙いは全体主義体制の残虐行為を示すことにあるとし、三五パーセントが、人間の尊厳の価値を示すためだとした（Zöchbauer 1964）。

ドキュメンタリーが一世代を形成する

『夜と霧（*Nacht und Nebel*）』が、「水晶の夜（Kristallnacht）」の四〇年後にドイツでテレビ放送されたときには、人気テレビ局が早い時間帯に放送した。しかも、一九五七年の復活祭直前に放送されたときより、さらに大勢の人がこの映画を視聴した。一九七八年、深く感銘を受けた批評家たちは、この短編ドキュメンタリー映画はその圧倒的な力により、同じテーマを扱うあらゆる映画の影を薄くすると述べた（Anon.

1978; Anon.(fwa) 1978)。一九八〇年代になっても、州立政治教育センターはこの映画の貸し出しを続けていた。同時期、ヘッセン州では、メディア教育・コミュニケーション協会／ヘッセン州立フィルムサービスも、貸し出しを行なっていた。映画の視聴者数と上映回数は、東西ドイツ統合の時期に減少した。一九八五年には、二四九回上映され、六四九七人がこれを見た。一九八九年になると、八八回で二〇一七人、九〇年は、四六回で八五六人に減少した。一回あたりの視聴者の平均数は、二六人（一九八五年）、二三人（一九八九年）、一八人（一九九〇年）と減っていった。[50] 一九八五年の上映回数と人数が比較的多いのは、ランズマンの映画『ショア』の公開や第二次世界大戦の戦後四〇周年記念式典などが、この年に重なったことが理由とは言えない。一九八三年にも、『夜と霧（*Nacht und Nebel*）』は二四九回上映された。残念ながら、それ以前とそれ以降の数年間の記録は残っていない。

レネの映画について戦後第二世代に尋ねると、ほとんどの人が学校や教訓色の強い集会などで『夜と霧（*Nacht und Nebel*）』を見せられたと語るはずだ。大半の人が映画に深い感銘を受けたと言うだろう。一九四二年生まれの作家アンネ・ドゥーデンは、『夜と霧（*Nacht und Nebel*）』を見て、それまでとはまったく違う価値観とともにトラウマが生まれたと語る（Duden 1996; Bormann 1998も参照のこと）。ドイツの作家ウーヴェ・ヨーンゾンは、大作『記念の日々（*Jahrestage*）』（一九七〇年）の中で、ドイツを離れてニューヨークに住む、ゲジーネ・クレスパールという既婚女性を主人公に据えている。ゲジーネは娘に、自分のそれまでの人生を語って聞かせる。一九六八年三月十日、ゲジーネはブルックリンの映画クラブで『夜と霧（*Nuit et Brouillard*）』を観る。それを観るのは初めてではない。「またもや、連合軍がきらきら光る大きな鋤の刃で遺体を墓穴に押し込める、あの恐ろしい光景」とある（Johnson 1996: 851f）。外国に移り住んだこのドイツ人女性は、幾度となくドイツでの過去と直面する。この場面でも、ブルドーザーの光景を目の当たりにした恐怖が鮮明に描写される。これは、映画の場面が代理トラウマを引き起こすという、新たな記憶に相当する（Hirsch 2004: ix）。

『夜と霧（*Nacht und Nebel*）』がドイツ社会にどれほど大きな影響を及ぼし、いわゆる抗議世代の心を動かしたか、長編映画『鉛の時代（*Die bleierne Zeit*）』（一九八一年）（アメリカでは『マリアンネとユリアーネ（*Marianne and Juliane*）』、イギリスでは『ドイツ人姉妹（*The German Sisters*）』の題名で知られる）に描かれている。戦後ドイツの厳格な家庭に育った二人姉妹の物語で、ドイツ人のマルガレーテ・フォン・トロッタが監督したこの映画は、賞も受賞した。姉妹は一九五〇年代、同年代の人たちと一緒に『夜と霧（*Nacht und Nebel*）』を観る。脚本と情景記述も担当したフォン・トロッタ（1988: 133–90）は、姉妹が映画を観た年を一九五五年としているが、これは誤りである。姉妹は二人とも政治活動を積極的に行なうが、一人が過激派に転じ、ドイツ赤軍派（Rote Armee Fraktion、略称ＲＡＦ）のテロ活動により、社会を変えようとする。姉妹の人生は、実在の人物グードルン・エンスリンと、その姉クリスティアーネ・エンスリンをモデルにしている。グードルンは、近年の統治者は歴史から何も学んでいないと指摘し、こう言ったとされる。「これがアウシュヴィッツ世代です、彼らと議論はできません！」（Aust 1985: 54）。数年後、映画監督のクリスティアン・ペツォールトは、素性を隠して暮らすテロリスト夫妻の娘に、学校上映会で『夜と霧（*Nacht und Nebel*）』を見せたとき、フォン・トロッタの映画についてそれとなく触れた。これによりさらに波紋が広がった。彼の映画『治安（*Die innere Sicherheit*）』（二〇〇〇年）では、少女の人生にとってこの出来事は政治的転換点にはならないが、フォン・トロッタの映画の姉妹のように、少女は映画に嫌悪感をもよおす。

ドイツにおいて『夜と霧（*Nacht und Nebel*）』は、ホロコーストと武力再建の議論の渦中に置かれていたという印象があるが、フォン・トロッタによれば、この映画はテロの台頭の一因にもなったという。戦争について何も語らないという、長年優勢だった政策に反対する動きが、ドイツに生まれた。この政策はアデナウアーが広めたものだ。一九六〇年代を迎えるまで、『夜と霧 (*Nacht und Nebel*)』は、啓蒙運動の理想に影響された教育制度において、歴史の内在化に大きく貢献した。フランスで制作されたこのドキュメンタリーは、父親世代に抗議する一九六八年運動の合言葉として、ドイツで大きな役割を果たした。抗議世代は、『夜と霧 (*Nacht und Nebel*)』に戦争の残虐行為が明確に描かれていると気づいた。この映画に対して議論が沸き立つ時代に成長を遂げた抗議世代の歴史観に対し、映画は大きな責任があると言えるだろう。抗議活動が期待した成功をもたらさなかったとき、過激派は映画の場面を、彼らの目には抑圧的と映る社会に対する攻撃の起爆剤とみなした。映画のナレーションが、ホロコーストを可能にした大物実業家らに対し浴びせた非難を、テロリストたちは重く受け止めた、テロリストが『夜と霧 (*Nacht und Nebel*)』を重視した事実を考慮すると、ドイツ民主共和国 (旧東ドイツ、略称GDR) のプロパガンダと支援がRAFに影響を与えたという事実は、複雑な要因の一つにすぎない。

東ドイツから冷笑を買う

『夜と霧 (*Nacht und Nebel*)』に関しても、公的・政治的その他あらゆる面でも、東ドイツは西ドイツと同じ足跡をたどった。カンヌ映画祭の上映が政治的介入で取り下げられた一件は、もう一つのドイツのファシズムのレベルを指摘する一つの根拠となった。この一件は、東ドイツが作り上げていた、西ドイツは敵だというイメージと適合した。レネの映画は「ナチスの残虐行為への嫌悪感を呼び覚ます」とした、リッター・フォン・レックス副大臣の発言を東ドイツは非難し、西ドイツ政府のドイツ共産党 (KPD) 禁止命令を彷彿とさせる発言だと主張した。共産党の路線を引き継ぐ『ゾンターク』紙によれば、「夜と霧の普及を最重要視すること」（Anon. 1956j）が、まさしくアデナウアー政権の狙いであり、こうした言葉の数々から、西ドイツはいまだにナチスの思想に支配され、ファシズムの亡霊が見えるとした。

西ドイツの報道機関が、東ドイツで敬愛されていた作曲家ハンス・アイスラーの政治的信念を中傷する記事をわざわざ発表したことも、一九五〇年代の政治情勢をよく物語っている。よりによってかつて共産主義者だったアイスラーがこの映画の音楽を担当するなど、もってのほかだと考えられた（Anon. 1957d）。冷戦で分極化した時代、西ドイツの共産党（ＫＰＤ）が解散を命じられて（一九五六年八月）まもない頃、共産主義的観点と共産主義の名の下の暴力行為とを、西側の報道は区別しなかった。スターリンの犯罪が公式発表されて以降、そうした見解にもとづく発言が頻繁に聞かれた。

その代表的な例として、ケルンの新聞『ヴェルト・デア・アルバイト』が、東ドイツを代表する日刊紙『ノイエス・ドイチュラント』の記事を非難したことが挙げられる。ドイツ社会主義統一党（ＳＥＤ）の機関紙である『ノイエス・ドイチュラント』は、カンヌでのドイツ代表団の行状を、「ファシストに味方したあからさまな事例」と断じた。またケルンの『ヴェルト・デア・アルバイト』紙も、ＳＥＤの機関紙が強制収容所にこれほど大きな関心を示すのに、ソヴィエトの収容所の存在を明らかにしないのは、何か裏があると見ていた。ブーヘンヴァルトとオラニエンブルク強制収容所を旧ソ連が引き継いで利用したという事実も世間の耳目を引くべきだと、同紙は考えた。このような状況の中、批判の矛先は必然的に作曲家のアイスラーにも向けられた。奇しくも『夜と霧（*Nacht und Nebel*）』の映画音楽を引き受けたアイスラーなのだから、ソヴィエトの収容所を取り上げた映画音楽も依頼されてしかるべきだと見られた。しまいには、『ヴェルト・デア・アルバイト』紙は次のように抗議した。ＳＥＤの機関紙は西ドイツの新聞を親ナチと悪者扱いしておきながら、その西ドイツの新聞が『夜と霧（*Nacht und Nebel*）』を評価した記事については称賛するという矛盾した態度を示している、と（Anon.（xb）1956）。

西ドイツの『夜と霧（*Nacht und Nebel*）』への手際の悪い対応は、東ドイツのプロパガンダにとって格好のネタだった。東ドイツの新聞は必然的に、『夜と霧（*Nacht und Nebel*）』の鑑賞禁止を若者層に進める教育上の理由を得ることができた。一九五七年のバーデン＝ヴュルテンベルク州の決定の一か月後、それを引き合いに出し、ファシスト組合青年部会長の行状が報じられた。その人物が発言したとされる内容は、まさに効果てきめんだった。彼は、映画に描かれた出来事は実際に起こっていないとし、映画は真っ赤な嘘だと述べたのだ。新聞記事は、映画と結びつけてこう書いた。「一部の教育者は、自分たちが特殊な種類の〝人々〟の仲間だと気づいている」（Anon.（ece）1957）。〝人々〟という曖昧な言葉の背後にある論法（Gesell-schaft——ゲゼルシャフト、つまり、社会および集団の意味）は、ファシズムを支持する〝人々〟にこの映画を見せたくない教育者こそが、ファシストであることを意味すると同時に、西ドイツ〝社会〟全体が〝特殊な〟集団に属するということも証明するとしたのだ。

東西ドイツが厄介な関係に陥っているときも、両国間で文化交流が行なわれていたことは特筆に値する。ライプツィヒで開かれた、第二回全ドイツ文化・ドキュメンタリー映画週間に、西ドイツの映画制作関係者が招待された。それだけではなかった。世界各地の人民共和国の作品が招待されるのは当然だとしても、「資本主義国家」の作品とされる、イギリスとフランスの映画も招待された。この映画週間は一九五六年十一月四日から十日にかけて開かれ、『夜と霧（*Nuit et Brouillard*）』も上映された。レネの映画をはじめとして、上映作品はすべて「人道的内容が色濃い」作品だったにちがいない。よく知られているように、東ドイツの芸術は政治的理想に資するものであった。『夜と霧（*Nuit et Brouillard*）』はこのビジョンに十分に適ったようだ（Anon. (raue) 1956）。レネとケロールが強制収容所の政治的側面を強調したことが、東ドイツがこの作品に満足した理由の一つである可能性が高い。これに加えて、アイスラーが作曲に尽力したことも、この作品にお墨つきを与えたはずだ。

この作品がベルリン芸術アカデミーで鑑賞されたのかどうかについては、いまだに不明である。いずれにしても、映画音楽の作曲中もしくは作曲後に、アイスラーはベルトルト・ブレヒトに熱のこもった手紙を出した。「ベルトルト、わたしが音楽を作ったあのアウシュヴィッツの映画は、実に素晴らしい。アカデミーで先行上映することはできないだろうか？」[51] パリのモンタランベール通り七番地にあるホテル・ポン＝ロワイヤルの便箋に、アイスラーがこの提案をしたためたのは、ホテルで作曲しているときだったのか、完成後だったのか、あるいはひょっとするとベルリンだったのだろうか――手紙に日付は記されていない。

レネからジャン・ヴィゴ賞受賞の知らせを受けたアイスラーは、ベルリン芸術アカデミー学長のルドルフ・エンゲルと、文化省大臣のヨハネス・R・ベッヒャーにこれを伝え、プレスリリースを作成するようエンゲルに頼んだ（Knaap 2001: 105 を参照）。アイスラーの屋敷で見つかったメモから、ベルリン芸術アカデミーでの映画上映実現に向けて、レネが力を入れていたことがはっきりとわかる。「レネは映画のフィルム（もちろん、フランス版）を入手し、ベルリンに送ろうとしている」。このメモはアイスラーの自筆ではないが、書かれたのはおそらく、一九五六年春にレネと手紙のやり取りをしていた頃だと思われる。[52] 一九五六年四月、『夜と霧（*Nuit et Brouillard*）』の配給元であるアルゴス・フィルムは、映画の東欧圏での権利について、ポーランドを通して交渉すると発表した。[53] アイスラーの仲間内の誰かが、東欧圏の権利を扱う業者として、ワルシャワの「セントララ・ヴィナイム・フィルモフ」と、メモに書きつけていた。メモや手紙の情報から、映画は一九五六年三月にワルシャワからベルリンに送られたと推察される[54]。

フランスのプロデューサーから手紙を受け取ると、ルドルフ・エンゲルはさっそく（東ドイツの）文化省に、アカデミーでの上映のために映画のフィルムを入手してほしいと要請した[55]。文化省は一九五六年五月初旬に、映画を高く評価し、「我々は可及的速やかに、『夜と霧（*Nuit et Brouillard*）』を入手し、吹替えを行ない、上映することを強く望んでいる」と表明した。ところが、権利の獲得にはしばらく時間を要した[56]。その後、何が起きたのかは判然としない。ベルリン芸術アカデミーで映画は見られなかったものと思われる。かつてアカデミーの一員だったクルト・メーツィヒ監督は、ベルリン芸術アカデミーで映画が上映された記憶がないという[57]。一九六三年の講義記録から、彼が映画について知っていたことは確認された（Maetzig 1987: 296）。もしかすると、この背後には心理的な事情があったのかもしれない。一九五六年八月にブレヒトが亡くなり、アカデミーのメンバー全員が大きな衝撃を受けた。そのため、それ以外のことは何もかも二の次に追いやられてしまったのかもしれない。しかも、数か月後に起きたハンガリー動乱で、目前の緊張に注意が集まった。政治的事情により熱意が失われたことも、おそらく東ドイツのベルリン芸術アカデミーで『夜と霧（*Nuit et Brouillard*）』が上映されなかった大きな原因の一つなのだろう。

興味深いことに、東ドイツの映画会社ＤＥＦＡは、『夜と霧（*Nuit et Brouillard*）』が自国の公式な政治文化を支える可能性があると認めていた。もっとも、一九五二年以降、ナチスの過去を主題にした長編映画はほとんど制作されていなかった（Kannapin 1997: 83）。ＤＥＦＡがフランスで作られたこの映画に関心を抱いていたことは、パウル・ツェランの翻訳についても取り上げた、驚くような内容の手紙から明白である（次を参照のこと。Knaap 2001: 106, 152–3; Knaap 2003: 265–6）。一九五七年の五月末、ＤＥＦＡはパリのアルゴス・フィルムからの五月二十一日付の手紙に返事を出した。『夜と霧（*Nuit et Brouillard*）』に独自のナレーシヨンをつけるという東ドイツの構想に関する自社の立場を、ＤＥＦＡは書面で明確に示した。カンヌで上映され、映画に深い感銘を受けたこと、是非とも東ドイツ国内で大々的に映画を配給したいことも、ＤＥＦＡは伝えた。[58]だが結局、ドイツ語の翻訳に不満があったことから、映画の東ドイツ版は実現しなかった。鉄のカーテンの向こう側で、西ドイツ政府が認可したドイツ語版が配給されたのかどうかについては、いっさい不明である。ベルリンの公文書館の関連ファイルが示すように、東ドイツ国内での『夜と霧（*Nacht und Nebel*）』の頒布に、シュタージ（東ドイツの秘密警察）が関係していたという証拠は何もない。したがって、論理的帰結はこうなるだろう。当初ベルリン芸術アカデミーが関心を示したあと、ＤＥＦＡが文化省に焚きつけられて『夜と霧（*Nacht und Nebel*）』の権利を獲得しようとし、政治的思惑に巻き込まれた。要するに、『夜と霧（*Nacht und Nebel*）』は現実には東ドイツで配給されなかったということだ。このようなわけで、実際に上映されていないにもかかわらず、アイスラーが映画音楽を作曲したおかげで、東ドイツで『夜と霧（*Nuit et Brouillard*）』が有名になったと思われる。アイスラーの音楽を称賛するレネの言葉が、東ドイツの文芸誌『ジン・ウント・フォルム（意味と形式）』に掲載されたことも、大きな影響を与えた。[59]映画を観たのは、特別に認められた少数の者だけだった。ブーヘンヴァルト記念館で開かれた、先駆的指導者と教師向けのコースでは、一般の東ドイツ市民が観ることのできないこの映画を鑑賞することができた。一九六二年の同コースのプログラムの一環として、『夜と霧（*Nacht und Nebel*）』が、『裸で狼の群れの中に（*Nackt unter Wölfen*）』（フランク・バイヤー監督、一九六三年）という東ドイツの映画とともに上映されたのだ。[60]後者の映画は、献身的な囚人たちのおかげでブーヘンヴァルト強制収容所で一人の少年が生き延びるという、ブルーノ・アーピッツの小説をもとに、東ドイツで制作された。

映画と啓蒙

『夜と霧（*Nuit et Brouillard*）』の上映時間も、教育的・教訓的メッセージを伝えるうえで有利だとみなされたのかもしれない。一九八六年にランズマンの『ショア』四部がドイツで放送されたとき、最初から最後まで観た者はごく少数だった。ほとんどの視聴者がこの映画を一度は観たことがあると仮定すると、ドイツのテレビ視聴者の五分の一は、一九八六年の放送で『ショア』の一部か、それ以上を観ていたことになる（Müller 1991: 66 の視聴率から推定）。編集部に届いた投書数を一つの目安とすれば、『ショア』には四一通しか来なかったので、視聴者の関心を引かなかったようだ。これに対し、世界中で多くの視聴者を獲得したテレビ・ドキュメンタリードラマ『ホロコースト（*Holocaust*）』は、一九七八年、ドイツのテレビ局におよそ九〇〇〇通の投書が届いた（Müller 1991: 71）。このドラマは、ドイツ人視聴者の神経を過敏にさせたと言われる。ナチスの犯罪に対する処罰の強化を支持する声が増えたからだ（Hoffmann 1992: 167; Märthesheimer & Frenzel 1979）。もっとも、この『ホロコースト』シリーズが、視聴者の政治への理解を深めたかについては疑わしかった。批評家は、政治以外の些末な観点や映画と演技の質を批判するとともに、嘘っぽい犯罪ドラマという感想を視聴者は抱いた、と指摘した（Prokop 1981: 92–187）。

映画に世論を形成する影響力があるかという、根本的な、幾度となくくり返される議論において、『夜と霧（*Nacht und Nebel*）』はその出発点に位置する。『ホロコースト』放送後、この番組を教育に採用してはどうかとの意見が出された。その意見は検討されたものの、導入には至らなかった。放送時間の長さを考えるともっともだった。『シンドラーのリスト（*Schindler's List*）』（スティーヴン・スピルバーグ監督、一九九三年）は教育課程に取り入れられたが、『夜と霧（*Nacht und Nebel*）』の比ではなかった。東西ドイツ統一後、ドイツが新局面に適応しようとしている時期に、スピルバーグのこの作品は確かによく鑑賞された。フィクション映画のほうが感情を激しく解き放つのはなぜかという問題に、厳密な考察が加えられ、『シンドラーのリスト』の教訓的な役割が重視された。だが、『夜と霧（*Nacht und Nebel*）』のほうを評価する映画批評家は、その問題自体に反論した。ドイツ当局は、『シンドラーのリスト』を教育課程に採用する提案を支持し、映画上映やフィルムの配給に補助金を出すことにした。これが予期せぬ結果をもたらした。一部の生徒が映画の影響を受け、反ユダヤ主義的行動に及んだのだ。リューベックで起きたシナゴーグ放火事件は、当時話題になっていたこの映画にヒントを得たのではないかという憶測まで流れた。『夜と霧（*Nacht und Nebel*）』がかつて非難を浴びたように、『シンドラーのリスト』も、共産主義者の犯罪も世間の注目を集めるべきなのに、二十世紀に起きた大量殺戮と破壊のほんの一時期しか描かれていない、との非難を浴びた（Niven 1995: 169–74）。とはいえ、ドイツでの『夜と霧（*Nacht und Nebel*）』に対する反応には、『シンドラーのリスト』と比べて、謝罪めいていない表現や修正主義的ではない表現が浮上した。さらに、ユダヤ人を救うシンドラーという、多様な側面を持つ人物を描いたこの映画は、イデオロギー論争に利用される可能性があることが判明した（Niven 1995: 183）。この架空の登場人物は、映画のテーマについての議論に、間違いなく影響を及ぼした。そのうえ、『夜と霧（*Nuit et Brouillard*）』の反応は、『シンドラーのリスト』の場合と同じように、このような映画を批判する権利が個人にあるのかという知的討論にまでは、踏み込んでいかなかった（Niven 1995: 185）。

『夜と霧（*Nacht und Nebel*）』はドイツ社会に溶け込んでいたが、過去への対処法をいくつも生み出すまでには至らなかった。だからこそ、ドイツが『夜と霧（*Nacht und Nebel*）』を受容する過程で、これほどの感情浄化《カタルシス》効果が短期間にもたらされたのだ。第二次世界大戦はドイツ人の自己イメージと評判に大きなダメージを与えており、その精神状態はカタルシスによって改善するしかなかった。これは、ノルベルト・エリアスのトラウマとカタルシスについての見解と一致する（1989: 549ff）。カタルシス効果のおかげで、映画の基盤となる啓蒙的な発想を、ドイツ国民は受け入れることができた。その発想が説くように、自らの創造性に責任を持つことが、ドイツで実践に移された。だが、浄化の希求は幻想であるとわかった。『夜と霧（*Nuit et Brouillard*）』は、カタルシスの免罪符とはならなかったのだ。映画がドイツにいくら大きな影響を及ぼしたところで、ほんの一時的なものでしかなかった。浄化は、啓蒙の弁証法の補助的役割にすぎない。（新生）連邦共和国は一九九六年から二〇〇〇年にかけて、『夜と霧（*Nacht und Nebel*）』のフィルムおよそ一五〇〇本を、教育目的で配付した。[61] その事実はおそらく、カタルシスにより映画が人間を向上させるという信念ではなく、遅くとも着実な歩みが勝利を収めるという信念を、国家が抱いていることを示している。

結び

保守主義者も進歩主義者も、『夜と霧（*Nuit et Brouillard*）』の映画としての質には納得していた。映画の見解について再構築を試みるのは、それが理由ではない。興味深いのは、ドイツの政治的対応と大衆の思考様式である。これは、ドイツ社会の精神構造とホロコーストに対する一九五〇年代後半の姿勢を理解するうえで、手がかりとなる。映画に注目が集まったことで、過去のナチス時代に対する意識が高まったと思われる。「夜と霧」命令の影がつきまとうナチスの脅威は――レネの映画の助けがあってもなくても――ドイツ連邦共和国成立以来、長年にわたり、きわめてデリケートな問題だった。報道の自由と民主主義が、一九六二年のシュピーゲル事件で試練を受けたとき、つまり、強大な影響力を持つ『デア・シュピーゲル』誌の牙城にドイツ警察が踏み込んだとき、まるで「夜と霧」による検挙かと思わせる既視感を呼び覚ました。

ドイツ連邦共和国において、『夜と霧（*Nacht und Nebel*）』は、拒絶すべき対象であり教育の対象でもあった。この映画の重要性がさまざまな集団に認められ、社会のあらゆる階層の人々が映画を観られるようになったとき、ようやく意見の形成と内省が始まった。この意見の形成と内省が困難な道のりであることは、幾度となく明らかになった。社会の誰もがこの映像に耐えられるわけではなかった。内容に衝撃を受けるか、戦争に罪悪感を抱くからだ。前者の理由により、教育的見地から、社会の一部に対して映画の公開が見合わせられた。鮮明な記憶があるということは、抑圧機能が働くということだ。とはいえ、ほとんどの人は、反ドイツを喧伝する映画ではなく、このような残虐行為が二度と起きないように警鐘を鳴らす作品だと受け止めた。また別の人たちにとっては、映画は思想を映すスクリーンだった。意見を投影する人もいれば、いかなる場合でも映画が決して伝えていない反ドイツのメッセージが聞こえる人もいた。

第二次世界大戦とドイツに関する近年の歴史研究によると、犯罪行為の責任は主にナチス高官に帰すべきだという意見が、連邦共和国の初期には大勢を占めたとされる。確かに、『夜と霧（*Nacht und Nebel*）』の受容に関するいくつかの記録文書でも、権力を握っていた政治家層に対する批判が圧倒的である。カンヌ映画祭に公式に抗議を申し入れたことに対する嫌悪感は、ナチス・ドイツをドイツ連邦共和国と同一視することに対する嫌悪感とほぼ重なるのだが、同時に、権力を握る政治家を犯人と同一視するという同様の原理に、多くの人が従った。しかし、ドイツ人批評家の誰もが、カンヌのときと同じ落とし穴にはまったわけではなかった。罪悪感の問題を提示したドイツ人評論家も大勢いた。ドイツの若者世代から高齢者世代まで、ただ体制に罪を着せるだけではなく市民も共犯だと考えたことが、複数の調査から判明した。ドイツと『夜と霧（*Nuit et Brouillard*）』との関係は、さしずめ、メディア主導による戦犯裁判の再上演と解釈できる。そのうえ、世代間の対立まで明るみに出したのだ（Hebard 1997を参照）。

歴史家の間では、大戦の別の側面が検証されたのは、大きな裁判が開かれた一九六〇年代になってからとの見方が優勢である。『夜と霧（*Nacht und Nebel*）』の受容の経緯を考察すると、過去のナチス政権への関心が一九五〇年代半ばに薄れたという指摘や、その状態が打破されたのは一九五八年の裁判後、または一九六〇年代に公的議論が行なわれるようになってからだという指摘が誤りだとする、十分な証拠が見つかる（Fulbrook 1999: 68）。大がかりな教育事業や、『夜と霧（*Nacht und Nebel*）』をめぐる公的議論は、その後に起きる議論の前触れであった。こうした裁判を追った人たちは、『夜と霧（*Nacht und Nebel*）』という視聴覚機器を利用した「メネ・テケル」（不吉な兆し）のおかげで、かつて起きた出来事を実質的に目撃していた、とさえ言えるかもしれない。『夜と霧（*Nuit et Brouillard*）』が多くの国民に視聴されたことから、そして、この映画に対するドイツ連邦共和国の反応を根拠として、フランクフルトで開かれたアウシュヴィッツ裁判の前に、国民社会主義に向けられる関心がすでに変化していたこと、レネの映画が同裁判およびその他裁判への関心を深めたことを強調すべきである。

ドイツ国内で幅広い議論が展開されていたにもかかわらず、『デア・シュピーゲル』誌はカンヌの騒動について簡潔な記事しか発表しなかった。同誌はドイツでもっとも強い影響力のある週刊誌で、世論を形成できるほどの力を持っていた。その頃の『デア・シュピーゲル』誌はもっぱら、連邦軍の改革と、オランダ女王に取り入っていた祈禱治療師について記事にしていた。ドイツ議会での討論や、『夜と霧（*Nuit et Brouillard*）』のドイツ語版、ベルリン国際映画祭での上映、バート・エムスで湧き上がった映画祭への抗議の声について、記事にすることも、編集部に届いた投書を紹介することもなかった。『デア・シュピーゲル』誌のこの理解しがたい反応は、ほかの報道機関とは対照的だった。『夜と霧（*Nacht und Nebel*）』がドイツ社会に大きな影響を与えたことが、こうした反応からうかがえる。因果関係を結ぶことは難しいとしても、次のような推測は成り立つかもしれない。映画に対するドイツの関心が、戦争犯罪追及のための法的機関を設立する土壌を生み出し、それがかえって新たな反ユダヤ主義の流れを招いた。結果的には、第三帝国と折り合いをつける前段階としての役割を（Kittel 1993: 370 にあるように）、『夜と霧（*Nacht und Nebel*）』が果たした。

ケロールの書いた映画のナレーションには、教育と教訓こそ肝要だとするメッセージが含まれる。カンヌ上映禁止に対する抗議に続く政治的圧力を経て、彼の脚本には普及と教育への固い決意が込められていると、ドイツ連邦共和国ではみなされるようになった。ドイツ当局は、国内上映により大きな倫理的効果がもたらされることを期待していた。『夜と霧（*Nacht und Nebel*）』の教育上の必要性と有効性は確かに大きかった。だが一方で、この映画を教育制度に組み入れても、国民社会主義や反ユダヤ主義の思想をドイツ社会から追い出すことはできなかった。東ドイツのシュタージによる演出かどうかにかかわらず、そうした思想がときおりドイツ社会に噴出することがあった。過激思想による幾多の事件が社会の調和をかき乱し（Benz 1994: 253-4 を参照）、とくに一九六〇年一月はひどく、最悪だったのは、一九五九年のクリスマスにケルンのシナゴーグが冒瀆された事件だった[62]。映画の上映と過激思想の台頭という、この二つの出来事には因果関係があることが見て取れるし、ホルクハイマーとアドルノが提唱した啓蒙の弁証法からも、容易に解釈できる。すなわち、（再）教育により見識を得たのちに、人は野蛮な状態（反ユダヤ主義）に戻るものなのである。当時のドイツ当局は、一般大衆を再教育するこの種の映画を利用して、不寛容とユダヤ人への憎悪を制御できると考えた。その一例として、連邦祖国奉仕センターが、『夜と霧（*Nacht und Nebel*）』のフィルムの増配を連邦政府報道情報局に要請した一件が挙げられる。「反ユダヤ主義が横行しているので」、映画の必要性が増したという理由からだった。[63]『イスラエル――希望の土地』のフィルムの増配も要請され、五〇本が追加された。[64] このように反ユダヤ主義の進行を変えようとした試みは、反ユダヤ主義を触れてはいけない話題にした戦後ドイツにとって、明らかな例外である（Bergmann & Erb 1991）。ドイツで戦争裁判を報道する際、反ユダヤ主義にはいっさい触れられなかった（Wilke 1995: 147）。

カンヌの不祥事でドイツに騒動が起きたあと、啓蒙を求める声が上がった。羞恥の念と真実を知りたいという衝動が、再教育の手段を導き出し、戦後の強制された再教育よりも成果を上げた。この映画をめぐる議論がきっかけとなり生じた世代間の衝突が、コミュニケーションにもとづく記憶と公的記憶を刺激したのである。

第四章　軌跡の不在——イスラエルにおける映画『夜と霧』の受容

ニッツァン・レボヴィック

ドイツ、フランス、イスラエル。この三国の関係性が、歴史的事象、芸術の表象、公的受容を特徴づけるので、本章でまとめる三点より多くの視点が、この三国関係には存在する。

構成物（事象）、表象（映画、形態）、反応（観客、一般社会）について本章で論じる場合、検討する各分野を三国の合流点として、どれもイスラエルの視点から検討することになる。イスラエルにおける『夜と霧（*Nuit et Brouillard*）』の受容をめぐる議論は、次の点を強める傾向にある。すなわち、「強制収容所の世界」としてのドイツ像、ホロコーストの恐怖についてのフランスのメッセージとホロコーストの潜在的表象に関する考察[1]、同映画の受容に際してのイスラエルの歴史的状況の三点である。この三点は何らかのかたちで政治を考慮に入れるが、政治とホロコースト映像を早急に共通の俎上に載せる場合には、最後に挙げた受容の問題がもっとも際立つ。今なお国家の存続のかかった戦いが進行中だと考えて、危惧の念を抱いている共同体の目を通してこの映画を考察するということは、シオニストの集合的物語を前面に押し出し、他者によるホロコーストの表象に疑いを投げかけるということである。次に示すように、『夜と霧（*Nuit et*

Brouillard)』がつかのまイスラエル市民の喝采を浴びたときにも、作品はシオニズムへの忠誠の観点から評価された。イスラエルの政治意識と現在の歴史認識の理解にホロコーストが中心的役割を占めると、少なからぬイスラエル史研究家が指摘してきた。トム・セゲフは著書『七番目の一〇〇万人――イスラエル人とホロコースト（*The Seventh Million*）』でこう述べた。

イスラエルの歴史でもっとも重大な決断は、建国を除けば……すべてホロコーストの影響を受けて下された。年月を経るにつれ、ホロコーストの遺産を歪曲する者が現れ、ホロコーストを記憶と死と際物《きわもの》を崇拝する異様なものに変えた。ほかにも、ホロコーストを利用し、弄び、売り物にし、大衆化し、政治化する者もいた。ホロコーストが時間の彼方に――そして歴史の領域へと――遠ざかるにつれ、その教訓は、現代の政治やイデオロギー、道徳をめぐる熾烈な闘争の中心に躍り出るようになった（1993: 11）。

ダン・ダイナー（1988）は、ホロコーストがイスラエルの〝真の〟建国神話だと主張した。アニタ・シャピラ（1995）は、ホロコーストがイスラエルのユダヤ教徒に果たした重要性を認めざるをえないとしながらも、ホロコーストが「普遍的正義のシステム」に照らして補償を要求すべき犯罪だという論拠が用いられることは多いが、ダイナーの主張は退けるに足るとした（Shapira 1995: 17）。シャピラはホロコーストを「イスラエルの〝公式な〟同一性《アイデンティティ》の象徴の一つ」とみなしているからだ。一九五〇年代、ホロコーストが定着する直前に、シオニストの正式なイデオロギーと直面すると、「タブー視されたショア〔ヘブライ語でホロコーストを指す〕」という体験に命が吹きこまれ、カウンター・メタファーとして採用された」（2003: 11）と、近年グリー・ネーマン・アラドが述べている。フランスの普遍主義者のメッセージと、ドイツのファシズムに対して確立したイスラエルのアイデンティティとの間に横たわる溝は、ホロコーストについて、その美化について、その公的・集合的受容について、わたしたちに何かを教えてくれるだろうか？『夜と霧（*Nuit et Brouillard*）』が実証するように、意味深長な表現には、こうしたことを誠実に把握しようとする力がある。アラン・レネは、恐怖を視覚映像化することの重要性と、ホロコーストを表象不可能な出来事として〝哲学的に扱う〟ことに、重きを置いた。それにより、議論が一段と複雑化し、おなじみのありきたりな手法から抜け出す、広範なメタレベルの構築が可能になる。本章でとくに興味深いのは、イスラエルの見解、というよりイスラエルとフランスの見解の間にある一定の隔たりである。イスラエル側の見解と、このフランスの映像に対するイスラエルの受容や反応に焦点を合わせれば、イスラエルに批判的な見解を読者に抱かせることになる。一方で、ある形式や表象が〝フランス〟の人々に果たした重大性を無視するのは、思慮が足りないとしか言いようがない。

歴史家がホロコーストをいかに説明し表象すべきかをめぐり、一九八〇年代に起きた議論が、集合的記憶または文化的認識という論点を切り拓いた。(2) テルアビブ大学刊行の史学誌『歴史と記憶』は一九八九年の創刊以来、ホロコースト研究とその表象手段に対する理論的アプローチに力を入れてきた。何千とはいかなくても何百冊もの書籍が、ドイツとイスラエルの現代史でホロコーストをテーマに取り上げてきた。現代の歴史叙述の慣行は十九世紀の実証主義科学を色濃く受け継いでいるので、こうした問題を扱う学者は、表象と出来事との直接的結びつきをホロコーストにもたらすことができないと気づいたとき、頭を抱えた。これを乗り越えようとして彼らは力を尽くしてきた。

筆者をはじめとするホロコースト史研究家が直面したこうした困難について、ザウル・フリートレンダーは次のように述べた。「従来の分類や表象では不十分なのかもしれない。我々の用いる言葉自体が問題なのかもしれない」(1992: 5)。彼は解決策の一環として、方法論的転換を図り、歴史的受容の側面を取り入れることにした。こうした動きは、マルティン・ブロツァート（1981）の研究と彼の指導のもとにミュンヘンで進められた「日常史（Alltagsgeschichte）」のプロジェクト以降、ホロコースト史研究家の間で高まりを見せた。一九八〇年代後半にイスラエルの歴史学界で幅広い理論闘争が起きたとき、このホロコーストの問題は、方法論をめぐり長年なされた種々の言説をさらに盛んにするだけだと、論争の当事者たちは気づいた。この言説は主に、活発な勢力（大概は抑圧者層か既存の支配者層）、防戦一方の消極的な勢力、仲裁勢力の間で繰り広げられた。そのせいで、研究計画は以前にも増して厳密に定義された分野に押し込まれた。一部の者は、相反する見解の狭間にある真実を見つけ出す努力をせずに、詳細な記述の収集を重視するようになった。一方で、勢いを増す批判的歴史叙述派は、自分たちの正当性のために「神聖」で総意を得られるテーマを取りつけようと、ホロコースト映像の政治利用に一層注目するようになった。またその一方で、一致した見解を抱く歴史叙述派は、それ以上疑問を呈し議論を繰り広げれば、ホロコーストとその犠牲者の記憶と価値をかえって損なうとして、ホロコーストの中立的、客観的な価値とされるものにさらに固執した。

方法論をめぐるこうした議論において、この映画はどのような立場にあり、イスラエル国家はどのような役割を果たしているのだろうか？　どんな映画も表象と受容の問題を避けることはできないし、そうした問題はこれまで、現象学的アプローチにより検討されてきた（たとえば、Sobchack 1992 を参照のこと）。レネは、ホロコーストの表象にこだわった先駆者の一人と言えるかもしれない。記憶に関してレネが考察した内容と、記憶には、人知に知られざるホロコーストの側面を把握する力がない点については、三〇年後に歴史家が酷似した議論を繰り広げることになる。やがて歴史家は、レネが芸術的な言語表現をホロコーストに用いることに関心を抱いていたと説明するにいたった。だがそれは、フランスの哲学者リオタールがホロコーストのイメージについて、「直接的にも間接的にも、人命や建物や物体のみならず、地震計測器をも破壊する地震」(Lyotard 1988: 55) と述べたあとだった。

イスラエル国民は、建国当初から記憶にとりつかれている。記憶に魅了されたと言っても、プルースト流の記憶の美化とは無関係である。国民は記憶の真理値に執着し、格闘してきた。このようなアプローチは、文化的前提と基盤を取り除こうとする、イデオロギー的精神状態と言える。セゲフらが示したように、ホロコーストの教訓は、シオニストの物語の中心に据えられた。人道的価値観が尊重されたからではなく、新国家に集合的恐怖と切迫感を与えるためだった。ヌリート・グレッツはさらにずばりと指摘した。「イスラエルの人道主義は、事実や行為の成果ではなく、もっぱら他国家の人道主義の欠如にもとづく。これがわたしたちの正当性を証明するようになる」(1990: 123)。このような状況下で、普遍主義の視点で描かれた『夜と霧 (*Nuit et Brouillard*)』のような人道主義的映画が、イスラエルの観客の心をつかむ可能性はほぼないに等しかった。それどころか、次に述べるように、シオニストの宗教諸派の間から、かつてないほど激しい反対の声が映画に対して上がった。彼らがこの種の普遍主義を拒むのには、宗教的、イデオロギー的理由があった。彼らにしてみれば、映画を遠ざけ、映画から教訓を引き出す努力を反故にしたのは、詩的ナレーションと文学的メタファーに含まれる芸術的メッセージにほかならなかった。一九四〇年代後半から五〇年代はじめにかけて、ホロコーストの記憶はまだ生々しく、映画で問題提起することなどできなかった。『アンネの日記 (*The Diary of Anne Frank*)』(ジョージ・スティーヴンス監督、一九五九年) や、『栄光への脱出 (*Exodus*)』(オットー・プレミンジャー監督、一九六〇年)、あるいはシオニスト国家の啓示や救出が描かれているか、最後にそうした結末を迎えるその他「ホロコースト映画」が、イスラエルで人気を博したことからわかるように、ホロコーストを何らかの文脈に据えるとすれば、それはシオニスト救済の前口上という役割であった。[3] レネの映画はこれとは対照的に、『夜と霧（*Nuit et Brouillard*）』のナレーターが語るように、多数の〝世界〟を訴えた。このような主張に拠って立つなら、行動を促す明快な言葉にもとづき国家統一を図ることなど不可能だった。

イスラエルでホロコーストについて公然と論じられるようになったのは、一九六〇年代になってからのことだ。ロニ・スタウバーが著書『世代に向けた教訓（*Ha'Lekakh la'Dor*）』で述べたように、一九五〇年代、イスラエル議会はホロコーストにほとんど注目していなかった（2000: 70）。ホロコーストの犠牲者を追悼する代表的な記念館、ヤド・ヴァシェムでさえ、一九五〇年代末までは議会第一党の労働党からたいした支援を得られなかった。一九五五年のカストナー裁判、一九五八年二月二十七日の追悼記念日制定の決定、そして特筆すべき一九六一年のアイヒマン裁判などの一連の出来事を経て、ホロコーストはようやく、確固たる自己アイデンティティ形成の一環として、イスラエルの集合的記憶に組み込まれた。[4] 当然ながら、レネの映画が受容されるためには、政策立案や意思決定の政治的プロセスが重要になった。これまで述べたように、自分の映画の内容が象徴主義的であり、そうした象徴が政治的メッセージと結びついていることを、レネ自身も強く意識していた（Insdorf 2003: 213 を参照）。本章の主眼である公的受容は、明示的であれ黙示的であれその地域の公式のイデオロギーと、市民の要求に突き動かされるので、さまざまな言説の相互作用を反映している。[5] 多文化主義と多元主義の論調に支配された現代世界において、ただ一つの狭義の公的イデオロギー、または一つの公式のイデオロギーを論じることはきわめて難しい。よって、本章の目的は単に、「受容」、つまり時間がたつにつれ受け入れられた唯一の事例に、コンテクストを授けることである。

『夜と霧（*Nuit et Brouillard*）』のイスラエル公開の経緯については、主に口述資料として組み立てざるをえなかった。悲しいことに、イスラエル公文書館は映画に関する史料を軽視し、挙句の果てに大量に焼却処分した。残存するわずかな文書や、行政史や当局の証言、そして何よりも重要となる、当時の映画ファンと評論家の記憶から、映画のイスラエルでの軌跡を再構築する必要があった。

イスラエルにおける『夜と霧（*Nuit et Brouillard*）』の状況的視点

タイミングがすべてである。『夜と霧（*Nuit et Brouillard*）』がイスラエルに来たのは、政治的に言えばこれ以上ないほど絶好のタイミングだった。一九五二年末、イスラエルと西ドイツ政府との間に、ホロコーストによる難民と犠牲者への補償を定めた協定が締結された。イスラエル初代首相ダヴィド・ベン＝グリオンと、西ドイツ初代首相コンラート・アデナウアーが結託して圧力をかけることで、両国内で湧き上がった協定に対する強固な反対を何とか乗り越えた。イスラエル人の多くは、「流血の代償の金銭」を含む契約を結びたいとは思わなかった。一方でドイツ人は、第一次世界大戦後と同様に、これが搾取の最初の一歩にすぎないのではないかと恐れていた[6]。

イスラエルと西ドイツ間の協定は、国際的影響を与えたうえに、過激な極右政党ヘルート（ヘブライ語で「自由」の意）と、ヘルートの元指導者メナヘム・ベギンの政治生命の復活にもつながった[7]。賠償金とホロコースト関連の諸問題に対して、国内でとりわけやかましく言い立てたのは、左翼の共産主義者と、ベン＝グリオンが呼ぶところの右翼の「ファシスト」だった。両反体制派は、労働党政権に対して共同戦線を張った。政治的普遍主義を介して団結した両派は、現実主義的ナショナリストの性質を帯びた。普遍的事例および世界に向けた教訓として、ユダヤ人強制収容所が存在する価値があると、右翼集団は考えた。

共産党は普遍的世界観を唱え、ホロコーストを自らのイデオロギーの一部に統合した（当時、ユダヤ人とアラブ民族が意思疎通を図れる政治空間を提供していたのは、共産主義者だけだった）。ベン＝グリオンが議会で頼りにしていた現実主義的ナショナリストの大半は、社会主義政党か宗教シオニストを掲げる中道政党に属していた。『夜と霧（*Nuit et Brouillard*）』をめぐる論争が勃発すると、極左勢力と極右勢力はふたたび共通の大義で結びついた。『夜と霧（*Nuit et Brouillard*）』は、補償協定に関する熾烈な論争のガス抜きとなり、政治的分裂を解消させたが、映画をめぐる一連の論争は、賠償金論争とは異なる道をたどることになった。

『夜と霧（*Nuit et Brouillard*）』がイスラエルに来た一九五六年、イスラエルは英仏と同盟を結び、ごく短期間（一九五六年十月二十九日から十一月五日にかけて）、ナセル率いるエジプトに軍事侵攻を行なった。侵攻後数日以内にシナイ半島を制圧し、建国まもないイスラエルは劇的な勝利を収めた。ところが、国際的圧力が強まり、とりわけアメリカとソ連から圧力がかかり、イスラエルはシナイ半島から撤退を余儀なくされ、面目を失った。ベン＝グリオン政権が幾度となく国際的圧力に屈したことを、右派勢力は激しく糾弾した。左派勢力は、政府が残忍な帝国主義的強権を発動したとして、エジプトに侵攻したこと自体を糾弾した。イスラエル政府の政策評価の基準は首尾一貫して、大義に資するかどうかの一点につきた。それを決定するのは、労働党の中道ナショナリストの少数グループだった。この有力なエリート層に腐敗が横行し、一九七七年に権力の座から滑り落ちたとき、労働党の前身であるマパイ（ミフレゲット・ポアレイ・エレッ・イスラエル、またはエレッ・イスラエル労働者党）と、党が絶大な支持を取りつけていた組合組織ヒスタドルート（直訳すれば、組織）の名は地に墜ちた。この二つが話題にのぼると、現在でもほとんどのイスラエル人が顔をしかめるほどだ。労働党政権では三人の人物が文化面で大きな影響力を持ち、『夜と霧（*Nuit et*

Brouillard）』にまつわる論争に深く関わった。その三人とは、ピンハス・ローゼン、イスラエル・バル＝イェフダ、ザルマン・アランである。

シオニズム政策を推進したことで名高いザルマン・アランは、一九五五年、教育大臣に就任した。彼は東欧で科学者としてのキャリアを積んだのち、シオニスト政策に取り組み、イスラエル教育相を一四年にわたり務めた人物である。政界入りしてまもない頃、教育相に就任する前に、アランはヒスタドルートの活動に影響力を行使しようとした。その当時、ヒスタドルートは単なる組合組織ではなく、イスラエルの文化と市場で大きな政治的役割を果たしていた。イスラエルの著名な学者ゼエヴ・ステルンヘルはアランを、「政治的良心を持つ体制順応主義者」（1995: 344）と呼んだ。この組合組織が一九三〇年代初頭に採用した非民主的行為に対し、アランは最初に異を唱えた一人だったからだ。そのときアランはこう主張した。「わたしたちは［ヒスタドルートの］代表を選んだことさえない。これはそもそも、ヒスタドルート内部に選挙を認めないグループがあるからだ。代表選が行なわれる場合にも、わたしたちは投票できない。［秘密］委員会が代表を選出する。そのグループにどんな人がいるのか、わたしたちはまったく知らない」（同前からの引用）。

ピンハス・ローゼンはドイツ系ユダヤ人の移民で、イスラエルに移住する前にドイツで法学を修めた。ドイツではシオニスト青年運動活動家としてならし、一九四九年から六一年にかけてイスラエルの法務大臣を務めた。彼も大臣の立場を用いてヒスタドルートに政府の支配を広げ、その活動に関与した。

三人の中でもっとも世間に名が知れた政治家は、イスラエル・バル＝イェフダである。彼は二つの政権で第七代と八代の内務大臣を務めた。ウクライナからイスラエルに移住し、マパイ党の、のちにアハドゥト・ハアヴォダー党（労働の統一）の中心人物となった。

この三人の重要人物は、ヒスタドルートが強い影響力を持つ数機関を監視していた。その中に、映画やドキュメンタリーを保管する国内唯一の機関である、国立フィルム・アーカイブがあった。このアーカイブ内に、「短編映画アーカイブ」という小部門が設置されていた。概言するなら、イスラエルの文化事情全般において、ヒスタドルートは政治的権威の役目を務めていた。社会主義の統括組織として、ヒスタドルートは当時のキブツと直接つながりがあったうえに、管理下の組合に重大な影響力を行使していたのだ。

映画を直接的に管理するもう一つの手段としては、内務大臣バル＝イェフダか彼の代理人が任命する、映画・演劇評価審議会があった。審議会の任務は、イスラエル国内でどの映画を公開するか、どれを検閲して削除修正するか、あるいは上映禁止にするか、判断することだった。[8] 映画に影響を及ぼすさらなる要因として、少数の映画配給会社の商業的利害があった。経済的制約や比較的未発達なイスラエル映画業界の事情により、映画配給会社には提示された映画を拒否するだけの実力があったのだ。最後の一つの要因は、当然ながら、一般市民とその代弁者たらんとする報道機関の存在である。

『夜と霧（*Nuit et Brouillard*）』の受容

イスラエルにおける『夜と霧（*Nuit et Brouillard*）』の受容の経緯は、不在の経緯、より正確に言えば、痕跡を残した不在の経緯と言えるかもしれない。だが、その不在は偶然生じたわけではなかった。後述するように、仕事の関係で『夜と霧（*Nuit et Brouillard*）』を鑑賞した人たちは、これが厄介な映画であることに気づいた。映像に戦慄を覚えたからだけではない。一般的なユダヤ人の視点から、とりわけシオニストの視点からすると、映画が提示するホロコーストの解釈に動揺を禁じえなかったからだ。『夜と霧（*Nuit et*

Brouillard)』にそれほど動揺を覚えたのは、映画の中の不在、要するに、ユダヤ人の観点が無視されているせいであった。

イスラエルにこの映画がもたらされた時期は比較的早く、ヨーロッパでの公開からまだ一年もたたない頃だった。[9] 当時のキブツには小型の映写機しかなかったので、ヒスタドルートは短編映画アーカイブ部門用に35ミリフィルムを購入し、そこで16ミリフィルムを作成した。一九五六年八月二十七日に少数の政府関係者を招いて上映会が開かれた、と『ハアレツ』紙は報じた。観客には閣僚や国会議員、作家やジャーナリスト、イスラエル大統領のイツハク・ベンツビ[10]などがいた。

映画は確かに世の耳目を引いた。これほど高名な人々が出席する上映会は、ほとんど前例がなかった。この異例の〝初上映〟を考え合わせると、その後なぜ映画が姿を消したのか、まことに理解しがたい。華々しい初上映のあと、映画は検閲官に送られた。初上映後にそれまでの雰囲気が一変し、映画に疑問符がつけられたようである。八月二十七日、『ハアレツ』紙の三面に、若干の不安を映す記事が載った。「そもそもこの映画には、事実に関して何ひとつ新しいことは描かれていないが、異なるショットからなるシークエンスは、あたかも人類最悪の時期に発生したかのようなひどいストレスを生み出す」。記事は次のように締めくくられた。

映画編集者は節度を示したが、［検閲官は決定に際し］明確な回答を提示するはずである……山ほどの人毛と人膚が映し出される場面や、塀と咲き誇る花のすぐ隣にある広大な火葬場の場面で、映画編集者は沈黙を際立たせることにした。映画がイスラエル市民に伝える教訓は、我慢の必要性である……このようなことが二度と起こらないように、国力を強化する必要がある（Anon. 1956ag）。

しかし、映画の噂が広まり、検閲官に否定的な見方を植えつけた。

その後、『ハアレツ』紙は九月十四日に、イスラエルの検閲が映画上映を禁止したことに対する抗議の手紙を掲載した。「映画が難民を傷つけるおそれがあるとする検閲の主張は、映画に対する誤解である……これは良質で有益な映画である。映画を観ないと決めた者は、観なければいいだけだ」（Rubin 1956）。ほどなくして、イスラエル映画・演劇評価審議会の代表で、ラマト＝ガン市議会参事であるZ・ミリオンは、映画の一般公開に関する法相の見解を正式に問い合わせる書簡を、ピンハス・ローゼン法相に送った。ミリオンは同時に、映画が公開されない理由の一つは、映画・演劇評価審議会に正式な依頼が申請されていないからだという趣旨の手紙を、『ハアレツ』紙に送った。これは同紙の九月二十三日号に掲載された。一方、ローゼン法相は問い合わせに対し率直に回答した。「映画上映を禁止する理由は何もない。我々［すなわちイスラエル国家］以外の、その他大勢の心の琴線に触れる問題を取り上げたドキュメンタリーとして、素晴らしい価値がある」。さらに、映画の最終的価値を裏づける証拠としてこう述べた。「「国家間に憎悪の種を植えつけない」でほしいという理由で、ドイツ政府が映画の出品取り下げを要請したことがあったと、上映会の前にフランス大使から聞いた」[11]。

ところが、当面映画の公開を見合わせるべきだと、一九五六年十月十日にザルマン・アラン教育大臣補佐官モシェ・ウナから要請があった、と記されたメモが、映画・演劇評価審議会のファイルから見つかった[12]。さらに、十月二十二日、イスラエルの文化人の中心的存在で映画愛好家のヴィム・ファン・レール[13]も、「集団ヒステリー」を引き起こすおそれがあるとして、映画の一般公開に反対を表明した。「わたしの意見を聞き入れなくてもかまわないが、警告としてしっかり心に留めておいてもらいたい」[14]と、ファン・レールは訴えた。この問題は「一大事」に発展したと、イスラエルの『イェディオト・アハロノト』紙は十二

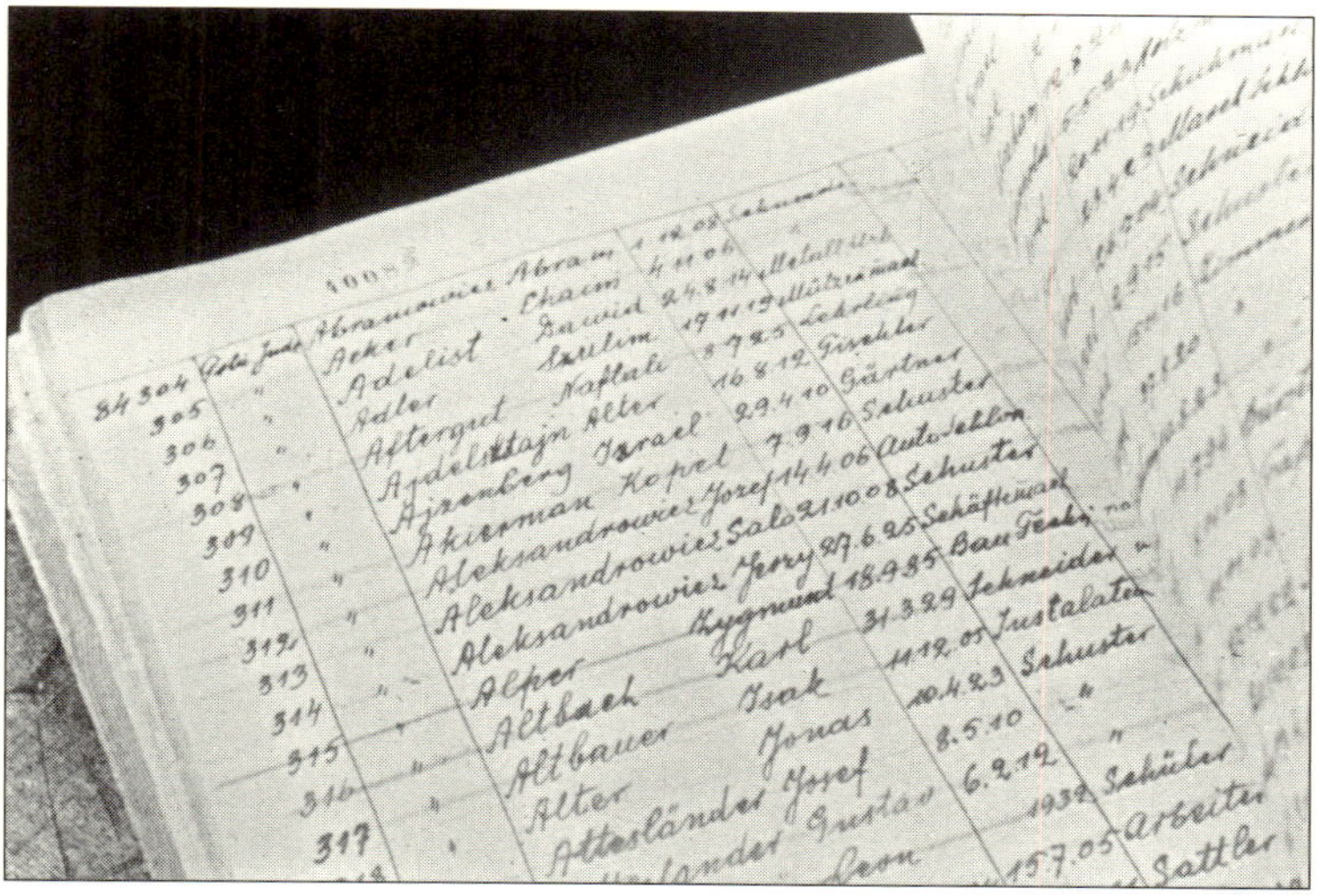

図12　アウシュヴィッツの被収容者名簿（© Argos Films）

月三十一日の紙面で評した。

結局のところ、問題解決を図る政府との会合がその週に開かれたとき、映画を正式に禁止するよう政府に求めてこの件の解決を促したのは、ハポエル・ハミズラヒだった。ハポエル・ハミズラヒとは、共同体運動を重視し、比較的穏健な聖職者が中心となって設立された宗教政党のことである。その週、つまり一九五六年の最終週の新聞記事によると、映画・演劇評価審議会は正式命令こそ発しないものの、映画公開を全面的に禁止するという決定を下したという。ミリオンは十二月三十一日、『ハアレツ』紙が不正確な記事を掲載したことを非難し、映画公開の申請書は審議会に一度も提出されていないと再度指摘した手紙を同紙に送った。その手紙の写しは、内務大臣のイスラエル・バル゠イェフダに送られた[15]。

ミリオンが非難の手紙を送ってから二週間というもの、『ハアレツ』紙は公式にも非公式にもこれに応じなかった。彼はまたも手紙を書き、「誰もが互いに顔を見知るこの狭い国では、些細な苦情でも気づかれずにはすまない」と遠回しに脅した。一九五七年一月二十日、「『夜と霧（*Nuit et Brouillard*）』の一件」はいまだ解決されていないと指摘する『イェディオト・アハロノト』紙からの手紙が、『ハアレツ』紙に掲載された。その頃になると、この「一件」はミリオンの手にはまったく負えなくなっていた。その二日前、共産党機関紙『コル・ハアム』（「人民の声」の意）も、映画・演劇評価審議会が『夜と霧（*Nuit et Brouillard*）』の上映を妨げていると非難した。西ドイツで映画が公開されたとき、高齢者層は映画を「反ドイツ的」で「危険」だとみなした、したがって、イスラエルでの上映が道徳的に必要とされるのは明白である、と同紙は主張した。

興味深いことに、数か月後の四月二十八日、新たな抗議の手紙が公開された。今度は、Y・ルービンという人物が、メナヘム・ベギンとつながりのある急進右派の日刊紙『ヘルート』に宛てた投書だった。映画公開禁止を決めた審議会を攻撃するルービンに同調し、同紙は次のように述べた。「投書をした読者がよくご存知のように、弊紙は映画上映を支持していた。イスラエルの検閲に関する弊紙の記事を読まれていれば、弊紙が検閲に反対していたことを、読者諸氏は思い出すだろう」。その翌日、ミリオンは法務長官に、Y・ルービン提訴の手続きについて書面で問い合わせた。一九五八年四月、映画・演劇評価審議会はようやく『夜と霧（*Nuit et Brouillard*）』のフィルムを受け取り、映画を実際に観て判断を下さざるをえなくなった。しかしながら、その正確な日付は記録に残されていない。審議会の出席者は次の通りである。議長を務めたミリオン、著名な作家で詩人であり、政治的にはマパイ主流派とされるハイム・ギュリー、ヒスタドルート青年部代表でありマパイの活動家であるベンシャローム・カッツ、エルサレムの視学官でマパイ支持者であるノア・ワルディ、内務省職員のメイア・ショヘトマン、作家で批評家のハイム・トーレン[16]、さらに、やはり内務省職員のレヴィ・ゲリがいた。ゲリはのちに、同省の特殊作戦担当副局長に就

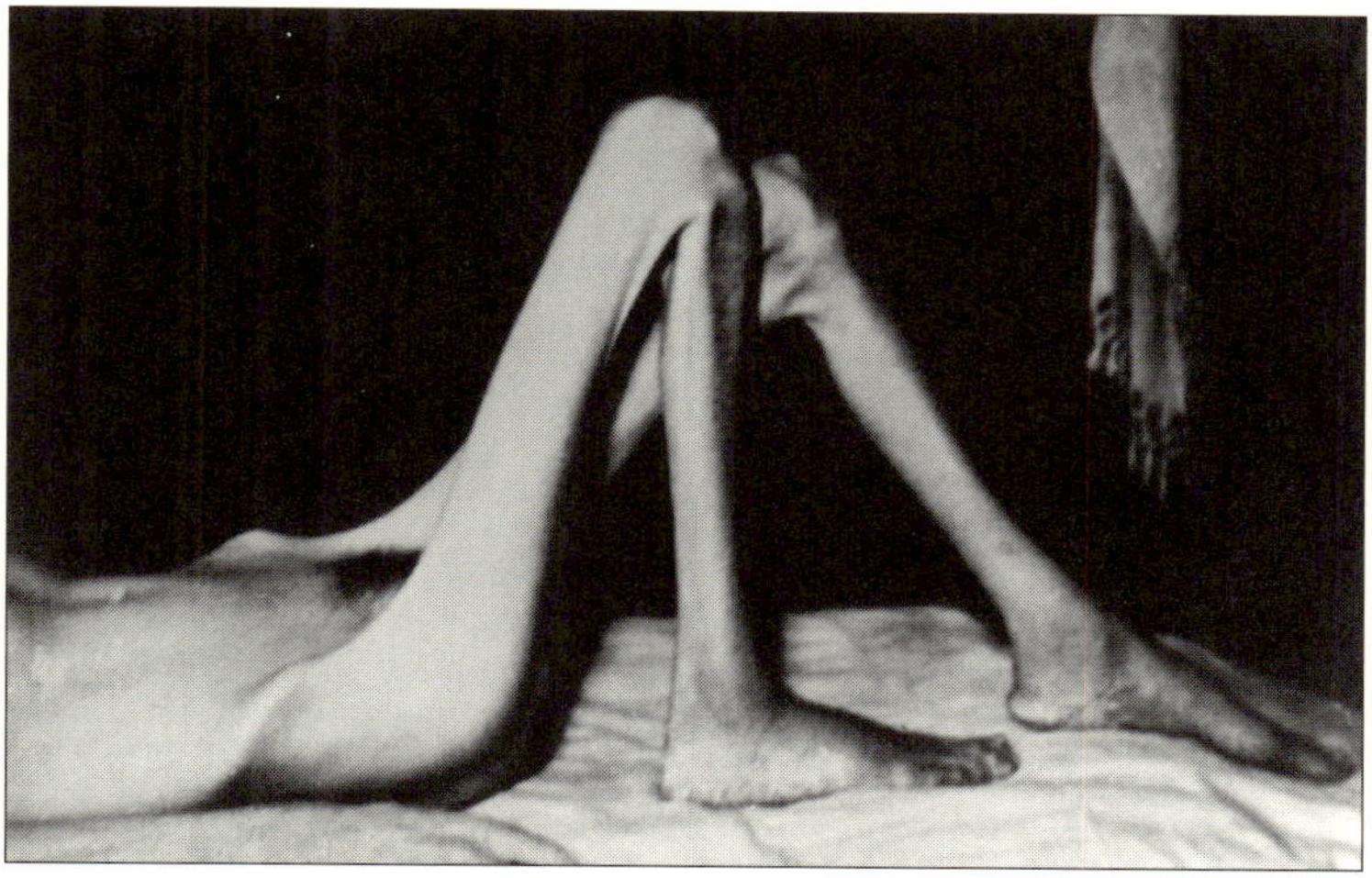

図 13　アウシュヴィッツの女性被収容者の遺体（© Argos Films）

任した。

出席者全員がアシュケナージ系ユダヤ人で、マパイの中枢やその文化活動に何らかの形でつながりがあった。大半がイスラエル国家の政治や文化の中心的人物だった。振り返ってみれば、出席者の中でもっとも名が知られていたハイム・ギュリーは、後日ホロコーストの受容と国有化に中心的役割を果たすようになった。ハンナ・アーレントの『エルサレムのアイヒマン（*Eichmann in Jerusalem*）』〔みすず書房、新版二〇一七年〕[17]と同じ時期に同じテーマで、ギュリーは『ガラスの檻（*The Glass Cage*）』を執筆した。彼はこの作品で、法務長官やダヴィド・ベン＝グリオンに代表される中心的イデオロギーの視点から、イデオロギーにひどく染まった当時の言い回しを真似て、哀愁たっぷりの大げさな形容を用い、アイヒマン裁判を描いた。たとえばこのような調子である。「検察側は見事な［論拠の］構成を組み立てた。超人的能力を駆使しながら、検事は近過去を再構築して法廷にいる人々にそれを可視化した」（1963: 15）。

芸術的にも意味論的にも、レネはホロコーストに対して正反対のアプローチを選択した。ギュリーの関心が現在に向けられ、また未来に役立つような教訓に向けられたのに対し、レネの映画は、壊滅的な過去の悲哀に埋もれ、その悲惨な影響から引き出せるものは何もないという印象を受ける。強制収容所が、レネにとって思索へと誘《いざな》う陰鬱な袋小路ならば、ギュリーにとっては、人々の目を新たな始まりに向けさせる、晴れやかな浄化作用をもたらす節目のようなものである。

一九五八年五月下旬、映画・演劇評価審議会がついに『夜と霧（*Nuit et Brouillard*）』の一般公開を承認したと、『ヘルート』紙は報じた。同紙は五月二十日に、レネとその映画にドイツが不満を表明し、ドイツによる上映禁止要請をフランスが拒否したという、以前から知られている話をふたたび記事にした。五月二十九日、M・アヴィダンという同紙の記者は、エルサレムから届いた情報を短い記事にまとめた。『夜と霧（*Nuit et Brouillard*）』の視聴対象を成人に限定すべきかどうかで審議会の意見が割れたが、ユダヤ人を奴隷にしたエジプト人の悪行を忘れないようにという聖書の命令にもとづき、あらゆる年代に向けて公開することに決定したようだ、という趣旨の記事だった。その一文は次の通りだ。「「汝、忘るるべからず」と「汝らがそれを教えるべし」という聖書の言葉を御旗に、最終決定が下された」（1958）。映画を観るに先立ち、大人は子どもに心の準備をさせておくようにと、審議会は強く要請した。さらに、『夜と霧（*Nuit et Brouillard*）』が三〇分強の短編であることから、同時上映の作品を決定する権利についても、審議会は要求した。同時上映作品をめぐるやり取りは、一九六〇年代に入ってからも審議会と映画館主との間で続いたとの記録がある。シオニストの視点と「釣り合う」作品を同時上映に選ぼうとする意向が、審議会に働いた。たとえば、ワルシャワのゲットーにいたレジスタンス戦士の勇気ある行動を描いたような作品である。審議会の保管資料からは、このテーマに対する審議会全体の取り組みに、構成員の多様な意見が反映されたことがわかる。ホロコーストから得られる不偏の、または普遍的な教訓までいっさい認めないとする者から、こうした教訓にもシオニストの理念に資する恩恵があるとみなす進歩的な者まで、審議会の間で意見が分かれた。多岐にわたる芸術教育と並外れた博識のおかげで、ギュリーは後者の考えの持ち主だった。

ドイツ映画全般に関する討論でも、意見の相違が見られた。たとえば、一九六〇年二月の審議会で、ドイツ映画の公開について話し合われた。「ナチズムを風刺した良質のドイツ映画なら、禁止する理由は何もない。何しろ、それよりよっぽどひどいアメリカ映画の公開が認められているくらいだ」と、ギュリーは審議会で発言した。「ドイツ人が制作したのだから」、ドイツ映画をすべて禁止すべきだと考える者も、少数ながらいた。ギュリーは当時を振り返り、審議会の業務はまったくばかげており、「当時の考えは幼稚きわまりなかった」とインタビューで語った。だが、同時にこうも主張した。「わたしは今後ドイツの地を踏むことはないだろう。ドイツの若者に対してまったく反感を抱いていないが、旧世代の犯した罪を忘れることはできない」。ギュリーは審議会の構成員を一年半にわたり務め、その後、「検閲というものは好きではないので」と辞任を申し出た(18)。

一九六〇年三月九日、『マアリヴ』紙の映画批評欄で『夜と霧（*Nuit et Brouillard*）』が取り上げられた。その短い記事は明らかに自家撞着に陥っていた。記事の見出しには、アラン・レネの映画は「天才的作品」だと書かれていた。ところが記事の本文では、強制収容所で苦しんだ人々の国籍を二二か国も挙げておきながら、レネはユダヤ人を「忘れていた」と、数行にわたって指摘したのだ。

レネが知的で偉大な芸術家であると認められていなければ、この〝些細な点〟は、単に忘れられていただけだったと、犠牲者はユダヤ人にすぎなかったからだと、わたしは考えたことだろう。しかし、レネのような人物なら、こんな些細な点も忘れたりしないはずだ。レネはこの事実をわたしたちに忘れさせようとしたのだ。レネがなぜそうしたのか、その手法を誰から授けられたのかについては、関心がない。重要なのは、この映画が中途半端な道徳性を示しておきながら、さらに厳格な道徳性を訴えているという点だ……ドイツの〝夜と霧（Nuit et Brouillard）〟を見るだけで十分につらいことであり――わたしたちにはレネの〝霧〟も必要ない――もうたくさんである（Anon. 1960k）。

審議会が映画上映を正式に認可したにもかかわらず、『ヘルート』紙や『コル・ハアム』紙（それぞれ極右思想と、左翼の共産主義が特徴）をはじめとする各新聞は、引き続き映画の検閲について記事にした。

映画の公的受容をさらに掘り下げる前に、少し立ち止まり、これまで提示した論拠を振り返りたい。一つ目は、イデオロギーの検閲に関する多くの記録と比較しても、イスラエルの『夜と霧（*Nuit et Brouillard*）』の検閲は、比較的「穏やか」であるとしか言いようがないことである。映画のメッセージを誤解していたためか、政府は映画の公開を選択した。審議会開催直後のローゼンの主張を受けて、映画は政権のイデオロギーを後押しし、イスラエルの若者の将来に、すなわちシオニストとしての将来に役立つ重要な教訓を授ける、と多数の政府関係者が判断した。もう一つは、イデオロギー的圧力は一箇所から生じたのではなく、そのつど異なるところから生じたということだ。イスラエル政府、ヒスタドルート、映画・演劇評価審議会は、芸術的論点とイデオロギー的結論は切り離せないという信念を共有していた。こうしたシオニスト中道派の見方に異を唱えたのが、極右勢力と共産主義者だった。彼らは政府のマスコミ規制に強硬に反対した。最後の一つは、自分たちは「人民の声」の代弁者だという自己イメージを、マスコミが打ち出していたことである。もっとも、当時はどの報道機関もどこかの政党に同調していたので、お気に入りの声を代弁していた、と言ったほうが正しいのかもしれない。ところが、厳重に規制された報道機関も支配者層に圧力を行使することがあった。奇妙なことだが、各紙が支持する政党の看板イデオロギーから一歩踏み出すときだけ、新聞は独立姿勢を示した。新聞に原稿を寄せる映画批評家が、その新聞の基盤となるイデオロギーにまったく反する、独自路線の記事を書くことはめったになかった。

政府がついに映画・演劇評価審議会に対し、ドイツ映画の検閲に際して芸術的尺度だけで判断しないように命じたのは、一九六七年四月になってからだった（ナチスの要素が含まれる映画は、その後もすべて検閲の対象になったが、ドイツ語の使用、ドイツでの撮影、ドイツ人制作チームなどは、論点ではなくなった）。結局のところ、『夜と霧（*Nuit et Brouillard*）』はどちらかというと、ホロコースト映画全体に及ぶ国民的な議論に関わる、具体的には、ドイツ映画に対する特別規定に関わる事例だということが判明した。一つの法的制度が幅を利かせ、一つの基準がその他すべてに優先していた。すなわち、映画（場面や語り）がシオニスト版の歴史に貢献したのかどうか、ということである。これは普遍主義的メッセージを認めないということだが、映画の教訓がホロコーストに関連する場合、その映画が検閲されることはなかった。

マパイと、ドイツ映画についての議論

一九五九年、マパイの機関紙『ダヴァル』の映画担当ライターであるゼエブ・ハル＝ノフは、ドイツの大義に共感を示すとおぼしき映画が認可されているとして、イスラエルの〝ドイツ〟映画政策についての

記事を執筆した。

実際問題として、ドイツ映画の上映を規制する法律はない。あるのは手法だけだ。この手法は、独立機関である映画・演劇評価審議会によって確立された。審議会は、映画の全体的な傾向を判断し、各映画を個別に評価する。ドイツ語の映画については、審議会が政府に指導を仰ぎ、政府から次のような規則が提示された。(i) 一九三三年以降に制作されたドイツ映画は、一般公開をいっさい認めない。(ii) 一九四五年以降に制作されたドイツ映画は一般公開を認めないが、他国との共同制作の場合はこのかぎりではない。(iii) 一九三八年から四五年の間に制作されたオーストリア映画は、一般公開を認めない。(iv) 元ナチスが出演するオーストリアもしくはドイツ映画は、一般公開を認めない。とはいえ、これは包括的な規則ではないので、その他重要な要因も考慮に入れる必要がある。たとえば、前述した国家以外が、ナチズムとドイツの問題を扱う映画を制作した場合、その利点に応じて個々の映画が検討されることになっていた。その映画に堕落した精神が描かれている場合は、やはり上映禁止となった。審議会がかつて、アメリカ映画『愛する時と死する時 (*A Time to Love and a Time to Die*)』(大戦中のドイツの敗北に同情を示す内容が含まれる)……と『若き獅子たち (*The Young Lions*)』の公開を禁止した事例も、記憶に留めておいたほうがいいだろう。[19]……この政策はきわめて重要である。こうした政策を取らなければ、ファイト・ハーランやレニ・リーフェンシュタールのような、ナチス政権下の監督の復権が可能になったかもしれないからだ。

だが、ハル＝ノフは記事の最後で、審議会は単純で下品なコメディは承認するのに、ドイツの本格的な音楽や映画は禁止する傾向があると不満を漏らした。「公開するドイツ映画に制限を設けることはかまわないが、こんなガラクタばかり認めるのはどういうわけだろうか?」(ibid.)

一九六〇年代、審議会は数々の批判にさらされた。『ダヴァル』紙の記事は、ドイツ映画に対して厳し

図 14　「臨時孤児院」に連れて行かれる子どもたち（© Argos Films）

い検閲を求める傾向があった。たとえば、映画評論家のB・A・ダヴィドは一九五九年にこう主張した。「ドイツ映画の対処に関して、審議会がまったくの無力であることが判明した。検閲されていないドイツ映画を一九五八年に数十本は見た……その一方で、アメリカ映画の検閲は当然だとみなされている」（同前からの引用）。一九六一年、ヨセフ・シュリクは『ダヴァル』紙に寄せた評論で、この議論に加わった。本来ならドイツ映画とされる作品に、「共同制作」の表示を用いて承認を得るという制作慣行に着目した評論だった。

大きな疑問がある。誰がこの審議会を必要とするのか？　言い換えよう。審議会はまるで検閲官のようである。書籍や新聞、絵画や音楽には検閲がないのに、なぜ映画に検閲があるのだろうか？　映画の出所が友好国というだけで、その映画を容認できるとはかぎらない。それはもう実証済みだ。審議会の政治的責任はドイツ映画を禁止することだが、過去の事例からわかるように、〝共同制作〟という表現は抜け道を与えかねない。また、映画が政府の視点を裏書きする場合――最近ドイツのドキュメンタリー数本に対して行なったように――政府が介入し、審議会に公開を承認するよう〝推奨する〟……ハイム・ギュリーは、遺憾の意を明確に示さないドイツ映画を、原則としてことごとく公開禁止にすべきだと考えた。

一九六一年、ゼエブ・ハル゠ノフは、「彼らに忘却を許してはいけない」というタイトルの長文記事を発表した。西ドイツの教科書がホロコーストについて沈黙を守ったままであると非難し、多くのホロコースト映画が、彼の目から見れば肝心な点で沈黙していることについて検証する記事だった。ハル゠ノフは、ジークフリート・クラカウアーの『カリガリからヒトラーまで（*From Caligari to Hitler*）』（初出版は一九四七年）を引用して、ドイツによるユダヤ人絶滅は間違いなく、「一般のドイツ人の精神、および彼の国《か》とその国民の歴史」に起因するという、イスラエルに広がる考えを述べた。この記事は、「ユダヤ人のエルヴィン・ライザー」が監督したドキュメンタリー映画、『我が闘争（*Mein Kampf*）』（一九六〇年）に捧げられた。しかし、ユダヤ人の観点から新たにナチズムを描いたこの作品でさえ、その年にイスラエルで起きた重大事件が援護射撃となり評価されたと、ハル゠ノフはとらえていた。「この映画は、もうすぐアドルフ・アイヒマンの裁判が始まるという歴史的瞬間に、イスラエルにやって来る」（1961）。

一九六六年、レネのイスラエル訪問と『戦争は終わった（*La guerre est finie*）』（一九六六年）の一般公開を受けて、ハル゠ノフはレネをふたたびイスラエル国民に広く紹介しようと、長文記事を書いた。まずレネの略歴と映画監督としての実績を紹介し、次にホロコーストを扱ったレネのドキュメンタリーについて、一段落を費やして説明した。

もっとも信頼に足る映画評論雑誌であるイギリスの『サイト・アンド・サウンド』誌が、一九六二年に『夜と霧（*Nuit et Brouillard*）』を「映画ベスト30」に挙げたおかげで、世間の注目がふたたびレネに集まった。レネは自分の考えにぴったりくるテーマと出合った――ジェノサイドである。映画の構成は見事で「あり。」映画の最大の功績は、遺体と対峙したことではなく、ナチスのブルドーザーと、草花が生い茂る現在の光景との対比にある。[20]……この映画には、『戦争は終わった』などその後の作品で顕著になるレネの特徴が……社会の周縁で起きる悲劇が際立つ。わたしたちユダヤ人にとって、レネの手法は困難をもたらす。ホロコーストがわたしたちに与えた衝撃は、他国に与えた衝撃とは比べものにならないほど大きいと思うし、そう思うのは当然である。それに関して議論の余地はない。レネはその点を無視しているが、故意に無視しているのだと思う。レネは自らを国境を越えた預言者とみなし、特殊性をことさら強調したがらない。この映画でユダヤ人の悲劇が描かれていたら、もしかすると、映画の〝写実的な調和〟が損なわれたという可能性はないだろうか？　悲劇によって、映画が本来の意図から逸脱することになったのではあるまいか？　すでにこの作品に愛着を覚えているわたしには、その判断がつきかねる。

ハル＝ノフが『夜と霧（*Nuit et Brouillard*）』についてはっきり判断を下すべきだと指摘する必要が、果たしてあるだろうか？　この場合のように、人気と影響力のある新聞というメディアが、公的なイデオロギーの実現について、政府よりも革新的態度をとる傾向があったのかどうかは判然としない。これは、イデオロギーの主体によって表される、知識人――編集者と著述家――とイデオロギーとの緊密な関係に起因しており、彼らは各々の主観的、個人的視点に応じてそれを体験したまでである。一九六〇年代にハル＝ノフが自身の芸術的判断を勝手に用いたと非難されたとしても、彼にとっては痛くもかゆくもなかったにちがいない。彼とその他の人々による批評のサブテキストは、その論点を明確に認めていなくても、『夜と霧（*Nuit et Brouillard*）』の芸術性と観念的メッセージとの間に密接な関係があることを、それに異を唱える人たちにさえ――またはとくにその人たちに対して――証明する。イデオロギー的結論こそ、イスラエル人がこの映画に反感を抱いた理由なのである。ヨーロッパで『夜と霧（*Nuit et Brouillard*）』がこれほど重視されたのは、映画の理念のおかげなのか、それとも映画のイデオロギーのおかげなのか？　この疑問はほかの章に譲るとする。

『夜と霧（*Nuit et Brouillard*）』の後日譚

キブツの狭い会場や映画支援者が市内で開く小集会を除けば、一九六〇年から六五年までの間、『夜と霧（*Nuit et Brouillard*）』はイスラエルで上映されなかったようだ。さらに言えば、大規模な公式行事で上映されたりテレビ放送されたりすることも、一九七〇年代後半までなかった。[21]

その理由は単純ではない。一般には、映画の熱心な支持者と、ユダヤ人の視点が欠けているとして映画を認めなかった者たちとの間の意見の相違に起因するとされる。もう一つ、現実にはよくあることだが決して無視できない要因として、短編ドキュメンタリーの市場が小規模だという事情がある。見過ごされがちなこの分野に会場をあてがう手段も意思も、一九六〇年代のイスラエルにはなかった。映画館で上映されず（「この種の映画、つまり短編ドキュメンタリー映画は、一九六〇年代から七〇年代にかけて、どこの映画館も上映しなかった」[22]ため）、国営テレビ局でも放送されなかったので、世間の関心を引く問題が起きるまでは、ほとんど忘れられていた。映画配給会社が旧作映画のテレビ放送に反対したことから、局独自の番組か短い作品が、テレビ放送の主流となっていた。当時のイスラエル・テレビの会長が発言したように、局の予算の九割は自局制作番組に充てられていた[23]。

それでも、映画愛好家たちは地道に、『夜と霧（*Nuit et Brouillard*）』の重要性を、少数ながらも影響力のある人々に気づかせた。映画専門家のダヴィド・グリーンベルクが、気の毒なシオニスト国家に新たな文化をもたらそうと訴え、その活動の先頭に立った。細々と刊行していた自誌で、グリーンベルク（1960）は『夜と霧（*Nuit et Brouillard*）』について次のように語った。

ホロコーストの悲劇がたとえつかの間であれ蔑ろにされたとしても、レネが二十世紀について語る、印象的な映画詩が目の前にある。個人主義の喪失や官僚主義の効率性、過去に対する信頼喪失に起因する、未来と希望の喪失などが、ここに描かれている。……ほかの映画監督とは対照的に、レネはまず観客の感覚に、次に感覚を通して観客の感情に影響を与えようとした。どんなときも、作品が喚起する感情的、象徴的内容に関わりを持ち、つり合いを取ろうとした。

グリーンベルクは、テルアビブにあるベット・レシンというビルに、芸術性の高い映画を上映する、モアドン・ハセレト・ハトフ（良質映画鑑賞クラブ）という映画館を新設した。ヒスタドルートも、映画上映のためにここを借りることがあった。この映画館は現在も存続しており、実験的な演劇パフォーマンスに利用されている。シオニストの物語を抑制し、一九七〇年代に抗議運動を招いたヒスタドルートは、一九七七年に右派リクード党政権の樹立をもたらした。矛盾も甚だしいが、そのヒスタドルートが、ある意味アンダーグラウンド的な文化活動を促進したばかりか、監督していたわけである。

グリーンベルク以外にも、テルアビブでこうした活動をする者がいた。心理学者および作家としてイスラエルで名高いエマニュエル・ベルマンは、当時数多く開かれた半アンダーグラウンド的な文化フォーラムに参加していた。テルアビブの共産主義下部組織の講師だったベルマンは、一九六五年に『夜と霧（*Nuit et Brouillard*）』の上映会を催した。[24] ベルマンの証言は、本章の基本的前提を裏づける。つまり、映画鑑賞の際、バイアスがかかった議論が行なわれなかった場合でさえ、この映画はイスラエルのナショナリズムにまつわる政治討論の道具として利用された。映画を観た共産主義者たちは、ささやかな政治的抗議を起こすか、さもなくばせめて、与党労働党のイデオロギーの代替案を打ち出すなどの行動に出た。

レヴァナ・フレンク（2000）は、イスラエルにおけるアラン・レネの受容について記事をまとめ、一九七三年の屈辱的な中東戦争が、イスラエル市民にとって重要な転換点となったと述べた。[25] この戦争は、一九七七年の労働党政権崩壊をもたらし、メナヘム・ベギン率いる右派勢力の台頭を招いた。意外にも、これが芸術自由化の時代の幕開けとなった。新政権が主張するように、ホロコーストが世界の人々に教訓を授け、ユダヤ人がその教師役を務められるというならば、[26] レネの映画が再評価されてしかるべき時期であった。エルサレム近郊の丘陵地帯に建てられた、マッスアというホロコースト教育センターでは、一九七九年の設立当初から『夜と霧（*Nuit et Brouillard*）』が上映された。ほかのセンターや学校もそれに倣った。

近年の経緯について

アラン・レネの名前は、一九八〇年代初頭以降、イスラエルで急増した熱心な映画愛好家の間で知られるようになった。一九七〇年代から八〇年代にかけて、レネのいくつかの作品がテルアビブ映画資料館で上映された。一九七九年のレネ回顧展の一環として『夜と霧（*Nuit et Brouillard*）』が上映されたことを示す記録が、この資料館に残されている。また、紙媒体の記録は見つからなかったが、イスラエル人評論家数名が、一九八〇年代に国内のテレビ放送でこの映画を観たと語っていた。ハオゼン・ハシュリシットという、テルアビブ中心街にある名の知れたレンタルビデオ店では、一九九四年から二〇〇一年の間に、『夜と霧（*Nuit et Brouillard*）』が八七回レンタルされた。店舗のコンピューターの記録によると、そのうちの十回は映画学校、もしくは映画協会の利用で、一回は「さる公的機関」、残りは個人利用だった。同店のエルサレムの店舗では、一九九五年から二〇〇一年の間に二六回レンタルされた。映画学校が四回、公的研究機関が二回、残りは個人のレンタルだった。

結論を言えば、一九八〇年代初頭に、『夜と霧（*Nuit et Brouillard*）』はイスラエルの古典映画の仲間入りをした。労働党が掲げた政府の公的イデオロギーが八〇年代に影をひそめたように、映画に当初浴びせられたイデオロギー的批判は、やはり下火になった。逆説的ではあるが、右派勢力の台頭が芸術の自由をもたらしたのである。イスラエルの芸術団体はこれを民主主義の象徴ととらえ、一九七九年以降、当局が少しでも芸術に検閲の手を伸ばしたと察知すると、激しく攻撃するようになった。

結　び

イスラエルは局地的レベルと国家レベルの視点で、フランスは普遍主義的、メタ歴史的とも言われる視点で、ナチス強制収容所のユダヤ人絶滅という〝想像を絶する〟現実がもたらした道徳的、理念的影響について、考察を加えようとした。両国の視点からは、このドイツの出来事については、かつて実際に起きたことを描くのにふさわしく、観客に積極的役割を担わせることができるかもしれない言説や表現を〝回避〟する、という結論に達したようだ。

だが、一部のイスラエルの視点からすれば、『夜と霧（*Nuit et Brouillard*）』はフランスの作品でしかなく、ユダヤ人をその他被収容者とひとくくりに扱い、シオニストの選択肢については完全に無知で、映画が示す普遍主義の視点とは正反対であった[27]。このような点を鑑みると、レネは追悼という抽象的言説を通じて、不在を「隠喩を用いて表現」しようとしたのだ。馬が四本脚で地面を蹴り空中に浮かぶ写真に、ジル・ドゥルーズが見た不在――「目に見えず理解できないが、それでもやはり完璧に存在する……もっと心をかき乱す存在が……一様な時空の外側に」（1986: 16–17）――を思い起こしてほしい。イスラエルの視点から、レネはホロコーストをそのような不在に変えたと言うこともできる。映画が示すのは強制収容所であり、その犠牲者や加害者ではない。さらに言えば、哲学的言説の枠組《フレーム》が優先され、犠牲者たちは映像《フレーム》の外に追いやられている。

二つの視点がせめぎ合った結果、映画は抑圧され、芸術の問題と、政治とイデオロギーの問題とが明確に分離されたのち、ようやく文化意識に立ち戻った。フランス語のナレーションは、人道主義について抽象的懸念を表し、表象の役割を明らかにしているのに対し、イスラエル当局はもっぱら自国に関する懸念、つまり政治やイデオロギーにしか関心を示さず、自国の目的に適う表象形式だけに公的議論を認めた。さらに興味深いのは、『夜と霧（*Nuit et Brouillard*）』の場合、イデオロギーの主な代弁者は政府ではなく、特定の思考法を叩き込まれた一般のイデオロギー信奉者だったことである。このような一般の知識人が、本来ならありえないほど厳しい姿勢を取るよう、政府に迫った。

読者カード

みすず書房の本をご愛読いただき，まことにありがとうございます．

お求めいただいた書籍タイトル

ご購入書店は

・新刊をご案内する「パブリッシャーズ・レビュー　みすず書房の本棚」（年4
3月・6月・9月・12月刊，無料）をご希望の方にお送りいたします．

（希望する／希望しない

★ご希望の方は下の「ご住所」欄も必ず記入してください

・「みすず書房図書目録」最新版をご希望の方にお送りいたします．

（希望する／希望しない

★ご希望の方は下の「ご住所」欄も必ず記入してください

・新刊・イベントなどをご案内する「みすず書房ニュースレター」（Eメール配信
月2回）をご希望の方にお送りいたします．

（配信を希望する／希望しない

★ご希望の方は下の「Eメール」欄も必ず記入してください

・よろしければご関心のジャンルをお知らせください．
（哲学・思想／宗教／心理／社会科学／社会ノンフィクション／
教育／歴史／文学／芸術／自然科学／医学）

（ふりがな） お名前　　　　　　様	〒
ご住所　　都・道・府・県　　市・区・郡	
電話　　（　　　）	
Eメール	

ご記入いただいた個人情報は正当な目的のためにのみ使用いたします．

ありがとうございました．みすず書房ウェブサイト http://www.msz.co.jp では刊行書の詳細な書誌とともに，新刊，近刊，復刊，イベントなどさまざまなご案内を掲載しています．ご注文・問い合わせにもぜひご利用ください．

郵便はがき

料金受取人払郵便

本郷局承認

2074

差出有効期間
2019年10月
9日まで

113-8790

東京都文京区
本郷2丁目20番7号

みすず書房営業部
行

通信欄

（ご意見・ご感想などお寄せください．小社ウェブサイトでご紹介させていただく場合がございます．あらかじめご了承ください．）

第五章　ほとんど知られていない古典的名作——イギリスにおける『夜と霧』

ジュディス・ピーターセン

二〇〇一年四月、「ホロコーストとジェノサイドと映像」と題した五日間のシンポジウムが、ロンドンの帝国戦争博物館（ＩＷＭ）で開かれ、欧米のホロコースト研究家、長編映画やドキュメンタリー映画の監督、博物館学芸員、アーキビスト、ホロコーストとジェノサイドの生還者が出席した。[1] シンポジウム期間中、ホロコーストとドキュメンタリー映画、テレビ・ドキュメンタリーがメインテーマとなっていた日は、アラン・レネの『夜と霧（*Nuit et Brouillard*）』（*Night and Fog*）の解説と上映から始まった。一九五六年のカンヌ初公開から四五年が過ぎた当時でも、この映画の持つ力は衰えていなかった。ナチスの大量虐殺を扱った、別の視聴覚制作物がシンポジウムで発表されたときの反応とはまるで異なり、『夜と霧（*Nuit et Brouillard*）』の終了後、会場は沈黙に包まれた。観客やスピーカーの上映後の発言から、映画に強い印象を受けたことが裏づけられた。アーカイブ映像を使用するかナチスの非道行為を再現するなどして、数々のドキュメンタリーや映画が制作されてきた。そうした作品が、テレビ放送や映画館上映を通じて過去二〇年以上も、ホロコーストをめぐる欧米の集合的記憶に痕跡を残してきた。それにもかかわらず、レネのこの作品は、観客にこれほど強い印象を与えたのである。イギリスでは、『夜と霧（*Night and Fog*）』は映画論や学術論文の世界で、重要作品と位置づけられている。このシンポジウムは、『夜と霧（*Night and Fog*）』がイギリス文化生活圏内で獲得した古典としての地位を示し、確認するとともに、その地位をさらに固める役目を果たした。

本章では、「集合的記憶」という用語を、集合体が利用可能な過去の表象もしくは想起という意味で用いることにする。表象や想起の種類は多岐にわたり、史料のような有形物から、公文書館や博物館の収蔵品、記念碑、小説、視聴覚や活字媒体、さらには記念や祝賀の式典、追悼記念日など、儀式の形をとるものまである。本章で関心を寄せる集合体は、国家集合体、具体的に言えばイギリス国民である。とはいえ、この国家集合体は必ずしも一枚岩というわけではない。小さな集合体の集まりである以上、国家集合体はむしろ多様性に富む。集合的記憶の検証は、特定の集合体の過去に対する見方を洞察するうえで有用である。その他の視聴覚メディアと同様に、映画が具体的に役立つ点は、過去の視覚的記憶を鑑賞者に与えられることだ。鑑賞者はその視覚的記憶により、時空を越えて展開する出来事を目撃したように感じる。

映画はたいてい全国各地の映画館で公開され、テレビで放送されることもあれば、ビデオやDVDでも視聴できる。それに、たとえば歴史書を読破する時間と比べれば、映画の視聴時間は短くてすむ。つまり、映画は集合的記憶に重大な影響を及ぼせるのだ。『夜と霧（*Nuit et Brouillard*）』のように、古典的価値があると認められた作品の寿命は長いので、集合的記憶に与える影響は累積し、世代を超える傾向がある。その傾向は、何度も再放送されるという点でテレビ番組にも当てはまるが、映画と同じような古典的名作の地位を得るテレビ番組は少ない。だが、そのような地位を得たからといって、それ相応の影響を確実に集合的記憶に与えるわけではない。

『夜と霧（*Night and Fog*）』がその典型的な例である。イギリスでは批評家に絶賛されているが、イギリス国民の記憶に及ぼす直接的影響は限られている。この事実は、国家レベルの集合的記憶に多様な性質があることを裏づける。この明らかな乖離を論じる前に、まず『夜と霧（*Night and Fog*）』が一般向けに初公開されたときの状況を述べて、その当時と一九五七年にロンドンのナショナル・フィルム・シアターで全英初上映されたときの論調を詳細に調べることにより、この映画が当初どのように受け止められたのかを考察する。さらに、映画公開前に全英映画検閲機構が見せた対応についての記事も紹介する。[2] 最後に、映画がイギリス文化生活圏で古典としての地位を確立した軌跡をたどり、ホロコーストをめぐるイギリスの集合的記憶に与えた全体的影響を評価する。

『夜と霧（*Night and Fog*）』全英公開当時の背景

『夜と霧（*Nuit et Brouillard*）』がホロコーストをめぐるイギリスの集合的記憶に与えた影響は、累積している。イギリスでの初上映は一九五六年の十二月中旬で、場所はナショナル・フィルム・シアター（ＮＦＴ）だった。一九六〇年、ガラ映画配給会社により、全英で字幕版が劇場公開された。字幕版はまず、配給会社が所有するロンドンのガラ・フィルム・シアタークラブで二月に公開され、続いてイギリスじゅうのアートシアターや、ＡＢＣ、グラナダ、ランク、オデオンなどの大手映画館でも公開された。

『夜と霧（*Nuit et Brouillard*）』制作の目的は当初、ナチスの残虐行為で犠牲になった人々の惨状に考察を促すことだった。ところが、完成した映画は普遍主義的なアプローチを採り、警告めいた口調で集団責任を重視する内容になっていた。それというのも、アルジェリア戦争でくり返される残虐行為に対し、監督のアラン・レネが危惧を抱いたからである。したがって、本来予定していた過去の考察にとどまらず、アルジェリア情勢についてフランス社会に呼びかける狙いも、映画に反映されるようになった（Krantz 1985: 6, 11を参照）。だが、こうした特殊な経緯は映画の中で明確に示されず、結果としてイギリスでの受容にまったく影響を及ぼさなかった。

映画がイギリスで一般公開された時期は、極右グループから生じた反ユダヤ主義とネオナチ運動が台頭した時期と重なっていた。全英各地の都市で、鉤十字のマークや反ユダヤ主義のスローガンが、イギリス系ユダヤ人の生活にとって重要な建物に書きなぐられた。たとえば、シナゴーグや世界ユダヤ人会議のヨーロッパ本部、英国ユダヤ人代表者会議のオフィス、『ジューイッシュ・クロニクル』紙のオフィス、ユダヤ博物館などが被害に遭った（Anon. 1960a）。こうした事件がマスコミで大々的に取り上げられ、たびたび新聞の第一面を飾った。

時期を同じくして、ドイツでも反ユダヤ主義が再燃し、イギリス人の間に懸念が広がった。一九六〇年一月十七日、およそ五万人がロンドンのデモ行進に参加したことで、その懸念の高まりが顕著になった。『ニューズ・クロニクル』紙は、「ここ数年来、ロンドンで最大のデモ行進」と報じた。参加者は行進の最後に、この抗議は「反ユダヤ主義を唾棄するイギリス世論を反映する」ものだと記した書簡を、西ドイツ大使館に手渡した（Anon. 1960f）。ドイツの反ユダヤ主義再燃を理由に、イギリスのある企業はドイツ人従業員三人を解雇し、またある企業はドイツ製品の販売を見合わせた（Anon. 1960d）。イギリス報道機関は、国内で起きた反ユダヤ主義者による事件とその反応を報じるとともに、西ドイツ国内で起きた同様の事件に対するドイツ政府とドイツ市民の反応を注視した。同年、イギリスのテレビ局は反ユダヤ主義の台頭を懸念し、これに関連する時事問題とニュース番組を放送した。ＢＢＣはニュース番組『レイトナイト・ラインナップ』と『トゥナイト』で、鉤十字問題とネオナチの活動の高まりを伝え、時事問題を扱う看板番組『パノラマ』で、ユダヤ人に対するイギリスの姿勢について検証した。同様に、アソシエイテッド・テレビジョン（ATV）は、『内外のナチズムに光を当てる』という番組で、ドイツとイギリスで発生した反ユダヤ主義事件を取り上げた。[3] トニー・クシュナーによれば、鉤十字思想の広まりにより、「大戦中に何が起きたのか知らない若い世代が増えている事実に、イギリス人が気づいた」（1994: 250）という。

一九六〇年、『夜と霧（*Night and Fog*）』の一般公開時には、報道機関や批評家の間に、映画公開とイギリスの社会状況との関連性を指摘する声もあった。字幕版がガラの映画館で初公開された直後、映画館主向けの日刊小冊子『デイリー・シネマ』では、「上映が緊要な、悲痛きわまりないドキュメンタリー」と紹介された。この映画の上映は、映画館主に課せられた道義的義務だとして、「良識ある映画館主なら上映すべきだ」とまで訴えた。『デイリー・シネマ』に原稿を寄せる映画評論家も足並みをそろえ、「今の時代大いに価値がある」映画であり、「イギリス中で上映されることを切に望む」と促した（Anon. 1960j）。この評論家は、映画が警告を発している点をとくに評価し、「軽率な言動がどんな事態を招くか当事者に気づかせる役割を果たす」とも述べた（ibid.）。新聞でも同様の批評記事が掲載された。たとえば『デイリー・ワーカー』紙は、「時宜を得た」公開だとし、『イブニング・スタンダード』紙は、「ドイツの現状を再認識させる、恐ろしく、かつ効果的でタイミングの良い注意喚起である」と評した（Hibbon 1960; Waterman 1960）。『ニューズ・クロニクル』紙の批評記事は、「ナチス告発以上の大仕事。映画が描く恐怖は万人にとっての関心事」（Dehn 1960）という見出しをつけた。この記事は、『夜と霧（*Night and Fog*）』で描かれた「苦難」について、「昨今、イギリスの尊重すべき建物の壁を汚す鉤十字の論理的帰結」（ibid.）である、と書き立てた。

『夜と霧（*Night and Fog*）』の普遍主義的アプローチ

一九五〇年代のイギリスで、「ユダヤ人の悲劇を悼む場所を作ろうとする奮闘が困難をきわめた」のは、「ユダヤ人の特殊性に異を唱えるリベラル派」がいたからだと、トニー・クシュナーは主張する（1994: 244）。彼によれば、ユダヤ人の運命を強調すれば、反ユダヤ主義を助長すると広く信じられており、その傾向は「一九六一年時点でも顕著だった」（1994: 249）。この所見は、『夜と霧（*Night and Fog*）』の公開当初、犠牲者の大半がユダヤ人であることを、英国紙の論評が明確に言及しなかった事実と一致する。

一度だけユダヤ人犠牲者に触れ、服にダビデの星が縫いつけられた移送者の姿が映し出されるが、『夜と霧（*Nuit et Brouillard*）』は、ホロコーストをユダヤ人の悲劇としては描いていない。当時の記事の大半は、この映画の普遍主義を反映するか、さらに一般的な表現を用いていた。たとえば『スペクテイター』は、ナチスの残虐行為の犠牲者の出自をヨーロッパ人とひとくくりにし、「九〇〇万人のヨーロッパ人が死亡した」と伝えた（Quigly 1960）。『オブザーバー』紙と『サンデー・タイムズ』紙も具体的な用語を避け、「皆殺しの対象となった囚人」（Lejeune 1960）とか、「飢餓と恐怖に襲われた気の毒な生存者」（Anon. 1960h）などと犠牲者を呼んだ。非ユダヤ系新聞で見られたこの傾向は、『ジューイッシュ・クロニクル』紙でも同様だった。やはり特定の用語を用いず、ナチスの残虐行為を指して「忌まわしいほどの人間の堕落」と呼んだ（Anon. 1960g）。

とはいえ、反ユダヤ主義が高まりを見せていたので、映画が現状と関係があると気づいた批評家は、たとえそうとは明言していなくても、犠牲者がユダヤ人だということを承知していたと言える。さらに言えば、次の二紙の批評記事は、犠牲者がユダヤ人だと明言していた。『ニューズ・クロニクル』紙は、「これは不運なユダヤ人である」（Anon. 1960f）とし、『サンデー・タイムズ』紙は次のように記した。

わたしたちはふたたび、ヨーロッパ公文書館に所蔵される映像や写真、記録文書などの資料を目の当たりにする。なかには一九三〇年代半ばのものもある。収容所の建物や寄せ集められた犠牲者たちの姿が映る。途方に暮れる子どもたち、手押し車に乗せられた無力な老女、延々と列をなすユダヤ人たちの姿がある。（Anon. 1960h）

当時の批評記事から、そのほとんどがユダヤ人に言及しなかったことと、『夜と霧（*Night and Fog*）』でホロコーストの犠牲者の大半がユダヤ人だと描かれていない点を、どの記事もまったく問題視していなかったことが、全般的傾向として浮かび上がる。その一方で、映画に普遍主義が貫かれていても、反ユダヤ主義を特徴とする状況との関連を指摘する声が、一部の批評家から上がることを止められるものではなかった。

『夜と霧（*Night and Fog*）』批評の一定の成功

『夜と霧（*Night and Fog*）』は、批評家から概ね称賛を受けた。イギリスの過去の新聞を調べたところ、一九五六年にＮＦＴで初上映されたときに批評を載せたのは、二紙しかなかった。言い換えれば、映画は二人の批評家に大きな衝撃を与えたということになる。当時『夜と霧（*Night and Fog*）』は、「死者のためのレクイエム」というテーマで、ジョルジュ・フランジュの『パリ廃兵院（*Hôtel des invalides*）』（一九五二年）とレネの『ゲルニカ（*Guernica*）』（一九五〇年）というフランス短編映画とともに、NFTで上映された。この二人の批評家にとっては、『夜と霧（*Night and Fog*）』のせいで、その他二本の影が薄くなったことは確かだ。どれも人間の苦難を描いているが、いちばん大きく論じられたのは『夜と霧（*Night and Fog*）』だった。『オブザーバー』紙は、ナチス大量殺戮の恐怖をきわめて効果的に伝えていると評価した。記事は、『ゲルニカ』について「見事である」とごく簡潔に評したあと、紙幅のほとんどを『夜と霧（*Night and Fog*）』に割いた。「『夜と霧（*Nuit et Brouillard*）』について何と言ったらいいのだろうか？」と記事は問う。「強制収容所の残虐行為の恐怖は少しも見逃されていない。わたしたちの目前で、絶滅の真の意味が灰色のカビみたいに増殖する」（Dyer 1956）。『デイリー・ワーカー』紙の批評家にとっても、『夜と霧（*Night and Fog*）』のせいで、ほかの二本はすっかりかすんでしまったようだ。『パリ廃兵院』と『ゲルニカ』について一言も触れていない。『夜と霧（*Nuit et Brouillard*）』は「誇張もプロパガンダもなく、ナチスの強制収容所の戦慄のストーリーを余すところなく［暴露した］」（Kennedy 1956）と、同紙は評した。

一九六〇年に『夜と霧（*Night and Fog*）』が一般公開されると、『マンスリー・フィルム・ブレティン』誌は、「長く語り継がれるドキュメンタリーであり、いかなる人道的基準に照らしても〝公式記録〟として認められる」と絶賛した。NFTからは「一九六〇年の重大映画」の一つとされ、英国アカデミー賞の最終選考にも残った。(4) 『トリビューン』紙は、同時上映されたロベール・ブレッソン監督の『抵抗――死刑囚は逃げた（*Un condamné à mort s'est échappé*）』（一九五六年）とともに、「今ロンドンでいちばん観るべき映画」と称賛した（Hill 1960）。

影響力のある重要作品とみなされることは多くても、映画が並外れた注目を集めたとはとても言えなかった。いくつかの刊行物で、大きな注目を集めた他作品とともに、ほんのつかの間取り上げられただけだった。『ジューイッシュ・クロニクル』紙も例外ではなかった。同紙の批評家は、『夜と霧（*Night and Fog*）』の教育的価値を強調した。けれども同紙の読者は、ルイス・ギルバート監督の『ビスマルク号を撃沈せよ！（*Sink the Bismarck!*）』（一九六一年）か、ロバート・デイが監督しピーター・セラーズが主演した『泥棒株式会社（*Two-Way Stretch*）』（一九六一年）のほうを観たいと思ったにちがいない。この二本を絶賛する批評記事にかなりの紙面が割かれた。『夜と霧（*Night and Fog*）』の批評は比較的短く、「強制収容所の恐怖を描いた、残酷なフランス映画」と評された。また、人間の尊厳を貶める行為の場面は「文明世界にとって今やなじみがある」として、『夜と霧（*Night and Fog*）』の斬新さに疑問を投げかけた。とはいえ、「映画が授ける教訓は、何度くり返しても言いすぎるということはない」（Anon. 1960g）として、映画の価値をいくらか回復させた。

『ジューイッシュ・クロニクル』紙のスローガンが「イギリス系ユダヤ人の機関紙」であったことは、何とも意味深い。デイヴィッド・セザラニの歴史研究『ジューイッシュ・クロニクルとイギリス系ユダヤ人　一八四一—一九九一年（*Jewish Chronicle and Anglo-Jewry 1841–1991*）』によれば、同紙は「（同紙なりの理解で）ユダヤ人の関心事」を解釈し、「ほぼイギリス系ユダヤ人の観点といっても差し支えない反応［を提示した］」（1994: ix）。セザラニはさらに、「創刊以来いくつか特殊な例外」を除いて、「『ジューイッシュ・クロニクル』紙は、ビジョンを共有する立場を堅持し、それが同紙にこれほど圧倒的な権威を授けた」（ibid.）と指摘した。「イギリス系ユダヤ人の機関紙」が『夜と霧（*Night and Fog*）』の重要性を軽視したのは、購読者の大半を占めるユダヤ人の関心をさほど引かないと判断した、ということなのかもしれない。この判断は、クシュナーが著書『ホロコーストと自由主義的想像力（*The Holocaust and the Liberal Imagination*）』で述べたように、イギリス在住ユダヤ人の間で主流だったホロコーストに対する姿勢と、一致するように思われる。同書によれば、イギリスのユダヤ人は自らが味わった、もしくは欧州大陸の同胞らが味わったばかりの苦しみと向き合うことを、避ける傾向があったという。一九五〇年代のイギリスの趨勢として、イギリスのユダヤ人は、自分たちが経験した残虐行為を持ち出すと非難を浴びることが多かったので、ホロコーストを意識の奥に追いやり、過去ではなく現在に集中するか、未来に目を向けるほうを好んだ（1994: 244）。この趨勢の名残が一九六〇年代にも見られたとするなら、それが妨げとなり、ホロコーストを正面から描いた『夜と霧（*Night and Fog*）』のような映画に対し、紙面を割いて精察を加えづらい方向に働いたのかもしれない。

『ジューイッシュ・クロニクル』紙が示した観点がイギリス系ユダヤ人の観点だとすれば、『夜と霧（*Night and Fog*）』で描かれるユダヤ人の惨禍は、彼らにとって好ましい描き方ではなかったように思われる。一方で、その前年の八月に公開されたジョージ・スティーヴンス監督の『アンネの日記（*The Diary of Anne Frank*）』は、イギリスで熱烈に受け入れられた。『ジューイッシュ・クロニクル』紙は、やはり端的ながらも、この映画を全面的に歓迎する批評記事を掲載した。しかも、ユダヤ人が絶対観るべき映画になるとまで予測し、「全国のユダヤ人にとってこの素晴らしい作品が〝必見〟となることは間違いない」と断言した（Anon. 1959）。『アンネの日記』には、破壊や腐敗や死の場面がまったくないことから、『夜と霧（*Night and Fog*）』とは好対照をなしていた。『アンネの日記』におけるナチスの残虐行為の描き方を、『ジューイッシュ・クロニクル』紙は強く支持した。『夜と霧（*Night and Fog*）』に対する、かすかに否定的な、あまり気乗りしないとも言える反応とは対照的だった。ホロコーストと対峙する場合、観る者を励ますような物語をイギリス系ユダヤ人は好むと、『ジューイッシュ・クロニクル』紙は判断したようである。

この状況はイギリスの一般社会でもほぼ変わらないことが、イギリス主要紙に掲載された『アンネの日

図15　1960年4月8日の『ジューイッシュ・クロニクル』紙に掲載されたガラの広告

記』の批評からうかがえる。『夜と霧（*Night and Fog*）』の重要性を取り上げる主要紙もあり、またこの映画を観た者は大きな衝撃を受けた。それにもかかわらず、『夜と霧（*Night and Fog*）』は『アンネの日記』と比べてさほど議論を呼ばなかった。映画化された『アンネの日記』は、マスコミで延々と取り上げられ、BBCラジオで四回は論評された。これに対して、『夜と霧（*Night and Fog*）』はBBCラジオで一度も取り上げられなかった。[5] 日記の出版とその後の舞台化により、アンネ・フランクの人物像がイギリス市民の心をすでにとらえていたことは事実であり、それが批評にも反映された。ナチスの大量虐殺の描き方が適切だったかどうかではなく、映画化の利点やアンネ役のミリー・パーキンスの演技力、批評家の大方の予想に反して観客に恐怖を与える場面がなかったことなどに、話題は集中した。当初の映画予告編には、フランク家の苦境の歴史的背景について説明がなかったことは特筆すべきである。ナチスのユダヤ人迫害について、予告編は一言も触れていない。それどころか、ドラマチックでハラハラさせ、ロマンスの要素まで盛り込まれたサスペンスとして、映画を売り込んでいる。ナレーションは、「『アンネの日記』よりもサスペンスあふれるストーリーは、いまだ語られたことがない」と称え、アンネとペーターのほのかなロマンスについても強調する。そもそも予告編では、ナチスの大量虐殺を経験した一家の物語というより、感情に訴える、ロマンチックな娯楽作品として紹介されていたのだ。

観客を動員する

『アンネの日記』の批評記事や予告編と同じように、ガラは『夜と霧（*Night and Fog*）』の宣伝に際し、ナチス大量虐殺以外の論点を前面に出した。それは次の二点からも明らかである。一つは、『夜と霧（*Night and Fog*）』の監督が、『二十四時間の情事（*Hiroshima, mon amour*）』の監督でもあるという事実を強調したことだ。あれこれ説明して映画の主題に関心を引くよりも、観客動員実績があるアラン・レネの最新作を利用して関心を引くほうが得策だと、ガラは判断したようだ。これには、『夜と霧（*Night and Fog*）』がイギリスで公開される前から、レネが映画監督として高い評価を得ていたという事実を念頭に置く必要がある。『二十四時間の情事』は、『夜と霧（*Night and Fog*）』のわずか一か月前に封切られ、方々の批評家から称賛を受けていた。多くの批評記事が新聞に掲載されたうえに、『サイト・アンド・サウンド』誌は映画の公開に合わせて、アラン・レネの経歴、彼の映画の美学、仕事に対する倫理観、『二十四時間の情事』のコンセプトについて、八ページにわたり詳細に分析した（Colpi 1959/60; Marcorelles 1959/60; Roud 1959/60）。もう一つは、大衆の関心を集めるために、『夜と霧（*Nuit et Brouillard*）』のドイツでの評判に言及したことだ。「老若男女を問わず、ドイツ人なら絶対に観るべきだとアデナウアー首相が推薦した」映画（たとえば次を参照。Anon. 1960l）だと、ガラは説明した。イギリスの観客を引きつけるために、ドイツ首相のお墨つきに頼ったのである。要するに、歴史的出来事がどう描かれているかより、ドイツが過去とどう向き合っているかにイギリス国民の関心があるという前提にもとづき、宣伝したということだ。

ドイツの内省に対する関心

ドイツが過去とどう対峙するつもりなのか、イギリス一般市民が関心を抱いていたことは、『夜と霧（*Nuit et Brouillard*）』に言及した新聞各紙の論評にも見て取れる。『サンデー・タイムズ』紙、『タイムズ』紙、『デイリー・テレグラフ』紙は、一九五六年六月にボンで映画が上映されたときのドイツ人の反応を記事で伝えた。たとえば『サンデー・タイムズ』紙は、代議士や学生、外国人来賓など、選ばれた七〇〇人の観客に向けて映画がどのように上映されたのか説明し、観客がドイツでの全国上映を支持したことも紹介した。さらに、戦後世代の教育の一環として学校や大学で上映するために、西ドイツ政府がフィルムの複製を視野に入れて、『夜と霧（*Nuit et Brouillard*）』の権利を購入したことなども、記事で取り上げた。『デイリー・メール』紙は、一九六〇年一月にベルリンで開かれた『夜と霧（*Nacht und Nebel*）』の上映会で、ベルリン市民の若者数百人が映画に衝撃を受けたという話を伝えた（Binder 1956; Terry 1956）。一九五六年から六〇年にかけて、レネの映画はドイツで何度も上映された。それにもかかわらず、英国各紙は一九五六年のドイツ初上映時か、一九六〇年のベルリン上映会の反応にしか関心を示さなかったようだ。後者の時期に、イギリスの多くの報道機関がドイツに注目したのは、ドイツ国内の反ユダヤ主義の再燃がすでに取沙汰されていたからだ。

『夜と霧（*Nuit et Brouillard*）』のドイツでの反応に向けられた関心と、映画がイギリス、もしくはドイツ以外の国々に与えた影響に対する無関心とも言える姿勢は、実に対照的である。反独感情をかき立てないようにと、一九五六年に西ドイツ大使館はフランスに、『夜と霧（*Nuit et Brouillard*）』のカンヌ映画祭出品の取り下げを要請した。この騒動に対してイギリス人がそこそこの関心を抱いていたことが、当時の活字メディアと視聴覚メディアを調べた結果わかっている。この一件の概略を二紙が取り上げた。『タイムズ』紙には「フランス、カンヌで上映しないように頼まれる」の見出しが、『デイリー・ワーカー』紙には「ボン、映画に拒否権行使」の見出しが躍った。この一件に触発されてカンヌ映画祭で出品禁止が相次いだ事実が示すように、国家間のデリケートな問題を持ち出さないという方針には無理がある、と総合的な論評を加える記事もあった（Anon. 1956c; Anon. 1956g; Anon. 1956h）。対照的に、その後フランスで起きた論争については、フランスのメディアが大々的に報道したにもかかわらず、イギリスではまったく関心が向けられなかった。具体的に言えば、カンヌ映画祭を総括した活字メディアの記事の中で、この映画はその年のカンヌで起きた多くの外交問題の一つにすぎないと、フランスの反応に一言も触れずにちらりとほのめかしただけだった（次を参照。Anon. 1956v; Dixon 1956）。視聴覚メディアの報道はさらに少なかった。筆者がＢＢＣラジオ、ＢＢＣ、ＩＴＮのニュース放送の記録を調べたところ、どの局も映画祭の一件をまったく報道していないことが判明した。ところが、同じ映画祭で起きた外交絡みの別の事件は、それなりの注目を集めた。ドイツ映画『雨の夜の銃声（*Himmel ohne Sterne*）』の出品却下と、イギリス映画『アリスのような町（*A Town Like Alice*）』（ジャック・リー監督、一九五六年）の出品取り消しの件である。

西ドイツの過去との対峙にイギリスが関心を抱く理由は、冷戦時代の政治背景を考慮すると、いくらか説明がつく。大戦後の国家再編により、西ドイツは冷戦同盟国として承認される必要があったのだ。また、イギリスが『夜と霧（*Nacht und Nebel*）』のドイツでの受容に関心を抱き、フランスの反応に関心がなかったのは、大戦中の残虐行為はドイツ国家のみが責任を負うという、当時の認識を示すものだ。この認識は、『夜と霧（*Night and Fog*）』で描かれた残虐行為は「その行為に良心の呵責を感じる国家にとって、恐ろしい告発であり、恐ろしい罪である」（Anon. 1960h）とする、『サンデー・タイムズ』紙の批評からも透けて見える。罪を示すさまざまな概念、たとえばこんにち広く用いられる、ナチスの残虐行為の「加害者」や「共犯者」「傍観者」などの概念は、当時の映画批評や報道には見受けられなかった。

残虐な場面の検閲

現代の人々が『夜と霧（*Night and Fog*）』を映画館で観るとしたら、オリジナル・ノーカット版で観ることができるはずだ。ビデオやDVDは、もちろんノーカットだ。一九九〇年に英国映画協会が、一九九八年にふたたびヌーヴォー・ピクチャーズが、映画の検閲や等級づけを行なう全英映像等級審査機構（BBFC）〔前身は全英映画検閲機構。一九八四年に名称変更〕という業界自主規制機関に、『夜と霧（*Night and Fog*）』を提出した。審査の結果、「十五歳」未満鑑賞禁止で、ノーカットでのビデオ販売が認められた。(6) これとは対照的に、イギリスで最初に一般公開されたとき、観客は厳しい検閲済みの『夜と霧（*Night and Fog*）』を観たはずである。

一九六〇年二月一日に、ガラはＢＢＦＣにこの映画を提出した。その結果、ＢＢＦＣの検閲官から、残虐行為の一部を削除すべきだと勧告された。最初に映画を審査した二人の検閲官は、「焼却中か黒焦げになった体や体の一部」「斬首された体と、桶に入れられた人間の頭部」「頭蓋骨（そのうちの一つは眼窩が砕かれていた）」「ブルドーザーと遺体」「溝に遺体を投げ込む男」「その溝に投げ込まれた遺体」「頭蓋骨を処理する男たち」の映像や写真をカットすべきだとみなした。だが、彼らの懸念は残忍な画像だけではなかった。映画中の裸体に対しても、それ相応の懸念を示した。「ほとんど裸で痩せ衰えた女性の遺体を運ぶ男」の場面と、ほとんど裸の女性がカメラに顔を向けるスチール写真にも、削除を要請した。

収容所の残虐行為の画像に対するＢＢＦＣの方針が、この削除勧告に表れている。ニュース映画や雑誌編集者、一九四五年に開かれた「百聞は一見にしかず」写真展の主催者である『デイリー・エクスプレス』紙の対応と比べ、ＢＢＦＣの対応はさらに慎重だった。ハンナ・ケイヴンは、イギリス社会にナチスの残虐行為を伝える手段として、ベルゲン゠ベルゼン強制収容所の画像がどのように利用されたのか、検証している。ケイヴンによれば（2001）、新聞の編集者は慎重を期するあまり、さほど生々しくない写真を選んだのに対し、ニュース映画や『イラストレイテド・ロンドンニュース』『ピクチャー・ポスト』誌のような雑誌は、生々しい題材を取り上げた。さらに、『デイリー・エクスプレス』紙が掲載しなかった衝撃的な写真も、「百聞は一見にしかず」写真展では展示されていたという。

ガラは、削除勧告に一貫性がないと異を唱える一方で、『夜と霧（*Night and Fog*）』が事実にもとづいた作品だという点についても、強く訴えた。だが、削除要請はそれだけにとどまらなかった。ガラが要請通り削除し再提出すると、さらなる削除を勧告された。「性器が見える」男性や、「山積みにされた遺体の中で、性器が露出した男性の遺体」など、やはり裸体の場面だった。ＢＢＦＣが保管する『夜と霧（*Night and*

Fog)』の検閲資料に、削除の論理的根拠が明示されたものはない。検閲の動機にもっとも迫った資料は、ガラに対する説明だが、通り一遍の内容にすぎない。「何を見せるべきかについては制限を設けています。以上の場面はその制限を超えています」としか書かれていない。検閲官はさらに次のように説明し、削除を正当化した。「この種の内容を撮影した別の映画でも、同様の勧告を行なっています」[7]。

ナチスの非道行為の記録映像を含む「別の映画」の一つに、東ドイツで制作された二〇分の短編ドキュメンタリー、『アンネ・フランクのための日記（*Ein Tagebuch Für Anne Frank*）』（ヨアヒム・ヘルヴィヒ監督、一九五八年）がある。一九五九年にBBFCに提出された、この東ドイツのドキュメンタリーの検閲から、『夜と霧（*Night and Fog*）』の削除勧告の根拠がもう少し詳しくわかる。『夜と霧（*Night and Fog*）』に対して要請したように、BBFCの検閲官はこの映画に対しても残酷な場面の削除を要請した。BBFCは審査の結果、「遺体を溶解する場面」と「遺体がブルドーザーで埋められる場面」の削除を勧告した。この場面は、イギリス国民の目にあまりにおぞましく映るとみなされ、「恐怖を与えるという理由で」[8]削除を求められた。この一件から推察するに、『夜と霧（*Night and Fog*）』で同じような場面が削除されたのも、イギリス国民の目におぞましく映ると判断されたからだ、と考えるのが妥当だろう。だがそれでは、裸体の場面が削除された理由の説明にはならない。それでも『夜と霧（*Night and Fog*）』は削除要請をすべて受け入れ、「X」指定で世に出た。したがって、十六歳を超える年齢の者なら誰でもこの映画を観られることになった。

一九四五年に撮影された強制収容所の映像に関しては、かなり自由な使用が認められた。その理由は、収容所が連合軍に解放されたときのニュース報道に信憑性を高めたいという動機から、ある程度の説明がつく。ニコラス・プロネイによれば、ニュース映画の目的は、「確たる証拠」の役目を果たすことである。

「確たる証拠」とは、パラマウント・ニュースがベルゼン収容所の映像につけたタイトルだ（次に記載がある。Kushner 1994: 210）。ニュース報道の目的は政治問題と表裏一体だと、トニー・クシュナーは語る。敵を悪者扱いし、イギリスが戦争に注いだ力を遡及して正当化するために、そのような映像が利用されたのである。

英米政府が敵の罪状を暴露する目的は、ナチスの犠牲者（とりわけユダヤ人）に重きを置くことではなく、ドイツ国民を悪者にして、自分たちの戦争遂行が正しかったと強調することだった（1994: 218）。

イギリス国民は、残忍な場面を映画館で観ることは認められていなかったが、テレビで観ることは認められていた。ナチスの凶行を記録した映像の使用に関し、視聴覚メディア業界に一致した意見はないに等しかった。たとえば、それからわずか五年後、残虐行為を撮影した素材は、テレビ業界でさらに広く利用されるようになった。一九六五年、ＢＢＣは『パノラマ』というドキュメンタリー番組で、「二〇年後のベルゼン」という特集を組み、ベルゼン解放二〇周年を祝った。[9] 一九四五年にベルゼンでＢＢＣラジオの放送を行なったリチャード・ディンブルビーは、この特集のためにベルゼンにふたたび赴き、強制収容所の解放を振り返った。この特集番組で使われたアーカイブ映像には、遺体のクローズアップやミディアムショットがないわけではなかった。なかには裸の遺体もあった。そうした写真や映像は一九四五年当時よく撮影されており、ホロコーストを扱う現代のテレビ・ドキュメンタリー番組にとって、欠かせない素材となっている。ＢＢＣの特集番組でも、山積みになった遺体、敷地に散乱する遺体、大きな墓穴の中の遺体が映し出された。遺体の多くが裸だった。だが一方で、ＢＢＣは幼少の視聴者の感情を傷つけない配慮を行なった。子どもには不適切だとみなし、「二〇年後のベルゼン」の放送時間を午後九時以降に設定し

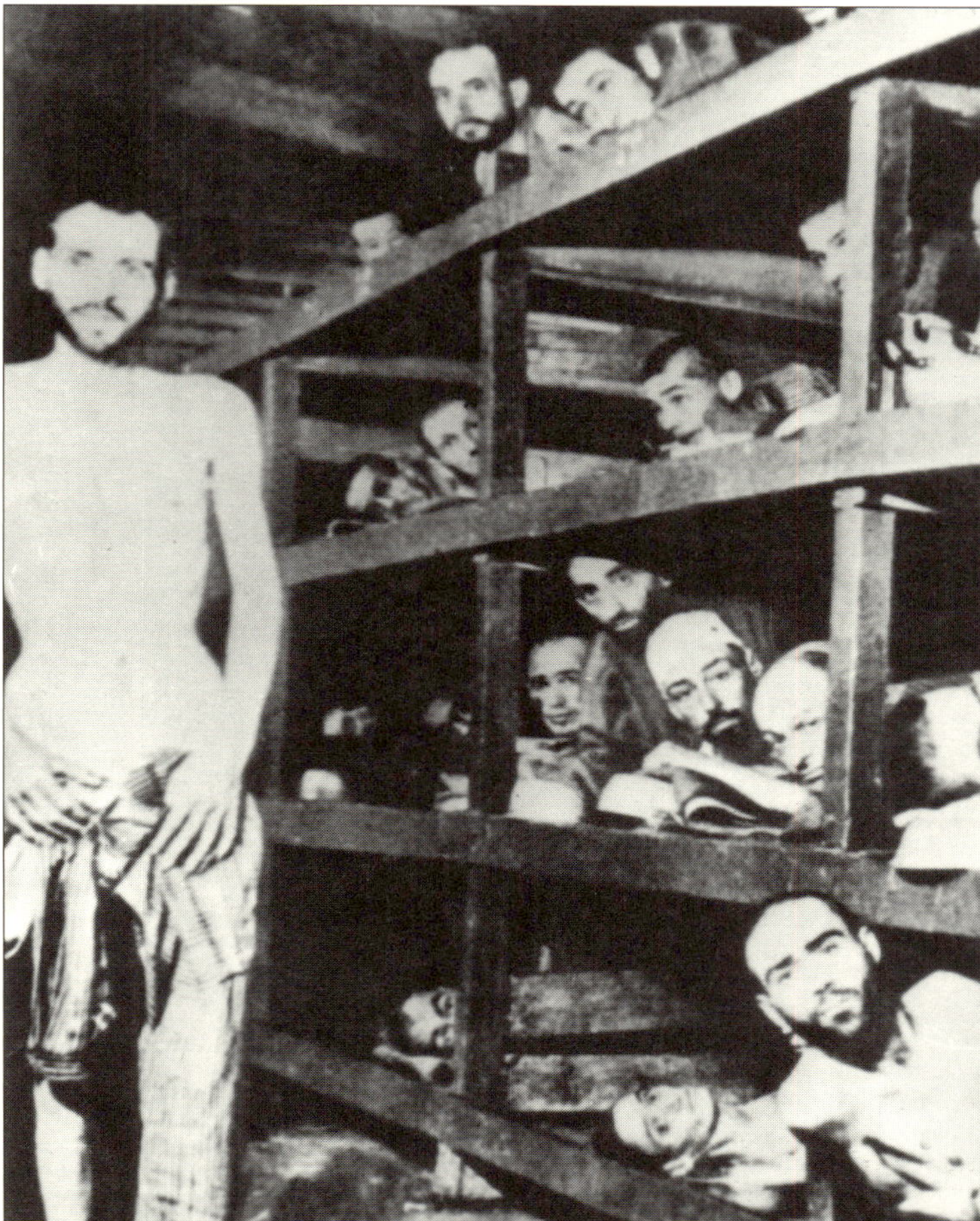

図 16　就寝用バラック，『夜と霧（*Nuit et Brouillard*）』より（© Argos Films）

たのだ。番組内の残忍な映像に対し、激しい批判を浴びせる者も一部にいた。メアリー・ホワイトハウスという、視聴覚メディアの道徳基準向上を訴える著名な活動家は、常日頃『パノラマ』を推奨していた。だが、ＢＢＣに宛てた手紙で、「彼女はそうした写真や映像の使用を難詰した。テレビ放送にふさわしくない場面があり、視聴者の気分を害すると述べた」（Isaacs 1989: 111）。

この『パノラマ』の放送から十年近くがたった一九七四年、テレビの独立セクターのための規制機関である独立放送協会（ＩＢＡ）は、残酷な場面を含む素材に関して懸念を表明した。第二次世界大戦を描いたジェレミー・アイザックのドキュメンタリー・シリーズ、『戦時の世界（*The World at War*）』全二六回が午後九時に放送されることに、ＩＢＡは危惧を抱いていた。ナチスによるホロコーストを詳細に描いた「ジェノサイド」の回で、残忍な場面が使われるためである。だが、アイザック本人の弁によれば（1989: 111）、ＩＢＡは後日、その残虐行為の場面が節度を守って使われていることを認め、「ジェノサイド」を含む全回を午後九時に放送することを承認したという。

イギリスで古典としての地位を確立する

『夜と霧（*Night and Fog*）』に本来その力があるにしても、公開時の影響力はその後数十年にわたり、イギリス文化生活圏で衰えを見せていないように思われる。ナチス大量虐殺の視聴覚表象をめぐる言説では、ホロコースト描写の基準として絶賛されることも多い。それ以降に登場したホロコースト関連のドキュメンタリーや映画の制作と動機、批判や評判に鑑みても、その評価は妥当である。模範的なホロコースト表象としてとくに称賛されなくても、この映画は世界的名作、またはドキュメンタリーの古典とみなされている。

イギリスでこの映画が受容され、その後の地位を確立するうえで、ナショナル・フィルム・シアター（NFT）〔現BFIサウスバンク〕が中心的な役割を果たした。NFTは、英国映画協会によって一九五二年に設立された。一九五六年から八三年の間に、NFTによる『夜と霧（*Nuit et Brouillard / Night and Fog*）』の上映企画は、十回を下らない。優れたフランス映画、優れたドキュメンタリー、世界的名作として、またホロコーストを描いた作品として、NFTはこの映画を褒め称えた。実は、ホロコースト、もしくは第二次世界大戦関連の企画として『夜と霧（*Night and Fog*）』が上映されたのは、わずか三回しかない。最初の二回は、一九五六年の「死者のためのレクイエム」という企画と、一九七四年の「プロパガンダとしての映画――反戦映画」という特別企画だった。前者の企画では、人間の苦しみを共通のテーマとするドキュメンタリー映画三本が上映され、前述したように、『夜と霧（*Night and Fog*）』はその一つだった。後者の企画では、三〇本以上の反戦映画の特集が組まれた。どちらの場合も、特徴ある作品が選ばれたというより、テーマに沿った内容の作品が選ばれた。三回目の企画は、NFTがホロコースト関連作品として『夜と霧（*Night and Fog*）』を上映した、わたしが知るかぎり唯一の事例である。一九八三年二月、イースト・ロンドンのステップニーにある聖ジョージ教会で、「アウシュヴィッツ展示会」が開かれた。ホロコースト関連の展示会としては、イギリス初の大規模な展示会だった。NFTは翌月、この画期的な展示会の公開講座において、『夜と霧（*Night and Fog*）』を上映した。映画終了後、アウシュヴィッツ研究者と強制収容所の生還者が、レネの映画について論じ、観客の質問に答えた。残念ながら、このときの討論の記録は残されていないようだ。展示会を主催したイースト・ロンドン委員会のボランティアだったシャーリー・マグラフが、NFTのこの企画に参加していた。彼女は討論の詳細については覚えていなかったが、映画終了後の観客の反応を教えてくれた。観客は「静まり返った」[10]そうだ。

また『夜と霧 (*Night and Fog*)』は、一九六〇年の「英国アカデミー賞最終候補」となりその年の最重要作品の一つとして上映され、一九七一年には、戦後ドキュメンタリーの発展を示す「ＮＦＴ２のドキュメンタリー」に選ばれ、一九七三年には「ザ・ベスト・オブ・ワールドシネマ２」で、世界的名作として観客に紹介されるなど、大々的に扱われた。

だが何と言っても、『夜と霧 (*Night and Fog*)』が上映される機会が多かったのは、もっぱらフランス映画の特色を打ち出した企画だった。たとえば、一九五六年の「新たな探検者たち」という企画では、フランス短編映画の一つとして、一九五七年の「フランス映画の二週間」では、フランス映画の一般的動向の一例として紹介された。一九六三年の「左岸」という企画では、芸術的嗜好や、社会的・政治的関心事に同様の傾向があることを示すため、左岸派のヌーヴェルヴァーグ監督作品と一緒に上映された。一九六八年の「アラン・レネの軌跡」では、監督作品の一つとして、一九七六年の「アルゴス・フィルムの軌跡」では、このフランスの映画制作会社が世に出した多くの映画の一つとして、上映された。

重きを置かれるのが映画の主題であれ、作品としての価値であれ、『夜と霧 (*Night and Fog*)』はきまって大絶賛された。前述したテーマ上映会でＮＦＴが作成した草案には、「一九六〇年でもっとも重要な映画」の一つ、「映画史における重大な瞬間」を象徴する「強制収容所問題を扱った現代屈指のドキュメンタリー」、「アルゴス・フィルムの傑作」の一つなど、さまざまな表現が書き込まれていた[11]。さらに言うなら、前述した通り、カンヌ初上映からまもない一九五六年十二月に、イギリスで『夜と霧 (*Nuit et Brouillard*)』を初上映した映画館は、ＮＦＴだった。ＮＦＴの企画担当者は『夜と霧 (*Nuit et Brouillard*)』の価値を速やかに見定め、映画が古典としての地位を築くにあたり、早い段階から一役買っていたのである。

『夜と霧（Night and Fog）』が『ジェノサイド』監督に与えた影響

『ジェノサイド（*Genocide*）』は、『夜と霧（*Nuit et Brouillard*）』のように、独立した一つの歴史的事件としてホロコーストに焦点を定めた、イギリス初のドキュメンタリーである。レネの映画と同様に、『ジェノサイド』もナチスの迫害や犠牲者集団の絶滅、連合軍による強制収容所の解放をたどる。『戦時の世界』シリーズを編集したジェレミー・アイザックが、テレビ部門ドキュメンタリー賞を受賞したマイケル・ダーロウ監督に、『ジェノサイド』の制作と監督を依頼した。二〇〇一年、帝国戦争博物館で催されたシンポジウムでマイケル・ダーロウと話をしたとき、『夜と霧（*Night and Fog*）』は「衝撃的な」体験だったと語ってくれた。ダーロウはこの映画に畏敬の念を抱いており、ドキュメンタリーでホロコーストを扱う際にももっぱら参考にしたという。『夜と霧（*Night and Fog*）』は、この歴史的に重要な出来事に対する究極的な表現方法であり、別のドキュメンタリーなど必要ないと思わせるほどだ、とダーロウは評価した。そのため、いくらか不安を抱えながらこのプロジェクトに取り組んだと打ち明けた（2005: 141）。

確かに、『ジェノサイド』では『夜と霧（*Nuit et Brouillard*）』と相似した手法が目を引く。『夜と霧（*Nuit et Brouillard*）』と同じように、廃墟となった現在の強制収容所にカラー映像が用いられている。『夜と霧（*Nuit et Brouillard*）』が現在の強制収容所をカラーで映し出すのは、過去に実際に起きたことを記憶に留めるのがいかに難しいかを伝えるためである。たとえば、カメラが就寝用バラックの内部を探るとき、ナレーションが観る者に知らしめる。「どんな表現も、どんな映像も、ここの真の様相を再現できない。絶え間ない恐怖という様相を」。『ジェノサイド』冒頭のカラー映像でも、のどかな風景が広がるアウシュヴィッツでかつて残虐行為がなされたことを、ポスト・ホロコースト世代に伝えることは難しい、とナレーションが流れる。

しかし、別の観点から言うと、この趣向は両作品で異なる使われ方をする。『夜と霧（*Nuit et Brouillard*）』では全編を通してカラー映像が登場し、モノクロのアーカイブ映像と交互に使われ、それぞれが訪問者と生還者の声を伝える。これに対し『ジェノサイド』では、冒頭と結びの部分にカラー映像が使われ、訪問者ではなく生還者の声を伝える役割を果たす[12]。

両作品の間に類似点があるとはいえ、これを上回る重大な相違点もある。マイケル・ダーロウが、『夜と霧（*Nuit et Brouillard*）』をホロコースト関連の視聴覚作品としてもっとも信頼できる作品とみなしていなかったのは、その相違が原因だと考えられる。両作品間でもっとも際立つ相違点は、証言の有無と、犠牲者をユダヤ人と特定しているかどうかの二点である。『夜と霧（*Nuit et Brouillard*）』は全編を通し、証言者の発言を差し挟むことなく、たった一人のナレーターが語る。したがって、出来事を語るとき、客観的で一義的な説明を鑑賞者に与える。『ジェノサイド』は証言を含めることで、生還者や加害者、ナチスの強制収容所に何らかの形で関わった人たちに、生まの声を届ける。これによって出来事が人間と結びつき、語られた出来事についての見方が多様化する。さらに、『ジェノサイド』が『夜と霧（*Nuit et Brouillard*）』と大きく異なる点は、前者が明らかにナチス政権下のヨーロッパのユダヤ人の苦難にのみ的を絞っていることだ。『ジェノサイド』はこの趣旨に沿って、ユダヤ人迫害の根拠となったナチスの人種的イデオロギーの根源と発展を示すと同時に、ユダヤ人がいかに組織的に排斥され、迫害され、絶滅させられたかについて説明する。

この二点と比べればさほど目立たないが、両ドキュメンタリーの相違点としてやはり注目すべきは、

図 17　『夜と霧（*Nuit et Brouillard*）』のアウシュヴィッツでの撮影風景（© Argos Films）

『ジェノサイド』が回顧的にホロコーストを語っている点である。一度起きたことはまた起きる可能性があると、『夜と霧（*Nuit et Brouillard*）』のように観る側に注意を喚起したりしない。未来を指し示すこともなければ、解釈の余地を残したままにすることもない。先のことにまったく言及しないので、終結という印象が強まる。形式的にも、収容所の解放を描くことで、『ジェノサイド』には終結がもたらされる。ベルゼン収容所でブルドーザーが遺体を集団墓地に押し込むモノクロのアーカイブ映像が、『ジェノサイド』で使われる過去の映像としては最後のものになる。この場面に音楽はない。次に、現在の収容所のカラー映像が続く。生還者の言葉をナレーターが読み上げ、収容所の過去と現在の映像の架け橋となる。「生き永らえているこ とに日々感謝します。命あるこの日々は、ただもう賜物なのです。自分は今二十七歳だと思っています。収容所に入れられる前の年齢は含めていません。わたしは収容所で死んだのです。解放後に生まれ変わりました」。この生還者はホロコーストを境として人生を分断し、迫害された過去を消し去り、収容所からの解放を再生だと明言する。終結をもたらすために、映像と言葉で過去を現在から断ち切ることにより、『ジェノサイド』はホロコーストを過去に封印したかに見える。つまり、解放と同時にこの惨禍が終結したと、したがって歴史の彼方に追いやることができると示唆するのである。

近年の批評家による『夜と霧（*Night and Fog*）』の位置づけ

『夜と霧（*Night and Fog*）』がホロコースト映画の手本だという評価が、一九九〇年代までにイギリスの批評家の間で確立した。それを裏づける恰好の例が、長年『ガーディアン』紙に映画批評を寄せるデレク・マルコム（1994）の発言である。スティーヴン・スピルバーグ監督による『シンドラーのリスト』（一九九三年）の芸術的、倫理的、歴史的価値について、彼は次のように評した。「さほど鮮烈な印象を受けなかった。［なぜなら］レネの『夜と霧（*Night and Fog*）』やランズマンの『ショア』、ヨーロッパのその他いくつかのホロコースト映画――スピルバーグの映画を観に行く者の多くが観たことがない映画――が、すでにその仕事の大半をこなしていたからだ」。映画評論家のフィリップ・フレンチ（1994）は『オブザーバー』紙で、それまでホロコーストが映画でどう扱われてきたか、『夜と霧（*Night and Fog*）』の概要とともに自説を簡潔に述べた。彼はデレク・マルコムよりはっきりと『夜と霧（*Night and Fog*）』を評価し、「今後従うべきすべての基準を定めた映画」とまで称えた。『夜と霧（*Night and Fog*）』は一般的にドキュメンタリー映画に分類されるが、フレンチはこの映画を、映画の全ジャンルを通して唯一重要な評価基準であるとみなしたようだ。最後に挙げる例は、『ガーディアン』紙がロベルト・ベニーニの『ライフ・イズ・ビューティフル（*La vita è bella*）』（一九九八年）を取り上げて、ホロコーストを喜劇形式で描く功罪について論じた記事だ。『夜と霧（*Night and Fog*）』はこの記事で、『ライフ・イズ・ビューティフル』とは比べものにならないほど「ホロコーストを見事に表現した映画」の一つとして絶賛された（Romney 1999）。

ホロコースト関連の視聴覚表象についてのその他の議論でも、レネの映画は同様の名声を得ている。長年BBC2が深夜に放送していた、音楽を中心とした文化教養番組『レイト・ショウ』で、一九九〇年に「ホロコーストを映画化する」というテーマを扱ったときにも、それが見て取れた。[13] 番組では、主に映画プロデューサーと監督が、ホロコースト映画の制作で生じる芸術的、倫理的ジレンマを検証した。アメリカのテレビ番組『ホロコースト』のプロデューサーと、ナチスの迫害を生き延びたユダヤ人も、この検証に加わった。話し手の主張を可視化する信頼に足る資料として、出所がほとんど明かされないまま、『夜と霧（*Nuit et Brouillard*）』の画像が番組の随所に使われた。放送開始数分後、『夜と霧（*Nuit et Brouillard*）』から抜粋した強制移送の場面と、同様の場面を再現した『ホロコースト』の映像が比較された。二つの異なるホロコースト表象がこうして浮き彫りにされ、強制収容所を再現する利点とアウシュヴィッツで撮影する利点について討論が交わされた。『夜と霧（*Nuit et Brouillard*）』から抜粋した場面は、以降の映画が再現に努めた、信頼に足る確実な表現として用いられていた。後日、『生きるために（*Triumph of the Spirit*）』（ロバート・M・ヤング監督、一九八九年）のプロデューサー、アーノルド・コペルソンも、レネの映画が獲得した威信について指摘している。コペルソンは、ホロコーストを学ぼうとする者にとって信頼に足る資料だと言わんばかりに『夜と霧（*Night and Fog*）』に言及する一方で、現代の若者にとっては、過去の再現のほうが好ましいとも述べた。子どもたちに次のことは望めないとして、彼はこう主張した。

一九四〇年代に起きた問題に子どもたちの目を向けさせ、それを現代に関連づけさせることや、本に当たったり、ドキュメンタリーから学び取ったり、じっと座って『夜と霧（*Night and Fog*）』を観て学んだりすること。できる子もいるだろうが、つねにそうした態度を取れる子は一握りだろう。しかし、映画制作を誠実に行なうのであれば、アウシュヴィッツ゠ビルケナウに行って滞在し、かつての生活がどのようなものだったか、労を惜しまずに本物のバラックで再現するのであれば、役者に本物の囚人服をまとわせて、寒さと苦しみをあらわにして見せるべきだと思う。もちろん、飢えやシラミや赤痢を再現することはできない。けれども、恐怖は描くことができる。

フランスの映画監督ルイ・マルは、『夜と霧（*Night and Fog*）』を規範とすべき映画に挙げ、ナチスの残虐行為を再現することについてこう反論した。

意味がないと思う。わたしたちの所有する記録は衝撃的で、見るに堪えないほどだ。アラン・レネの『夜と霧（*Night and Fog*）』のようなドキュメンタリーは以前から作られており、アウシュヴィッツを描いて記憶に働きかけてきた。しかし、再現はある意味、本当に胸が悪くなる。

『夜と霧（*Night and Fog*）』が信望を得ていることは、番組のその他の場面からもうかがえる。ホロコーストの生還者フェリシア・ハイアットは、好ましくないものを排除する傾向が多くの長編映画に見られると非難した。彼女が発言しているときに、黒こげになった犠牲者の遺体や山積みにされた遺体の映像が、テレビ画面に写された。それは『夜と霧（*Night and Fog*）』の映像で、ホロコーストの現実の恐怖と蛮行をいかに伝えるべきかを示すために流された。

近年、一般の映画と同じ尺度で、『夜と霧（*Night and Fog*）』が一流作品として称賛されたことがあった。二〇〇二年のホロコースト追悼記念日に、ＢＢＣナレッジで『夜と霧（*Night and Fog*）』が放送されたとき、『ラジオ・タイムズ』誌の映画批評欄で取り上げられて、優れた映画を意味する五つ星の評価が与えられ、映画史上「もっとも影響力のある」作品だと絶賛された。(14)

映画に対する異論

英語圏の研究者や批評家は、普遍主義的とみなされるホロコースト表象に対し、ナチスの大量虐殺政策の反ユダヤ主義的動機を軽視しているとして、次第に異議を唱えるようになった。このような考え方は一九八〇年代にアメリカで定着し、その矛先は『夜と霧（*Night and Fog*）』にも向けられた。イギリスの映画監督マーティン・スミスもこの考えに共感した。彼はドキュメンタリー番組『戦時の世界』の制作に関わり、『ポーランドからの使者（*Messenger from Poland*）』（一九八六年）と『パープル・トライアングル（*Purple Triangles*）』（一九九一年）という二本のホロコースト映画を制作した。スミスは自説を声高に主張している。帝国戦争博物館で開かれた二〇〇一年のシンポジウムでも、『夜と霧（*Night and Fog*）』がユダヤ人の特殊性に言及しないのは、「不実な表現」だと述べた。

こうした問題を仲裁するような動きも広く見られた。ホロコーストの普遍化と、ユダヤ人の特殊性の強調との間に折り合いをつけるよう求める声が、イギリスで上がった。トニー・クシュナーは、「ホロコーストの普遍化には、ユダヤ人がホロコーストでとくに重要な立場を占めるという事実が忘れられる危険がつきまとう」(1994: 278) と注意を促した。だがクシュナーは続けて、「新たな千年紀が近づき、殺戮や大規模な惨禍(ジェノサイドなど)がなおも世界を飲み込もうとする時世にあって、結局のところ、〝ホロコーストは全人類のもの〟というメッセージが重要であることに変わりはない」(ibid.) とも述べた。歴史家で教育専門家のロニー・S・ランドーも、同様の見解を示した。

文学や映画、芸術などの創造的メディアであれ、歴史や心理学といった分析的見地であれ、ホロコーストというとてつもなく大きな問題に折り合いをつけようとすると、ホロコーストにおけるユダヤ人の特殊性を堅持する必要性――ユダヤ人の歴史およびヨーロッパの反ユダヤ主義の歴史において、ホロコーストがどんな位置を占めるのかを理解するために――と、ホロコーストの普遍的な意義を把握する必要性との狭間で、往々にして危ういバランスを取ることを余儀なくされる (1992: 6)。

『夜と霧 (*Night and Fog*)』が大衆の記憶に与える影響

『夜と霧 (*Night and Fog*)』は、イギリスの一部の知識人の間で古典的名作としての地位を得ている。だが、ホロコーストの記憶文化に精通していなければ、あるいは熱心な映画ファンでもなければ、『夜と霧 (*Night and Fog*)』は一般のイギリス人にあまりなじみがないはずだ。イギリス市民にとって、この映画を観る機会が限られていることを裏づける証拠もある。それはさておき、ごく最近の状況を見ると、ホロコーストをめぐるイギリス人の集合的記憶の中で、『夜と霧 (*Night and Fog*)』が占める場所が変わりつつあることがわかる。

一九八〇年代後半まで、イギリスの地上波テレビ放送で、ホロコーストというテーマはごくたまにしか取り上げられなかった。ところがその後、ホロコースト関連の映画やドキュメンタリーが、次第にテレビで特集されるようになった。だが『夜と霧（*Night and Fog*）』は、地上波テレビ――ＢＢＣ１、ＢＢＣ２、ＩＴＶ、チャンネル４、チャンネル５――で、これまで一度も放送されていない[15]。

アウシュヴィッツ解放後五〇周年や、一九九五年のヨーロッパ戦勝記念日（ＶＥデー）、制定後初めて迎える二〇〇一年のホロコースト追悼記念日に、イギリスの地上波はホロコースト追悼番組として、数々のドキュメンタリーや映画を放送した。ところが、その中に『夜と霧（*Night and Fog*）』はなかった。古すぎると思われたのか、外国映画だからなのか、生々しすぎるからなのか、ホロコーストをユダヤ人の惨禍として描いていないせいなのか、判断がつきかねる。もしかすると、そのどれもが決定的要因ではないのかもしれない。というのも、往年のホロコースト関連作品が、五〇周年記念番組として放送されたからだ。その中には、ＢＢＣの『パノラマ』がリチャード・ディンブルビーを起用し、一九六五年にベルゼン収容所で撮影した番組と、一九七四年の『ジェノサイド』がある。前者の番組には、先に取り上げたように、一九四五年にディンブルビーが同じ場所で行なったラジオ放送も含まれる。そのうえ、この『リチャード・ディンブルビー、ベルゼンにて（*Richard Dimbleby at Belsen*）』では、画面に映る犠牲者がユダヤ人だと一言も触れていないし、『ジェノサイド』には、生々しい映像がかなりある[16]。クロード・ランズマン監督の『ショア』も、一九九五年の一月七日と八日の二日に分けて、追悼記念番組の一環としてＢＢＣ２で放映された。以上の三作品が放送された事実を鑑みると、制作年代、ユダヤ人の特殊性、外国映画という要素は、『夜と霧（*Night and Fog*）』が追悼番組として放送されなかった理由にはならないはずだ[17]。

ホロコースト追悼記念日に放送された特別番組の数は、いたって少なかった。この日の目玉となる映画は『シンドラーのリスト』だった。トニー・ブレア英首相は、テレビ中継された公式行事で、『シンドラーのリスト』を素晴らしい映画だと称賛した。放送局の番組編成者による選択が、ホロコーストをめぐるイギリスの集合的記憶を形成する一要素となる。たとえば、『シンドラーのリスト』を選択することによって、彼らはこのホロコースト映画がすでに確立したひときわ高い地位に反応を示すとともに、その地位をさらに確固たるものにしたのだ。『夜と霧（*Night and Fog*）』が地上波で放送されなかったということは、これがナチスの大量虐殺を描いた視聴覚作品として、テレビ局の番組編成担当者の目に留まらなかったということを意味する。

公立図書館

『夜と霧（*Night and Fog*）』を観る機会は、一般市民にとって得やすいものなのか。ホロコーストをめぐるイギリスの集合的記憶に、この映画がどれほど影響を与えたのか。この二点を評価する目的で、二〇〇一年の春、イギリス大都市の公立図書館で映画の所蔵点数を調査した。対象都市は、ロンドン、バーミンガム、マンチェスター、リーズ、レスター、ブリストル、シェフィールド、サウサンプトン、カーディフ、エジンバラである。ホロコースト関連の四作品、つまり、『夜と霧（*Night and Fog*）』に加えて、『アンネの日記』『ショア』『シンドラーのリスト』についても、所蔵状況を各図書館に問い合わせた。『夜と霧（*Night and Fog*）』がない場合に、ホロコースト映画全般を所蔵していないからなのかどうか、判断材料になるからだ。『アンネの日記』を選んだ理由は、制作年代はほぼ同じだが、主題の扱い方が対照的だからである。『ショア』は全体的に傾向が似ており、やはり外国映画だからだ。『シンドラーのリスト』は、主題の扱い方が『夜と霧（*Night and Fog*）』とは対照的であり、ホロコーストをめぐるイギリスの集合的記憶の発展に、中心的役割を果たしているからだ。

調査によると、レネの映画を所蔵する図書館は、ロンドン以外の都市には一館もなかった。また、カーディフの図書館だけが『ショア』を置いていた。一方で、フィクション映画二本については状況が異なる。八都市のうち三都市の図書館が、『アンネの日記』を一本かそれ以上所蔵していた。全都市の図書館が『シンドラーのリスト』を必ず一本は所蔵していた。ロンドンはまた事情が異なる。ロンドン三二区のうち一五区の図書館を調べた。五つの区が『夜と霧（*Night and Fog*）』を所蔵していたが、『ショア』があるのは三つの区しかなかった。一方で、一五区すべてが『シンドラーのリスト』を所蔵していたが、『アンネの日記』があるのは七つの区だけだった。四作品のうちフィクション映画二作品のほうが、明らかに一般人の手に渡りやすかった。公立図書館の購買担当者が、この二本の映画を観たいという市民の要望を見込んでいたか、要望に応じていたことは明らかである。したがって、ホロコーストをめぐるイギリスの集合的記憶において、この二作品は『夜と霧（*Night and Fog*）』よりも目立つ場所を占めていたことになる。

『夜と霧（*Night and Fog*）』が一般市民にほとんど知られていないことは、事例証拠からもうかがえる。たとえば、この映画を詳しく知っている司書がごくわずかしかいないことに、調査中気づいた。ほとんどの司書に、フランス語と英語のタイトルを説明しなくてはならなかった。さらに、研究関係者以外の十数人の知人に対し、ちょっとした調査を行なったところ、示唆に富む結果が出た。彼らの年齢は三十歳から四十五歳で、フランス人とイギリス人が半数ずつである。フランス人全員が、程度の差こそあれ、『夜と霧（*Nuit et Brouillard*）』を知っていた。これに対し、イギリス人の誰も、『夜と霧（*Night and Fog*）』について聞いたこともなかった。

『夜と霧（*Night and Fog*）』は、贖罪よりも破壊を強調する。だが、イギリスで主にホロコーストの記憶を作り出す視聴覚作品は、『アンネの日記』や『シンドラーのリスト』のような、贖罪の物語とホロコーストの描写なのである。人種差別について述べた『ガーディアン』紙の社説は、『シンドラーのリスト』に言及し、スピルバーグ作品の観客は、レネ作品の教養ある観客とはまったく異なると指摘した。

何百万人もの若者が、史上最大のヒット作、『ジュラシック・パーク（*Jurassic Park*）』の監督作品というだけで、スピルバーグの映画を観に行くだろう。そうした人たちこそ、ホロコーストで起きたことを学ぶ必要がある。そうした人たちほど、『ショア』や『夜と霧（*Night and Fog*）』など、ホロコーストをテーマにした旧作のことを聞いたこともない。

『夜と霧（*Night and Fog*）』のＢＢＣ放送

『夜と霧（*Night and Fog*）』はイギリスの地上波で一度も放送されていなかったが、二〇〇二年、制定後二度目を迎えたホロコースト追悼記念日（ＨＭＤ）に、ＢＢＣナレッジで放送された。ＢＢＣナレッジは、ＢＢＣのデジタルチャンネルの一つで、ＢＢＣ4の前身にあたり、当時はイギリス国民の四〇パーセントが視聴可能だった。ＢＢＣによれば、このチャンネルは「広い意味での文化に興味のある人を対象にしており、鋭く切り込み、確かな情報に基づく、知的で予測不可能な時事番組で編成される」(18)という。

ＢＢＣナレッジの編集局長ニック・ウエアは、ＢＢＣが『夜と霧（*Night and Fog*）』を第一回のＨＭＤに放送することを検討していたと明かした。だが、許諾権取得が間に合わず、その構想は結局断念された。ＢＢＣナレッジで『夜と霧（*Night and Fog*）』を放送することに関しては、ウエアが決断を下した。その決断の裏にはいくつもの要因があった。彼はまず、ホロコーストを最初に描いた映画として、『夜と霧（*Nuit et Brouillard*）』に重大な意義があることを承知していた。この映画には完成時から「絶大な力」が備わり、その力はいまだ衰えていない。それは映画の独創性、全編に通じる簡潔性、詩的なナレーション、観る者に動揺を与える画像によるものだと、ウエアはみなしていた。斬首された遺体の場面など、彼にとって一部の画像は初めて見るもので、「腹の底から湧き上がる」感覚を映画にもたらしているとした。さらに、彼の見解によれば、映画は「たった三〇分の間に実に多くのことを成し遂げている」。すなわち、強制収容所について見事に語り尽くしているのに、声高に反論するのではなく、観客にじっくり考える余地を残しているという。

一方で、意外に思われるかもしれないが、ウエアがこの映画を選んだ理由は、ほかでもない政治犯の惨状が描かれ、ユダヤ人犠牲者の惨状に焦点を絞っていないからだ。これは彼にとって重大な要因だった。ホロコースト関連の映画やドキュメンタリーの大半は、ユダヤ人犠牲者にのみ注目し、その他の犠牲者集団を取り上げていないと、ウエアは考えていた。この告白は衝撃的である。先に述べた『夜と霧（*Night and Fog*）』に対する批判とは、真っ向から対立する。しかし、BBCナレッジが編成した二〇〇二年一月二十七日のHMDの追悼番組では、全体的に見れば、ヨーロッパのユダヤ人がナチス政権の主な犠牲者集団として描かれていたことは間違いない。当日は三つの番組が組まれ、うち二つはユダヤ人の惨禍に焦点が絞られていた。最初に放送されたのは、『テレジーンの音楽（*The Music of Terezín*）』という、一九九三年にBBCが制作したドキュメンタリー番組だった。チェコのテレジーン〔テレージエンシュタット〕強制収容所のユダヤ人被収容者が、作曲や演奏などの音楽を通して生き抜いた姿を描いた作品である。[19] 次に、『夜と霧（*Night and Fog*）』が放送された。最後は、『ヴァンゼー会議（*The Wannsee Conference*）』（ハインツ・シルク、一九八四年）という、ナチス高官が「最終的解決」を正式決定した会議を再現した映画である。

デジタル放送を視聴できるのはイギリス国民の半数弱だったとはいえ、ＢＢＣナレッジでの放送は、集合的記憶に占める位置という点で、『夜と霧（*Night and Fog*）』にとって転機となった。しかも、映画の放映権は当面ＢＢＣが保有するので、ＢＢＣの地上波二局で放送される可能性もあると、編集局長のウエアは語った。

結び

イギリスでの受容の経緯を振り返れば、『夜と霧（*Night and Fog*）』が観た者に大きな影響を及ぼしたことがわかる。映画の影響力が現在も衰えていないこと、鑑賞者の注意を引きつけ、ナチスの犯したジェノサイドについて深く考えさせることにより、残酷で邪悪な行為を今なお見事に伝えていることを裏づける証拠もある。ユダヤ人の特殊性をめぐり、英語圏でときに激しい批判が起きたことも事実である。だが、イギリスでは過去三〇年の間に、ホロコースト関連映画の大半、とりわけドキュメンタリー映画は、劇場公開やテレビ放送されており、ビデオやＤＶＤでも観ることができるようになった。このような映画やドキュメンタリーは、ホロコーストにおけるユダヤ人の特殊性を十分に伝えている。こうした蓄積が集合的記憶に与えた影響によって、ナチスによる大量虐殺は圧倒的にユダヤ人の悲劇であるという認識が、ほぼ間違いなく一般大衆の心象に築かれているはずだ。トニー・クシュナーが総体的に論じているように、ホロコーストは「ジェノサイドや人種差別のその他形態、およびナチスの破壊力に結びつくと現在ではみなされているうえに……独特の性質（特定の民族とその文化に対し、特殊な破壊的影響を与えたなど）があることも、認識されている」（1994: 207）。現在、ユダヤ人の特殊性を際立たせる視聴覚制作物は、大勢の人にとってホロコーストの主たる情報源となっている。『夜と霧（*Night and Fog*）』は視聴覚制作物である以上、この歴史的事件の重要な仲介役を担うことが可能だと思われる。集合的記憶形成に寄与したその他の作品から授けられた、ナチス政権の主な犠牲者はユダヤ人だという知識に、鑑賞者はこの映画の内容を付け加えることができる。

さらに、『夜と霧（*Night and Fog*）』に対するイギリスの受容を振り返ったとき、この映画が集合的記憶に与えた影響は、とても均一的とは言えないこともわかる。最初の一般公開に際し、『ジューイッシュ・クロニクル』紙が見せた冷ややかな反応は、当時の一部の批評とは対照的だった。またこの映画が、一部の文化知識人の間でホロコーストを象徴する表象と見られるようになったからといって、一般大衆の心に届いていることにはならない。『ジェノサイド』監督のマイケル・ダーロウのような人物に影響を与えたことで、ホロコーストをめぐるイギリスの集合的記憶の形成に、『夜と霧（*Night and Fog*）』は間接的影響を与えた。だが結局のところ、ホロコーストをめぐるイギリスの集合的記憶において、『夜と霧（*Nuit et Brouillard / Night and Fog*）』は大きな存在ではない。この映画の持つ力を考えると、遺憾なことである。けれども、ＢＢＣナレッジで『夜と霧（*Night and Fog*）』が放送されたのは、大きな進展である。当面の間ＢＢＣが放映権を保有するので、そう遠くない将来、集合的記憶の中で、この映画が今より目立つ位置を占めるようになる日が来るかもしれない。

第六章　覚醒の衝撃――オランダに映った『夜と霧』

エーヴァウト・ファン・デル・クナープ

大戦に関する考察

第二次世界大戦の終戦直後、オランダで『夜と霧（*Nuit et Brouillard*）』が公開されるかなり前に、多数の目撃証言が一冊の本にまとめられた（Eggink & Van Kuik 1997）。この本の証言のおかげで、混在するコミュニケーション的記憶と文化的記憶がどのように相互作用するか、考察が可能になる。終戦後まもなく、オランダ社会の関心はすでに収容所から国家再建に移っていた。強制移送された人々に敵意が向けられ、彼らの身に降りかかったことが知られていなかった時期――レジスタンスや、レジスタンスに伴う仰々しいほどの愛国的感情、ついには抑圧が、履き違えたように全国に広まった時期――から、迫害された人々や収容所の生還者の問題が公然と論じられるようになるまでには、さらに一一年の月日を要した（Vree 1995: 91–8; Lagrou 2000）。犠牲者追悼の動きを軌道に乗せる過程で、『夜と霧（*Nuit et Brouillard*）』は重要な役割を果たした。

議会が実施した調査のおかげで、オランダ市民は戦時中の国家政策を知ることができた（De Haan 1997: 16–7）。そのうえ、一九五六年には、追悼に焦点を当てた出来事がいくつか発生した。記念碑や文学、視覚芸術が、市民に過去を振り返らせた。アムステルダムのダム広場の戦没者慰霊塔（あらゆる犠牲者を分け隔てなく追悼する目的で建てられた）の除幕も、戦争に巻き込まれたすべての人の苦難を明るみに出す役目を果たした。さらに、世界的に注目されていたことや、オランダの劇場で舞台化されたこともあって、アンネ・フランクの日記（書籍としての出版は一九四七年）が世間の耳目を引いた。この本が成功を収めたのは、史実が曖昧に描かれているためである。アンネ・フランクの日記は、ユダヤ人絶滅を謀った一連の反ユダヤ主義から、オランダの人々の注意を逸らした（Dresden 1997: 239）。膨大な人数の強制移送や虐待の事実よりも、オランダ市民は密室での感動的なドラマに関心を寄せたのである。「夜と霧（*Nacht und Nebel*）」命令の収監者だったフロリス・バケルスの尽力もあり、アンネ・フランク財団がその翌年に設立されることも決定した。アムステルダム市立美術館も、一九五六年にとうとう記憶の喚起に荷担した。七月十四日から九月三十日にかけて、美術館は「二つの傑作の創造に捧げる」という企画展を開催した。二つの傑作とは、ロダンの『地獄の門』とピカソの『ゲルニカ』である。(1) 二作品は戦争を想像させ想起させるとされ、次第に別の作品と関連づけてとらえられるようになっていた。たとえば、ダンテに刺激を受けたロダンの「地獄の門」は、『夜と霧（*Nuit et Brouillard*）』にとって準拠枠の役割を果たすと考える批評家もいた。

大戦の研究

一九五〇年代のオランダでは、戦争で受けたトラウマの追究は学問の世界に限られていた。まずエリ・

アロン・コーエン（1952）がドイツの収容所についての医学的、心理学的研究を発表し、次にヤン・バスチアーンス（1957）が、戦争被害者の心理社会的側面と心身相関性に注目した論文を発表した。コーエンは、強制収容所がどのように機能したかを取り上げ、収容所生活が被収容者に与えた医学的影響、人体実験、被収容者とＳＳの心理状態について幅広く検討した。両者の研究のおかげで、後日『夜と霧（*Nuit et Brouillard*）』が提示した問題、すなわち強制収容所と絶滅収容所における力関係、残虐性、屈辱、根絶について、オランダ社会は認識することができた。

『夜と霧（*Nuit et Brouillard*）』の画像とナレーションは、コーエンが述べた一連のプロセスと処々で対応する。たとえば、このプロセスは罪を犯した人がいかなる罪悪感も抱かないという、超自我（Über-Ich）の主たる行動規範に当てはまる。さらに、ＳＳの行動は攻撃性と欲求不満によるものだという、コーエンが掲げたテーマの足跡も、『夜と霧（*Nuit et Brouillard*）』に見出せる。

オランダの高名な歴史学者で、国立戦争資料研究所の所長であるルイス・デ・ヨングが手がけた『占領（*De bezetting*）』という番組が、一九六〇年から六五年にかけてテレビ放送され、高視聴率を獲得した。この番組は、国家の苦難を描くことに重きを置き、戦争犠牲者に十分な注意を払わず、オランダ陣営の犯罪者を探ろうとしなかった（Vree 1995: 65;Vos 1995: 111–12）。これはデ・ヨング自身のビジョン、および加害者と犠牲者に対するオランダ人の率直な姿勢を判断する基準となる。一九五〇年代半ばには、『夜と霧（*Nuit et Brouillard*）』で示された絶滅収容所のイメージは、ホロコースト直後よりも人々の意識に深く浸透していたと思われる。併せて言うなら、番組制作者と番組に協力した歴史家が、互いに異なる見識を示すことがあってもしかるべきである。このオランダのテレビ番組が示した、誰が善人で誰が対独協力者かという構図と、レネのドキュメンタリーが伝えたメッセージには齟齬があった。『夜と霧（*Nuit et Brouillard*）』は、デ・

ヨングとその研究仲間に何らかの影響を与えたのか？　デ・ヨングは一九五〇年代に、自著や論文で『夜と霧（*Nuit et Brouillard*）』について言及していない。この映画はオランダの世論に何らかの影響を与えたのだろうか？　映画の影響はいたって小さかったように思われる。定評ある歴史家も平均的オランダ市民も、犠牲者の苦しみに対して、とりわけユダヤ人の苦しみに対して、関心を寄せることがなかったからだ。

これについては諸説あるのだが、戦争に関する認識に真の転機が訪れたのは、『占領』に対する議論が起こり、一九六五年にJ・プレセールの『オランダ系ユダヤ人の破滅（*Ondergang*）』が刊行されたときだった（Vree 1995: 80–3; Dunk 1990: 24）。オランダ・アウシュヴィッツ委員会は、一九六五年のこうした記念すべき出来事を——同委員会の会報に掲載したように——アウシュヴィッツに対する関心が最高潮に達した証だとみなした。

ドイツ・オランダ関係に立ち昇るアウシュヴィッツの煙

一九四五年以降、西ドイツに対するオランダの姿勢は徐々に改善した。政治経済面で西ドイツが良き隣人となることを、オランダは期待した。一方で、ドイツに対する友好姿勢は、ドイツの戦争犯罪に対する関心も映し出した（Wielenga 1989: 335–6）。一九六〇年代初頭に見られた否定的な意見は、ナチスの犯罪とアイヒマン裁判に再度注目が集まったこと、およびテレビ番組『占領』が国民に幅広く視聴されたことと、確かに呼応していたのかもしれない。ドイツのアイデンティティは、長年にわたり細心の注意を要するテーマであり、その議論は親ドイツ派ではなく、自説を声高に主張する少数の反ドイツ派に牛耳られていた（Wielenga 1999: 50）。

当然ながら、政治と無関係の事例も、国家間の関係を示唆するものとして有用である。文化交流が寛容度も示すことは、一九五三年から五六年にかけて、オランダでドイツ映画の購入数が倍増した事実からうかがわれる。この時期のオランダによる外国映画の購入数は、アメリカ映画に次いで、そしてイギリスとフランスの映画を抜いて、ドイツ映画が二位の座を占めた(2)。

その一方で、戦争は依然として両国関係を引き裂く一因となっていた。ボンのオランダ大使館が、一九五九年から六〇年にかけてドイツで発生した反ユダヤ的事件に関する資料を収集していたことが、その何よりの証拠である。オランダは隣国人に疑惑の目を向けていた(3)。

『夜と霧（*Nuit et Brouillard*）』が理不尽な扱いを受けたのは、一九五六年のカンヌ映画祭だけではなかった。同年のカンヌ映画祭では、ヘルムート・コイトナー監督の『雨の夜の銃声（*Himmel ohne Sterne*）』（原題は「星のない空」の意味）――西ドイツの青年と東ドイツの女性の恋愛を描いた映画――も、物議を醸した。『夜と霧（*Nuit et Brouillard*）』の批評がオランダ紙に掲載される前に、オランダの週刊誌『フライ・ネーデルラント』は『雨の夜の銃声』を「珠玉の作品」と絶賛した（Jordaan 1956）。『デ・フルーネ・アムステルダマー』誌も、『雨の夜の銃声』がカンヌ映画祭で「物議を醸した」と取り上げたが、『夜と霧（*Nuit et Brouillard*）』については一言も触れなかった（Anon. 1956p）。オランダの日刊紙『デ・フォルクスクラント』は、映画の出品が拒否されたあとに西ドイツ代表団が帰国したことを報じた。同紙はさらに、『夜と霧（*Nuit et Brouillard*）』の名前を挙げずに、「出品取り下げの要請を受けたフランス映画も」イギリスやポーランドの出品作品と同様に、カンヌ映画祭の会場以外の場所で上映されることになった、と伝えた（Anon. 1956l）。『デ・フォルクスクラント』紙がこうした一連の出来事の背景を注視するようになったのは、その一年後だった。東ドイツの出品作品『最後の一日までだまされて（*Betrogen bis zum jüngsten Tag*）』の批評の余談として、「政治的に言えば、今年のカンヌは昨年と異なり、全作品が認められた。出品が禁じられた作品は一つもなかった」（Bertina 1957）と述べている。西ドイツの出品取り下げ要請をめぐる騒動について、一九五六年にどこよりも大々的に報じたのは、オランダの日刊紙『ヘット・パロール』だった。だが、同紙の記者は最終的に、『夜と霧（*Nuit et Brouillard*）』に深い感銘を受けたとして、「映画祭の雰囲気から離れ、映画に一段とふさわしい場所で上映された」（Anon. 1956k）とまとめた。

オランダの日刊紙各紙が、レネの映画の報道価値を最大限に活用しなかったうえに、業界紙『フィルムフォーラム』は映画を完全に無視した。業界紙なら当然、『夜と霧（*Nuit et Brouillard*）』を取り上げて、カンヌで上映が禁じられた一件を報じたにちがいないと誰もが思うだろう。ところが奇妙なことに、一九五六年のカンヌとベルリンの映画祭に関する論評で、同紙はレネの映画について一言も取り上げなかったのだ（Bertina 1956a, 1956b）。

一九五六年五月、ハーグに拠点を置くカトリック系新聞『ビネンホフ』は、カンヌ映画祭については一言も触れずに、『夜と霧（*Nuit et Brouillard*）』を推奨する記事を載せた。だが、それは犠牲者に同情を寄せたからではなかった。彼らは映画を大量虐殺否定の反証とみなしたのである。そのうえ、独裁政治は野蛮で、共産主義は不道徳であるという見解を映画が支持する、と解釈していた。『夜と霧（*Nuit et Brouillard*）』から教訓を学ぼうと同紙を突き動かしたのは、この映画がドイツで受容される際に概して見られる類似した論法だった。すなわち、「国民社会主義と共産主義は、共通の暴力的基盤にもとづいていた」というものだ（Anon. 1956q）。その頃暴露されたスターリンの犯罪が、こうした姿勢に間違いなく影響を与えていた。

『夜と霧（*Nuit et Brouillard*）』をめぐる論争に大きな関心が集まったとはいえ、それは長くは続かなかった。一九五六年七月末、『ニューウェ・ロッテルダムセ・クーラント』紙は、『夜と霧（*Nuit et Brouillard*）』がミユンヘンの「アメリカ・クラブで」上映され、「興味を抱いた一〇〇人ほどの人々」が観たと報じた。同紙の記事は映画の内容だけではなく、映画が生み出す政治的利益についても検証した。まず、市民の中にいるファシスト分子を切り離すチャンスを西ドイツ政府は逃したのではないかと、記事は疑問を呈した。次に、「西ドイツ政府が映画の上映を認め、その普及促進に極力努めたならば、誠実で善良な意図があることを西側のヨーロッパのコミュニティに証明する、またとない機会とできたはずだ」と指摘した。映画祭での上映禁止の本当の事情については、憶測が飛び交っていた。徴兵制導入をめぐる議論が背景にあるとも言われていた。この映画はドイツ軍が犯した残虐行為を想起させるので、徴兵制度導入にマイナスの影響を与えかねないからである。記事は続けて、「ドイツ語吹替え版に賛成する意見が聞かれていること」「映画を上映すべきだという声が、西ドイツの多方面や刊行物から上がっていること」に触れて、ドイツ当局の「特異な立場」を和らげた（Anon. 1956ad）。

この一週間後に発表された第二弾の記事で、『ニューウェ・ロッテルダムセ・クーラント』紙は重大な新展開について報じた。これは同紙の記事が、ボンのドイツ連邦政府報道情報局とのコネをある程度拠りどころにしていたことを、如実に物語る。同局は、『夜と霧（*Nuit et Brouillard*）』に有利な報道に関心を抱いていた。彼らは『ニューウェ・ロッテルダムセ・クーラント』紙の七月二十四日付の第一弾記事の翻訳を読み、二十七日、同紙の編集者に手紙を送った。その手紙には、オランダの報道陣と大使館文化担当官の列席のもと、七月二十五日にドイツ連邦政府報道情報局でこの映画が上映されたこと、カンヌ映画祭の期間中に、西ドイツ政府が国内に配給する目的で映画を購入しようとしたことが綴られていた。さらに、ドイツ語版がフランス語版から逸脱しているとの疑念を持たれないように、ベルリン映画祭でフランスの制作会社と結んだ契約では、ドイツ語版の制作についても考慮していた旨が、手紙に明記されていた。ボンの上映会で『欧州新聞』が実施した調査が、手紙に添付されていた（Anon. 1956ae）（第三章参照）[4]。この情報を伝えた『ニューウェ・ロッテルダムセ・クーラント』紙の記事は、わずか二日後の八月三日にボンでドイツ語に翻訳された。八月二日、同紙のK・A・マイヤーは連邦政府報道情報局宛に手紙を書き、八月六日に返事を受け取った。マイヤーは次のように、ドイツ国内の映画配給について記事にすることを、報道情報局に保証した。「弊紙は、貴国における映画配給の御尽力を歓迎するとともに、その件を記事にするつもりですので、どうぞご安心ください[5]」。

ドイツからの難民《レフュジー》でドイツの審査員《レフリー》

一九五六年十月二十六日、『夜と霧（*Nuit et Brouillard*）』のオリジナル版が、アムステルダムのアルハンブラ劇場でオランダ初上映された。この上映会は、レオン・ポリアコフとヨーゼフ・ヴルフ（1955–56）が編纂した資料集、『第三帝国とユダヤ人（*Das Dritte Reich und die Juden*）』のオランダ語訳の出版プロモーションの一環として開かれた。オランダ語版刊行を企画したのは、オランダのジャーナリスト、H・ヴィーレクだった。ヴィーレクはドイツからの難民で、映画評論家およびドイツ文学専門家として名高かった。こうした専門能力を備えていたヴィーレクは、『夜と霧（*Nuit et Brouillard*）』をオランダに紹介するにあたり、重要な役割を果たした。

ヴィーレクは映画評論家として、すでに終戦直後から、第二次世界大戦を扱う映画に関心を寄せていた。一九四六年、当時上映中の映画の質を論じた記事の中で、占領下のオランダ人の勇敢とは言いがたい行動を、ヴィーレクは激しく非難した。オランダ人はその頃、取るに足らない映画に逃げ道を探しており、

「このようにして国民全員が身を隠した」と、彼は記事で非難した。一九四八年、ヴィーレクは『十字砲火（*Crossfire*）』（エドワード・ドミトリク監督、一九四七年）と『山河遥かなり（*Die Gezeichneten*）』（原題 *The Search*　フレッド・ジンネマン監督、一九四八年）を、社会との関わりを描いた作品として称賛した。一九五〇年には、デンマーク人のヨハン・ヤコブセンが四八年に制作した映画『三年後（*Tre år efter*）』に、好意的な批評を書いた。この作品には、「〝正義の人々〟の慈悲心のおかげで、ふたたび権力を握った対独協力者」が描かれている。映画批評記事には、社会的な議論がはっきり反映されることがある。『三年後』の批評では、贖罪の問題が声高に叫ばれた。

アムステルダム初上映会の観客は、レネの映画に「深く心を動かされた」。映画をオランダに紹介したのは、スヘルテマ・アンド・ホルケマという出版社の重役フロリス・バケルスだった。この出版社は当時、『第三帝国とユダヤ人』（Poliakov & Wulf 1956）のオランダ語訳『第三帝国とユダヤ人（*Het Derde Rijk en de Joden*）』を発売したばかりだった。バケルスも、「NN収監者」として収容所に送られ生還した過去があり、その経験についての著述がある（1947, 1977, 1983）。要するに、バケルスはレネの映画を紹介する人物として、まさに適役だったのである。

上映会の翌日、ヴィーレクによる『第三帝国とユダヤ人（*Het Derde Rijk en de Joden*）』の書評が、アムステルダムの週刊誌『デ・フルーネ・アムステルダマー』で丸一ページにわたり掲載された。『第三帝国とユダヤ人（*Das Dritte Reich und die Juden*）』の書評がドイツで数多く発表されたこと、近日中に数か国で翻訳書が刊行されることにも、書評は言及していた（1956a）。同じページに、チャールズ・ボーストの批評記事も掲載された。ボーストはカンヌの一件とその後の西ドイツ政府の方針について概略を述べ、レネを称賛した。

レネは一度たりとも、こうした状況ならば陥ってもおかしくない、感傷的な叫びや憤慨に陥ることがなかった。ジャン・ケロールの沈着で抑制の利いた語りにより、随所で説得力を際立たせながら、レネは冷静な事実として映像に語らせた。その語りの調子は、フィクトル・E・ファン・フリースラント博士によるオランダ語版でも失われないだろう（1956: 5）。

この批評から、オランダ語版が近日公開されることも、その翻訳を誰が担当するのかも、一九五六年十月末時点にはすでに知られていたことがわかる。(6) ボーストは、「ロマンチックな冒険話を語る背景として、戦争と違法な抵抗運動を悪用することで……それを歪曲し、骨抜きにした」映画業界の現状と比して、レネの映画は誠実であると評価した。さらにレネの手法も褒め称えた。「それがいかにして作成されたにせよ、原資料だけが現実に近づけることが、少なくとも現実を示唆できることが明白である」。この技法を用いることにより、『夜と霧（*Nuit et Brouillard*）』は「観る者を動揺させるような、人間の苦悩と堕落についての記録であるだけではなく、わたしたちが責任逃れをしないようにという……差し迫った懇願にもなった」（ibid.）。

『夜と霧（*Nuit et Brouillard*）』の上映会と『第三帝国とユダヤ人』の出版は、絶好のタイミングで実現した。その二週間前には、新設のオランダ・アウシュヴィッツ委員会が第一回会議を開き、盛会裏に終了したばかりだった。ナチスのカール・クラウベルク医師に対する賠償と抗議が、そのときの議題の一つに取り上げられた。クラウベルク医師は、一九四二年にアウシュヴィッツで、その後ラーフェンスブリュック強制収容所で不妊実験を行ない、五五年に恩赦を受けた。一九五七年に死亡したが、『夜と霧（*Nuit et Brouillard*）』の一場面にその姿が映っている（ショット一七六）。映画上映と書籍の出版は、国際的な緊張が高まる時期と重なっていた。当時、世界はスエズ危機とハンガリー動乱の真っただ中で、ソヴィエトによるハンガリー介入は、すでに緊迫していた冷戦を悪化させただけだった。

当時の人々にとって、書籍の『第三帝国とユダヤ人』と映画の『夜と霧（*Nuit et Brouillard*）』とは、ほとんど区別がつかなかったようだ。映画からの引用を、出典を明記せずに書評の見出しに使用した例もあった。評者はどうやら書籍出版時に映画を観たらしい。強制移送に関する引用文が、本を説明した文章だと受け止められていた。別の記事の冒頭にはこうある。「我が国での書籍の出版と映画上映は、史上最大の大量殺戮をふたたびわたしたちに突きつける。すなわち、一九三三年から四五年におよぶ、ナチスのユダヤ人迫害である」（Bartman 1956）。こんな具合に本と映画の重要性が解説されていた。記事はさらに、映画は「こともあろうにベルリンで」好評を博しているとし、映画の質を称賛した。

ヴィーレク（1956b）は、『タイドゥ・エン・ターク』誌の一九五六年十一月号に、『夜と霧（*Nuit et Brouillard*）』の批評を書いた。オランダ国内での幅広い上映を訴え、次に、多数のオランダ国民社会主義者が盛んに活動する当時の情勢に言及した。

映画オランダ語版

『夜と霧（*Nacht en nevel*）』のオランダ語版は、ドイツ語版公開の半年後、フィルムフェルフールカントール・ネーデルラントによってオランダで公開された[7]。残念ながら、この配給会社の記録は——仮にあったとしても——現在残されていない。オランダ語版制作の経緯や、ナレーションの翻訳や吹替え費用など、詳しい事情は知る由もない。これまでのところ、一連のオランダ語翻訳作業に対して、オランダ政府が補助金を出したとは思えない。おそらく、オランダ語のナレーション吹替えはドイツ語版と同様に、パリのマリニャン・スタジオで録音されたのだろう。制作会社のアルゴス・フィルムも映画監督も、限られた地域にしか配給されないこの映画の制作プロセスについて、何ひとつ情報を持っていなかった。

『夜と霧（*Nacht en nevel*）』は一九五七年五月六日、ハーグで「大勢の市議会議員と招待客」を前に初上映された。五月十七日以降は一般向けに上映された。一ギルダーの入館料は、イスラエルのチルドレンズ・ビレッジか、アンネ・フランクの家（Het Achterhuis つまりアンネ・フランク一家の隠れ家）の購入資金に寄付された。『夜と霧（*Nacht en nevel*）』は、アムステルダムとハーグのデ・アウトカイクと、ロッテルダムのヘット・フェンステルという映画館で、「午前十一時から午後五時まで、一時間ごとに上映される」ことになった。このような上映スケジュールが組まれた理由は明白である。「この短編映画が衝撃的で、まったく非商業的である以上、標準的な上映時間外に上映すべきだ」（Anon. 1957m; Anon. 1957w も参照）と考えられたからだ。ただし、「十八歳未満の鑑賞はいっさい認められなかった」（Anon. 1957q）。残念ながら、映画検閲委員会の記録にこの規制を裏づける資料はなく[8]、内務大臣に規制を提言した形跡もなかった。それはとりもなおさず、当時、この映画が問題視されていなかったことを意味する。

オランダ語版の初上映会で、ヴィーレクは長々とした導入講演を行なった。反ユダヤ主義とジェノサイドをドイツの現象として論じ、ドイツでナチズムがなぜあれほど広まったのか、収容所でなぜあのような犯罪がなされたのか、過去の残虐行為について現在ドイツ市民がどのように考えているか、などの問題に答えた[9]。根強い反ユダヤ主義についてひとくさり述べたあと、ヴィーレクは、過激な右翼思想を掲げるオランダの雑誌『デ・デンケル』の記事を引用した。一九五六年九月に同誌が『夜と霧（*Nuit et Brouillard*）』について取り上げ、「西ドイツの介入はまったくもって当然だ[10]」と評した件《くだり》である。ヴィーレクはオランダのさまざまな集団に言及したが、実際はこの映画を利用してドイツに対する警戒を発していた。ドイツ出身だというのにこのような反応を示すとは、ドイツ恐怖症とも言えるものである。彼は映画のメッセージを的確に受け取っていなかったおそれがある。

導入講演の際に、ヴィーレクはほかの人物の演説を意識していたにちがいない。『第三帝国とユダヤ人』の原書（*Das dritte Reich und die Juden*）には、一九五二年のベルゼン強制収容所の慰霊碑除幕式で、西ドイツ大統領テオドール・ホイスが行なった演説が記載されている。かつて大学教授を務めたホイスは、ドイツは過去を認めるべきだと考え、歴史の歪曲に反対すると述べた（Heuss 1955）。『第三帝国とユダヤ人』のオランダ語訳（*Het Derde Rijk en de Joden*）は原書の要約版だったにもかかわらず、このホイスの演説が収録されていたことは印象的である。「記念碑（Ein Mahnmal）」と題するこの演説で、ホイスは自身も罪の意識を抱く繊細な人間であることを明かし、これは、オランダ市民にも模範的な態度となった（Poliakov & Wulf 1956: 15–19）。

タイプライターで打たれた原稿の量からみて、ヴィーレクの導入演説はおよそ四五分に及んだと思われる。その半年前に『デ・フルーネ・アムステルダマー』誌で発表した長文記事と同じ体裁にするためか、ヴィーレクはパウル・ツェランの詩『死のフーガ（*Todesfuge*）』全文を原文のドイツ語で引用し、演説を締めくくった。その際に、ツェランの詩をこのように紹介している。

映画を観る前に、パウル・ツェランの詩に浸りましょう。これはガス室と、煙となった人たちについての詩です……戦後ドイツ最高の詩であり、人道上史上最悪の瞬間について詠んだ詩です。(11)

ヴィーレクがこの詩の表現力に重きを置いていたことが、この紹介からもうかがえる。ハーグの初上映会で行なわれた講演のこの興味深い一面は、それ以前に書かれた草稿にすでに表れていた。その間にドイツでは映画が解禁となり、次の引用からわかるように、頻繁に上映されるようになった。

全校生徒で映画を観に行く場合もある。それは適切であり当然のことだ……。しかし、彼《か》の地の若者の場合、話は異なる。……この映画を観ても、『アンネの日記』の舞台に感動したとしても、彼らにはまったく理解できない。どうしてそんなことが起きたのか？……彼らにとってはあまりにかけ離れた、異質な事態である……反ユダヤ主義など彼らには思いもよらないことなのだ。『アンネの日記』を観て、千人を超えるドイツ人の若者がベルゲン゠ベルゼン強制収容所を訪れ、犠牲者を追悼して献花した。(12)

ヴィーレクは若い世代に希望を託し、自身がかつて国外に逃れたことで隔絶した世代とは、距離を置いた。関連施設の訪問にまで盛り上がった、有名な『アンネの日記』を体験することで生じた結びつきを、ヴィーレクは自分の講演で、『夜と霧（*Nuit et Brouillard*）』との対峙へと作り変えた。ヴィーレクにとって、レネの映画は重要な評価基準だった。一九七〇年五月、彼は「あれから二五年……」という記事で、戦争と抵抗運動を描いた数多くの映画を振り返り、『夜と霧（*Nuit et Brouillard*）』を大絶賛した。その年の後半に映画はオランダで再上映された。(13)

ユダヤ人社会にとってはこの映画に言及するだけで十分だった。おそらくユダヤ人共同体の負った痛手は深すぎて、映画に対処できなかったためだと思われるが、彼らが詳しく論じた批評記事はなかった。「この総毛立つ映画がおのずと物語る。弊紙が論評する必要はないものと考える」（Anon. 1957x）とする反応はあった。一方で、オランダ・アウシュヴィッツ委員会の会報に、読む者の心を揺さぶる論評が掲載された。自らの記憶とドキュメンタリーの映像とを区別して考えることが、生還者にはきわめて困難であり、彼らは映画よりも悲惨な現実を経験したことを指摘する内容である。執筆したJ・I・フルトゥ（1957）は、「ああ、これは映画化など不可能である」と締めくくった。『夜と霧（*Nacht en nevel*）』の画面に映る人毛を、フルトゥ自身がアウシュヴィッツで片づけなくてはならなかったことや、「夫婦としての初旅行がビルケナウへの移動となり、自分の妻の髪の毛」も画面の人毛に含まれていたとの記述は、悲痛きわまりない。この映像とナレーションが描く光景に、フルトゥは大いに覚えがあったのだ。

反独感情という点で言えば、この会報に政治的・宗教的偏向は少しも見られない。『夜と霧（*Nacht en nevel*）』の批評記事全般の根底に通じるのは、反独感情ではなく道徳的疑問だった。「衝撃的な経験」（Anon.（Gr）1957）ではあるが、市民はこの映画を観るべきだと、こうした批評記事は再三にわたり訴えた。「人間はどうしても忘れるものだ。だからこそ、この映画の上映には意味がある」（Hulsing 1957）。『夜と霧（*Nacht en nevel*）』は「全人類に向けた告発」（Anon. 1957u）であり、「一般大衆に対する、とりわけナチスに対する非難」（Spierdijk 1957）であった。「直接これを経験していない者はみな、『夜と霧（*Nacht en nevel*）』が暴いた恐ろしい真実を、必ず見聞きすべきである」（Anon. 1957r）という重要な教訓も授けた。さらに、国民が『夜と霧（*Nacht en nevel*）』を観ることは、ドイツ・オランダ両国の政治関係にとっても重要だった。「現在、多くのドイツ人が打ちひしがれながら無言で観る」（Boost 1957）この映画は、両国の交流改善の出発点としての役割を果たすべきだとされた。しかし、ドイツとの関係改善には少なからぬ制限があった。『夜と霧（*Nacht en nevel*）』は、「和解を促進する映画ではないし、和解とは意図である」（ibid）からだ。ドイツ人への憎悪を煽るのではなく、犠牲者への共感を引き出し、「鉄のカーテンの陰で」同じような収容所が醜い頭をもたげるかどうか、その可能性について検討を促す映画である、と強調する批評もあった（Anon. 1957u）。

特筆すべきは、ドイツが『夜と霧（*Nuit et Brouillard*）』の視聴対象年齢を十六歳以上としたのに対し、オランダでは十八歳以上と定められたことだ。この映画は核の時代の若者に情報を伝達する役割を担っていた。この世代は、「すでに過去を忘れつつあり、メガデス〔一〇〇万人の死者、大量の死者を意味する政治学・軍事用語〕について、安易に臆することなく話している。現在は核兵器のために、一度の攻撃で敵に一〇〇万の死者をもたらせるのである」（Schurer 1957）。反ユダヤ主義の芽生えと急進的右翼化の傾向に反対し、過去の出来事の非人道性を理解する若者に、『ニューウェ・ロッテルダムセ・クーラント』紙は希望を託した（Anon. 1957t）。これに対し、カトリック系の『デ・フォルクスクラント』紙は、「視聴対象年齢を二十五歳以上」にすべきだと、超保守的で尊大な意見を前面に打ち出した。さらに、事実を知るだけで十分だとして、同紙はこのようなおぞましい映像を使用することにも疑念を呈した（H. de W. 1957）。これは一九五〇年代によく聞かれた意見であり、映画に対する、典型的なカトリックの〝神の声〟である（Radius 1990 を参照）。

内容は形式に勝る

ライデン大学から一九五五年に名誉博士号を授与されたフィクトル・E・ファン・フリースラントが、映画のナレーションをオランダ語に翻訳した。このオランダ語訳は多くの批評で称賛された。だが、ナレーションの原文はオランダ語ではないことに触れていない、『ヘット・フライェ・フォルク』紙のような記事もあった。「ナレーションを付けたフィクトル・E・ファン・フリースラント博士はいみじくも、「これは一つの時代の一つの地域にしか起きないことだろうか？」と、最後に重苦しい疑問を投げかけた」（Wisse 1957）。一方で、『ヘット・ファーデルラント』紙は、オランダ語訳に好意的な評価を下したが、ナレーションは原語で聞きたいとも述べた。同じような反応として、アイスラーの音楽が「少々やりすぎだった」という声もあるが、それは個人の好みの問題である、という意見も聞かれた（Anon. 1957v）。

フランス語版であれオランダ語吹替え版であれ、レネのこの映画はこれまでオランダのテレビ局で放送されたことがない。ドイツでは、テレビが登場したばかりの一九五七年に、深夜の時間帯に放送された。オランダ各紙はこの事実を取り上げ、「復活祭の週の放送番組としてこれ以上ふさわしい番組は〝考えられない〟」（Anon. 1957j）という、『南ドイツ新聞』の一文も引き合いに出した。また、ドイツ人視聴者がテレビ局に宛てた投書も紹介された。投書には保守的な意見もあれば、評価する意見もあった。このような議論は開かれた社会が生まれる兆候であるので、オランダが抱く恐怖は薄らぐだろうとして、オランダ紙の記事はこう結論づけた。「彼らがそのような議論をすればするほど、我々は議論をせずにすむ」（Anon. 1957e）。当然、映画を広く配給しようとするドイツ政府の取り組みも伝えられた。「ドイツ政府は、カラー作品であるアラン・レネのドキュメンタリーのモノクロ版を数本購入した。これにより、映画はさらに幅広く配給されることになる」。そのうえ、ベルリン——ベルリン国際映画祭で頑固な姿勢を取ったせいで——が、現状打破を強行したことも報じられた（Anon. 1957i; Anon. 1957l）。『ニューウェ・ロッテルダムセ・クーラント』紙は、ケルンでの上映の模様を次のように伝えた。「映画に対する関心は非常に高く、映画館が満席となり二〇〇人以上が入場を断られた。今後さらに数回の上映が予定されている」（Anon. 1957k）。

小さな成功が見られたとはいえ、この議論には決して終わりがないことが、オランダ紙の報道からも明白だった。一九五七年、ドイツ連邦共和国のバーデン＝ヴュルテンベルク州の映画検閲員会は、『夜と霧（*Nacht und Nebel*）』が「学生の鑑賞に適さない」と表明した。オランダのマスコミはその事実を漏らさずに

Wat was Dachau ?
speciale voorstellingen van de film over de concentratiekampen
Nacht und Nebel
(nuit et brouillard) van Alain Resnais
speelduur 30 minuten
18 jaar
op zaterdag 27 oktober 17.00 uur
op maandag 29 oktober 13.15 uur
op dinsdag 30 oktober 13.15 uur
op woensdag 31 oktober 17.00 uur
in het Kriterion Theater
Toegangsprijs 50 cent
(een batig saldo zal ten goede komen aan de algerijnse oorlogsslachtoffers)
Het organiserende studentencomité:
S. J. Bosgra; P. Cuypers O.S.S.P.; L. Jacobs, A. Kosto, H. Meyer, M. M. W. Pollmann, P. Verstegen

図 18　1962 年 10 月のオランダの映画ポスター（© International Institute of Social History Amsterdam）

伝えた。同州の教育省が映画を推奨したにもかかわらず、委員会は、「何しろ多くの人が、とくに女性が、映画を鑑賞して具合が悪くなった」（Anon. 1957*s*）として、映画に描かれた残虐行為から若者を守るべきだという決定を下したのだ。

多くの批評家にとっては、『夜と霧（*Nuit et Brouillard*）』が重要な基準となっていた。それは、次のような反応からも明らかである。一九五九年、『ヘット・パロール』紙は、東ドイツ映画『アンネ・フランクのための日記（*Ein Tagebuch für Anne Frank*）』について、「ドキュメンタリー映画としては、数年前に公開されたフランス映画、『夜と霧（*Nuit et Brouillard*）』の衝撃に及ばない」と評した（H. J. O. 1959）。

ドイツと同じように、オランダでも『夜と霧（*Nuit et Brouillard*）』は当時の趨勢に対抗するために利用されたが、その目的で劇場上映されたオランダの事例は、筆者が知るかぎり一件しかない。一九六二年、映画はアムステルダムの学生向け劇場クリテリオンで上映された。『ニューウェ・ロッテルダムセ・クーラント』紙は、上映理由をこう伝えた。

映画上映が決定したのは、よく知られる「ダッハウごっこ」というゲームに対処するために、ある学生たちがワーキング・グループを結成して取り組んだからだ。彼らは、ユダヤ人迫害の悲惨な現実を、自分たちと同じ学生にその目で見てもらう機会を設けようと働きかけたのだ（Anon.1962）。

「ダッハウごっこ」とは、新入生を身体的に痛めつける下劣な慣習で、驚いたことに、世界中が注目していたアイヒマン裁判の直後に発生した。啓蒙運動の原則に照らせば、映画という媒体を通してこのような慣習を断ち切ることができる、と考えたのだろう。身体的虐待が発生した直後に生じた、教育ドキュメンタリーを活用しようとする取り組みは、ユダヤ人が心に負った傷を軽視する、当時行き渡っていた風潮

に逆らった行動である。(14)

ファン・フリースラント、執拗なる者

オランダにおける『夜と霧（*Nuit et Brouillard*）』の受容は、ドイツのイメージ、および過去の告白についての議論と切り離して考えることはできない。まずは、当時幅広く活動していたユダヤ人作家で、映画のナレーションをオランダ語に訳した、フィクトル・E（エマヌエル）・ファン・フリースラントの仕事について重点的に説明してから、その背景を概観することにする。一九五〇年代、オランダ人は戦争についても戦争の回顧についてもうんざりしていたようだが、やはり戦時中に起きたことを積極的に整理したいという動きもあった。フリースラントは、知識人による糾弾活動の急先鋒に立っており、オランダの執念深さを体現した人物だと言える。

戦時中、フリースラントは二年にわたり身を潜めていた。一九五一年に芸術家レジスタンス財団賞一九四二―四五を受賞したフリースラントは、文化的権威として広く認知されていた。彼は自らを〝執拗なる者〟とみなした。すなわち、レジスタンスの精神を維持し、戦争の加害者や対独協力者にオランダ社会のどこにも居場所を与えまいとする、愛国心の強い市民のことである。こうした〝執拗な人々〟は、オランダ当局が寛容な姿勢を示していることに対して、彼らの目に映った社会の浄化の失敗に対して、失望を覚えていた。必然的に、敵国協力とレジスタンスに関する議論は、政府が措置を講じたあとも終結しなかった。オランダの政策は、戦後社会の混乱の源に安寧をもたらすことを目的としていた。十分な成果を上げたように見えたが、敵国協力者に「厳正で迅速で適切な」処罰を加える過程は、必ずしも円滑に進まなか

った（Romijn 1989: 11）。

フリースラントの社会観の一部は、芸術家は社会に関与すべきだという信念によって築かれた。「有効なのはイエスかノーかだった」第二次世界大戦を経たあとで、知識人は理論上の選択を行なっているだけではいけない（Vriesland 1958: 657; Stroman 1957: 43も参照のこと）。一九五〇年に、明快で信頼に足る価値体系を訴えたとき、フリースラントは決して偏向した文学様式を喧伝したりはしなかった。けれどもフリースラントは、「破壊勢力に対して、活力のない死んだような生残者に対して、未来を危険にさらし、万人の命を脅かす新旧のファシズムに対して」（1958: 658）、作家は断固たる立場を取る必要があり、「侵略行為に背を向け、人類の融和を選択すべきである」（1958: 658）との見解を抱いていた。

一九五四年一月十六日、自身の講演と「執拗なる者」と題した小冊子で、フリースラントは自らの立場をさらに体系的に明示した。

社会の浄化が不十分であるのは非常に遺憾なことであったかもしれない。だが、それよりも嘆かわしいのは、抵抗運動を生み出した精神の、自由な思想や、芸術、科学や文化といった最高の愛国的伝統に責任を感じる精神の堕落と喪失であり、人格の堕落と喪失である（1954: 77）[15]。

年二回アムステルダム市立美術館で開かれる、芸術家レジスタンス財団賞一九四二―四五の受賞式で、フリースラントはオランダとドイツ双方の社会に懸念を表明した。このときの講演は、歴史叙述の分野からもオランダ研究からも顧みられなかった（フリースラントの八十歳の誕生日を記念してまとめられた、彼の重要寄稿論文リストにも収録されていない。Jong 1972を参考のこと）。だが、当時の新聞や雑誌からは注目された。

フリースラントの奮闘は、一九五四年の国際アウシュヴィッツ委員会創立と時期を同じくしていた。彼の演説に対して当初見られた反応は、三つのタイプに分けられる。真っ先に反応した月曜日の新聞記事は、演説を大雑把に言い換え、引用しただけだった（Anon. 1954a; Anon. 1954b; Anon. 1954c）。この記事の内容を受けて、容赦ない執拗さではなく「慈悲」を求める声が、第一の反応として現れた（Anon. 1954d）。執拗さにも慈悲にも反発する人たちは別の立場を取り、第二の反応を示した。彼らの視点からすると、フリースラントは「現在回避する必要のある危険」について言及すべきであった（Anon. 1954e）。次の文章は赤い危機（共産主義）を婉曲に指摘したものだ。「だが、別の独裁者に対する別の恐怖が存在する。この演説からは、その気配が少しも認められなかった」。フリースラントの演説には、おそらく「目前にある本当の危機に対する真の自覚」が欠けていたのだろう。しかも、彼は「ファシスト路線に沿った独裁主義の再現という、過度の恐怖」（Anon. 1954f）を抱いていることも判明した。第二の立場が露わにした共産主義者への憎悪に注目したのが、第三の反応である。この立場を打ち出したのは共産主義者だった。彼らの解釈によれば、フリースラントの演説でもっとも重要なメッセージは、「ファシズムの復活に対する警戒が必要であると……彼が言ったこと」（Bakker 1954）だった。

フリースラントの講演内容は、その後もさらなる反応を呼び起こした。ピーテル・ヘイル教授（1954）は、フリースラントの執拗さを、露骨で直接的すぎるとして批判した。教授はさらに、フリースラントの論証には誤りがあり、統計を重視して注目を引こうとしていると非難した。S・ドレスデンはヘイルの意見に公然と異を唱え、フリースラントの立場に立とうとした。ドレスデンはフリースラントを責めようとは思わなかった。ドレスデンによれば、フリースラントの演説は、「世間では抗議だと解釈されているが、抗議というよりも苦悩の叫びだった」（1954: 111）。フリースラントのような人たちは、おそらく死者のことを執拗に思い出さずにはいられなかったのだろう。

「旧敵がドイツ政府高官に任じられて……ボンでは、内務省に勤務する旧ナチス党員は一〇〇人を超える」ことを、フリースラントは知っていた（1954: 14, 23）。彼は演説で、当時の情勢に注意を向けている。「世界中で、ネオナチズムの危険が高まり、かつての国民社会主義とファシズムが再燃している。欧州防衛共同体ではドイツの大規模な再軍備が始まるだろう」（1954: 14）。

フリースラントは、オランダとドイツの関係正常化が急速すぎるという感触を抱いていた。彼に言わせれば、本質的にドイツの精神構造はほとんど変化していなかった。「欧州大陸でドイツを孤立させる危険性」を認識する必要があると理解する一方で、そのような論法に訴えることを、フリースラントは次のように考えていた。

> 経済的に、政治的に、軍事的に、文化的に、帝国主義者であり、領土回復主義者《イレデンティスト》であり、執念深い西ドイツが……アメリカの支援を得て、貧弱なヨーロッパで指導力を取り戻すことに勤しむ時代に、それは偽善的である。ドイツに親族がいるアメリカ人は、二〇〇〇万人と推定される（1954: 15–16）。

フリースラントの演説は、このように偏執的で憎悪に満ちた調子で貫かれていた。アメリカのマーシャル・プランを、血縁関係を基盤にした独米の共同計画とみなすほどである。フリースラントは以前からこうした考えを表明していたので、彼が手がけた『夜と霧（*Nuit et Brouillard*）』の翻訳は、物議を醸すものとなった。レネは誰か特定の人々を批判しようとしたわけではないのだが、フリースラントは違った。一九五〇年代当時もそれ以降も、誰ひとりこの点を指摘していない。

フリースラントは懸念や不信を隠さず、ドイツ人は生来好戦的であるとみなした。ヨーロッパがドイツの再軍備を承認したことを、サルトルの戯曲『汚れた手（*Les mains sales*）』の訴えと同じように、罪深い行

図 19　「執拗なる者」の講演を行なうフィクトル・E・ファン・フリースラント．1954 年

（© Dutch Literary Museum）

為だととらえ、この行為によって人々は共犯者となり、特定の政治支援を行なったがためにその手は汚れた（1954: 16）、と指摘した。フリースラントによれば、歴史が証明したように、権力者には「想像力」が欠けており、芸術家だけが想像力を持つので、芸術家は誤った展開に警告を発することができる、という（1954: 19）。「危険を把握することだけが、個人的な貢献および本質的条件としての個人の純粋性だけが、一層普遍的な規範感覚を導くことができる。それが社会を精神的堕落から守るはずである」（1954: 20–1）。

フリースラントの姿勢は、人格主義の概念に含まれる多様な変化に富む思想体系、すなわち、「人格の向上、自覚と責任」（Ruiter & Smulders 1996: 267）に努める、開放的で情熱にあふれた精神的にリベラルな共同体へとオランダ社会を変えようとする取り組みと、一致していた。フリースラントも、規範がない状態ですませることは望まなかった。その主張は非常に声高なので、彼を過激な人格主義者と解釈することができる。

人格主義者の社会主義は、「全体主義と資本主義の間に存在する第三の道」（Bosmans 1982: 270）であった。フリースラントは第三の道（De Derde Weg）をたどった（'The Third Way', 1952–55）。これは、政治の分極化の回避を目指し、ブロック主義に強硬に反対する平和運動のことである。第三帝国という極端な時代を経て迎えた冷戦時代に、彼らは中間的立場を取ることで利益が得られると期待したが、それは失敗に終わった（Verkuil 1988: 31–41）。この思想の信奉者はたちまちシンパの烙印を押され、信用を失った。

一九五六年十一月十日、国際ペンクラブのオランダ支部は、ソ連のハンガリー動乱介入に反対する立場を模索していた。ペンクラブ会長のフリースラントは、ソ連の行動を擁護した文学者たちを譴責すべきかどうかの論争に巻き込まれた。オランダ支部が反共産主義の立場を取ることに決定すると、大勢の会員がペンクラブを去った。第三の道の思想を奉じ、シンパとみなされていたにもかかわらず、結果として、フリースラントはブロック主義の観点で判断するという失態を演じた。彼がかつて他人にしたように、今度はフリースラント自身が尋問者の烙印を押されることになった（Mulder & Koedijk 1996: 246-7, 269, 380）。以上のように、フリースラントはアメリカ国民もロシア国民も非難した。彼のドイツ観とは裏腹に、オランダ市民は総じて、ドイツ人を受け入れることに次第に前向きになっていった。ところが、オランダの小説中のドイツ観は、一九六〇年代末まで損なわれたままだった。この憎悪に満ちた視点から、「戦後ドイツ史が後に控えたナチス・ドイツの序曲」に、ドイツの歴史は貶められている（Müller 1993: 65）。フリースラントもこれと大差ない発言を何度か行なった。

結び

ドイツでは、『夜と霧（*Nuit et Brouillard*）』が議会で審議に付された。一方で、オランダ政府の一部の公文書館には、映画の制作や公開や受容、映画にまつわる議論、独仏関係またはドイツ・オランダ関係に映画が及ぼした影響に関する（秘密）文書が、いっさい存在しない。外務省と、教育・文化・科学省の公文書館には、『夜と霧（*Nuit et Brouillard*）』に関する書類も書簡もない――それどころか、映画に言及したものさえない(16)。この注目すべき映画に関して、在仏および在独オランダ大使館も、沈黙を守ったままだったようだ。

ドイツとは異なり、オランダ政府が教育を目的として、歴史の授業というかたちで『夜と霧（*Nuit et Brouillard*）』を利用することはなかった。教訓を与える目的で映画を学校に提供する必要はないと、教育・文化・科学省は判断した。この件に関して、同省がオランダの映画検閲委員会と文書を交わした記録はない。『夜と霧（*Nuit et Brouillard*）』のオランダ語吹替え版を配給したフィルムフェルフールカントール・ネーデルラントから、融資の申請を受けたこともないようだ。したがって、オランダ語版制作に関して、政府からの支援も手数料の支払いもなかったと考えざるをえない。

オランダと親密な関係にある国々で起きた激しい論争について、オランダ政府がひと言も発言していないという事実は注目に値する。ただし、その理由についてはいくつかの仮説が成り立つだろう。オランダが不干渉の方針を採ったのは、自らの過ちを正す力がドイツの政府と社会にあると信頼していた証拠だと解釈できるかもしれない。政府の不干渉を称賛する者もいれば、不干渉政策は、それを主張した人たちが一九五〇年代のオランダ文化政策に失敗した証拠だと見る者もいるだろう（Smiers 1977）。ドイツ人の感情を揺さぶったフランス映画と関係があることは確かなので、もしかすると、当時の政治情勢に映画が果たす役割を過小評価していたことに、原因があるのかもしれない。また、社会経済問題と比べて重要度が低い問題に対して、関心を抱かなかったのかもしれない。

こうした推測をもってしても、他国で『夜と霧（*Nuit et Brouillard*）』をめぐる論争が起きたのに、オランダ政府がそれに干渉しなかったという、その事実を隠すことはできない。これほど重要な問題でありながら、自国の報道機関に過激な反応が起こらなかったことに、オランダ政府は安堵したと思われる。オランダの不干渉の姿勢は、犠牲者に心からの共感を抱いていた証拠であり、ドイツ恐怖症——ヴィーレクを別にすれば——やフランス恐怖症が存在しなかった証拠である。

オランダ社会に関心が芽生えてから、政府が教育目的の映画利用に乗り出したことは、理に適っている。隣国のドイツで『夜と霧（*Nacht und Nebel*）』が呼んだ波紋について報道しておきながら、映画の本格的な配給や学校教育への導入を求めたオランダのジャーナリストや雑誌、新聞は皆無だった。このことから、当時のオランダが近い過去に対処する方法は、主に内省的だったことがわかる。言うなれば、公の出来事である戦争に対処する前に、まず私生活に起きたことを振り返るべきだということである。別の解釈もできるかもしれない。傍観者や関係者、協力者だったことを恥じる気持ちが、オランダ人が過去に取り組む障壁になったという一面もあった。さらに、大半のオランダ人に基本的に罪はなく、したがってホロコーストに対処すべきはドイツ人だと信じて疑わない人々が、オランダで大勢を占めていた。自由主義国家であれほど大規模な強制移送が起こったというトラウマから、このような姿勢が生まれた可能性もある。これは、オランダで『夜と霧（*Nuit et Brouillard*）』が公開された時期に、ホロコーストが共同体間で共有された記憶だとは到底言えなかったことを示唆する（Margalit 2002: 51 を参照）。

カンヌの一件がドイツに落とした心理的爆弾は、オランダでは見落とされた。その他の問題とは対照的に、この問題をめぐるドイツの国会論議はオランダで報じられなかったのである（Anon. 1957e; Anon. 1957f）。この映画の普及と教育ツールとしての活用にドイツ人が多大な労力を注ぐ様子を、オランダ人は注意深く見守っていた。ところが、映画が罪悪感の問題をドイツ国内で引き起こす一因となり、映画に精神浄化作用があったという事実については、ほとんど注意を向けなかった。ドイツでは誰ひとりとして戦争責任を取りたがらないというありきたりの見方に、オランダの批評家は固執しているようだった。そのうえ、レネの映画は近い過去を突きつけて、ドイツとの難しい関係をオランダの観客に思い出させた。予断を許さぬ、険悪な状況でカンヌ初上映を迎えたのち、『夜と霧（*Nacht und Nebel*）』がドイツで肯定的に受容されたことは、オランダのメディアで注目されたが、カンヌで出品禁止要請をしたドイツの政治的決断を、オランダ人は支持しなかった。オランダ人はこの決定に、予測不能な隣国から迫る潜在的な脅威を見て取ったのである。ドイツ連邦共和国が主権回復を宣言し、連邦軍を編成して再軍備に取りかかった時期に、映画上映をめぐる問題が衆目を集めた。結果として、『夜と霧（*Nacht und Nebel*）』が後日ドイツで収めた成功を検討するとき、カンヌでの一件に触れないわけにはいかなくなった。ドイツ政府主導で映画フィルムが大々的に配給されたことは、数紙しか伝えなかった。ドイツの映画受容に関するその他重大事項は報じられず、おそらくは見過ごされることもあった。

『夜と霧（*Nuit et Brouillard*）』の公開は、同時に出版された『第三帝国とユダヤ人（*Het Derde Rijk en de Joden*）』とともに、収容所で何が起きたのかを一般大衆に知らせる契機となり、迫害された人々に注目を集める一助となった。けれども、ドイツでは、『夜と霧（*Nacht und Nebel*）』が「過去の克服」の道筋を維持する役割を果たしたのに対し、映画にオランダのヴェステルボルク通過収容所の場面があるというのに、戦時中の自国の態度についてオランダ人が顧みることはなかった。これは近い過去に対するオランダの反応を示すものだ。ドイツの受容と比べれば、『夜と霧（*Nuit et Brouillard*）』は、オランダ社会のほんの一部の階層をつかのま覚醒させることしかできなかった。このフランス映画によって、オランダ人の記憶にユダヤ人迫害を留めることは、確かに可能になった。しかし、反ユダヤ主義や敵国協力について、犠牲者であるとはどういうことかについて、それまで以上に深い考察が行なわれたのかといえば、オランダ人の記憶がふたたび活性化されることはほとんどなかった。生還者の強制収容所体験も、当時のそれ以外の体験も、ごくわずかしか伝えられなかった。『夜と霧（*Nuit et Brouillard*）』に関連づけて、オランダが「過去の克服」に向かうことも頓挫した。ドイツとは異なり、オランダ軍兵士はこの映画が否定的なイメージを映し出しているとは思わなかった。オランダの見地からすれば、映画に描かれた犯罪はすべてドイツの軍国主義に帰するものであった。

映画評論家でドイツ出身のH・ヴィーレクは、オランダにおける『夜と霧（*Nuit et Brouillard*）』の受容の鍵を握る人物だった。フィクトル・E・ファン・フリースラントの役割は、翻訳者にとどまらなかった。彼が翻訳者として果たした役割を過小評価すべきではないが、政治的浄化、つまりレネの映画のメッセージに沿った浄化に対し、彼が異論を唱えていたという点は、やはり踏まえて考えるべきである。また一方で、フリースラントの反独感情は『夜と霧（*Nuit et Brouillard*）』のメッセージにそぐわないことから、オランダ語版に注いだ彼の労力に対する見方も変わってくる。

『夜と霧（*Nuit et Brouillard*）』は、第二次世界大戦の考察に欠かせない重要作品の一つである。大戦の考察においては、歴史や医学の研究と並んで、文化的人工物も重要な役割を果たした。ユダヤ人迫害への関心を呼び起こした文化的人工物としては、ほかにも次の二作品が挙げられる。一つは、J・プレセールの小説『ジロンド派の夜（*De nacht der Girondijnen*）』である。一九五六年二月に執筆され、五七年にオランダの読書週間のプレゼント本として出版された。もう一つは、のちに舞台化もされた小説『絞首台への行進（*Opmars naar de galg*）』（一九五八・五九年）である（Kristel 1998: 235）。歴史家の間では、戦時中の出来事についてオランダで関心が高まったのは、一九五〇年代後半だったという結論に達したが、これもやはり、『夜と霧（*Nuit et Brouillard*）』との関係を踏まえて考慮する必要がある。もっとも、逆説的ではあるが、大半の刊行物はせいぜいこの映画の概略にすぎないとも言える。

意見記事、議論を活性化することを意図したその他論説、（自己）内省の兆候は、『夜と霧（*Nuit et Brouillard*）』に関連して、オランダに現れることはなかった。だが、及ばぬ点があったとしても、この映画に対するオランダの関心は、一九五〇年代半ばのオランダで犠牲者の窮状に以前より注目が寄せられたことを裏づける、重要な論拠となる。一方で、政府の支援が得られなかったことに一因があるのだが、映画に関する議論や普及、教育制度への導入は、その後継続的に行なわれなかった。この事実から、『夜と霧

（*Nuit et Brouillard*）』が及ぼした影響は単に一時的なものだと軽んじられるおそれがある。それは、人がどのようなものの見方をするかという、記憶の弁証法につきものの問題である。とはいえ、『夜と霧（*Nuit et Brouillard*）』は、大戦についてある種のイメージを創造する一助となり、その歴史叙述を補助する役割を担ったのである。

第七章　アメリカにおける『夜と霧』の軌跡

ウォーレン・ルブリン

青年よ、まず観念をとらえることから、始めよ
この創造物の、この創造された世界の、
とても想像の及ばぬ太陽という観念を。

再び無知な男にならねばならぬ
無知な目で再び太陽を見るならば
その観念で太陽がはっきりと見える。

――「抽象的でなくてはならぬ」
ウォレス・スティーヴンズ

アメリカにおけるホロコーストの受容を考察する際に重要になるのは、ホロコーストについてほとんど知らないアメリカ人が、ホロコーストとその教訓が不可欠だとまで思うほど、ホロコーストを気にかけて

いるように見えるのはなぜかという問題である。ホロコーストの教訓には、寛容や共存の教育にホロコーストを利用したいという欲求が、たいてい絡んでいるものだ。このようにホロコーストを道具として利用することは、アラン・レネの『夜と霧（*Nuit et Brouillard*）』（一九五五年）がナレーションで投げかけた次の疑問と、根本的に反する。「収容所を築いた人々は嫌悪し、そこで苦しんだ人々は思い出したくもないというのに、このような収容所の現実に何が残存するのか、どうやって見つけるというのか？」この問いはわたしたちを振り返らせ、収容所の「現実」をいかに究明し発見するのか考えさせる。その場合にも、わたしたちに与えられるのは「残存物」だけである。

『夜と霧（*Night and Fog*）』の影響と受容を研究することは、「神聖ローマ帝国は、神聖でもなければローマ的でもなく帝国でもない」というヴォルテールの有名な警句について考えることと似ている。それでも帝国は千年も生き永らえ、肝心のアイデンティティが欠如していたにもかかわらず、帝国が現実に存続するうえで、その理論的不可能性は障壁とならなかった。レネのこの作品は、営利目的で米国市場に配給されることはなかったし、制作や配給の直後に、ただちに目に見える影響を及ぼすこともなかった。しかし、『夜と霧（*Night and Fog*）』は、ホロコースト描写のリアリズムの運命にとっては、指標とも言える存在であり、アメリカにおけるホロコーストの映画と文学の表象に、過去も現在も目に見えない影響力を行使している。証言とナラティブがホロコーストの表象と追憶を形成する昨今の状況に対して、この映画はそれとは異なる概念化を提示する。

『夜と霧（*Night and Fog*）』はかつて学校教材として広く用いられていたが、意外にも、現在では教材としては避けるべきだとされている。〝強制収容所の世界〟の残骸や、山積みにされた遺体がブルドーザーで収容所の集団墓地に押し込まれる映像など、生々しい描写が瑕疵と見られているのだ。奇妙なことに、公開後まもない時期に書かれたアメリカの批評記事には、映画の抑制の利いた表現を称賛する記事もあった。「しかし、何と言ってもこの映画の持つ力は冷静で思慮深い調子にある」（Anon.1960m）。当時の人々は映画の残虐行為について、現代人とはかなり異なる受け止め方をしていたようだ。

最近テレビでよく流れる、アメリカの衣料品店オールドネイビーのコマーシャルがある。大講義室で教授の授業を聞いていた若い女性が突然立ち上がり、感動のあまり大声で言う。「歴史って大好き！　何かが起きて、次にまた別のことが起きる！　順繰りなのね！　みんなで勉強しましょ！」彼女が歴史に感動したのは、年代記と呼ばれる歴史記述形式にほかならない。アメリカの哲学者ベレル・ラング（2000）は、ホロコーストの表象に適した唯一の形式は年代記だと主張したが、(1)『夜と霧（*Night and Fog*）』は、視聴者と作品の地平を融合させるほうに大きな力を注いでいる。けれども、オールドネイビーのジーンズに安心感を与えるのは、このように安全かつ確実な、年代記形式による歴史的事象の具象化なのだろう。本書にとってそれにも増して重要な課題は、歴史の年代記形式と、一九五〇年代後半にアメリカで発生したホロコースト表象との関連性である。レネの映画の持つ意欲的な詩的リアリズムと、ホロコーストに対するアメリカの初期対応との関係から、現在優勢となっている概念化とはまるで異なる考古学について、多くのことが明らかになる。

近年、ホロコーストの多様な要素、ならびに視覚芸術と文学におけるホロコースト表象に関する刊行物が、堰を切ったように世に出ている。アメリカではこうした議論が、映画やテレビ、文学の世界のホロコースト表象に関する幅広い研究を生み出してきた。そのうえ、ホロコーストの「アメリカ化」と呼ばれる現象に取り組む重大な研究もある。本章では、一九五〇年代後半から現在に至るまで、アメリカがホロコーストをどう扱ったかに絡めて、『夜と霧（*Night and Fog*）』を検証する。

一九五六年のカンヌ映画祭出品禁止から数年にわたり、『夜と霧（*Night and Fog*）』をめぐる騒動が続いたが、そのような騒動はアメリカでは起きなかった。結局、映画はフランスでもドイツでも上映され、大きな議論の的になった。

アメリカにおける『夜と霧（*Night and Fog*）』の受容と影響には、フランスとドイツで見られた緊急性と深刻な利害関係は本質的に存在しない。初上映から丸四年がたった一九六〇年の夏まで、『夜と霧（*Night and Fog*）』はアメリカで公開されなかった。この年に、レニ・リーフェンシュタール監督の『意志の勝利（*Triumph of the Will*）』（一九三五年）がニューヨーク市の映画館で上映され、千人近い観客を集めた（Archer 1960）。リーフェンシュタールの映画はナチスの思想に共鳴を示す内容だと考えられていたので、シネクラブの理事たちは、上映作品の釣り合いを取るために『夜と霧（*Night and Fog*）』も上映することに決めた。当時『二十四時間の情事（*Hiroshima, Mon Amour*）』（一九五九年）を撮影したばかりのレネは、少数の熱心なファンの間で知名度があった。よって、『夜と霧（*Night and Fog*）』を上映することにより、いくらかプログラムにイデオロギー的〝バランス〟を図れるのではないかと、シネクラブの理事たちは考えたのだ。上映プログラムの決定に責任を負っていた近隣映画館の館長は、リーフェンシュタールの映画の観客について、「行儀良く、映画に高い関心を寄せており、政治色はない」（同前からの引用）と述べた。

その年のうちに、『夜と霧（*Night and Fog*）』はニューヨークで再上映されることになった。シネクラブのシネマ16は当初、『彫像もまた死す（*Les statues meurent aussi*）』（一九五三年）という、やはり議論を呼んだレネの監督作品を、一九六〇年十二月七日に上映する予定だった。[2] これは、ヨーロッパ文化がアフリカ芸術に与えた影響をテーマにした、ドキュメンタリー映画である。ところが、上映日まで二週間を切ったときになってプロデューサーが手を引き、アメリカ上映の唯一の機会が潰えてしまった。プロデューサーが手を引いた理由は、「映画が政治的な観点から植民地主義を批判している」（Thompson 1960: 13 に引用）からだと、シネマ16の代表エイモス・ヴォーゲルは告げた。この映画の穴埋めとして、『夜と霧（*Night and Fog*）』が上映されたのである。

一九六二年四月、『二十四時間の情事』のリバイバル上映にともない、『夜と霧（*Night and Fog*）』の上映が決定したと発表された。アメリカで商業上映されるのは、これが初めてだった。こうして制作から七年、〝カンヌの騒動〟と当初ドイツで生じた動揺から六年を経て、『夜と霧（*Night and Fog*）』はごく限られたシネクラブで短期間だけ、レネが後年制作した知名度の高い長編映画の同時上映として、ようやくアメリカで日の目を見ることになった。映画制作時のレネに大きな影響を与えた、アルジェリア戦争、ならびに一九五四年のディエンビエンフーの戦いのフランス軍敗北という緊迫した二つの背景は、この頃にはもう見当たらなくなっていた。そのうえ、一九五〇年代にはナチスの戦犯とフランス人協力者が多数釈放され、戦後経済が好転しつつあった。[3] 一九六二年七月三日、ド・ゴール将軍はアルジェリアの独立を宣言した。この頃になると、『夜と霧（*Night and Fog*）』はアメリカでほとんど観られなくなっていた。当時のアメリカは、やがて悲惨な戦争へと展開するインドシナ半島に武力介入を始めたところであった。加えて言うなら、ヨーロッパに衝撃と内省をもたらし検閲対象となった映画が、アフリカ芸術に対するヨーロッパの影響を描いた映画に代わり、アメリカで上映されたという事実は興味深い。後者の映画内容は、ヨーロッパでは何ら物議を醸す要素がなく「政治色がない」とされたのに対し、アメリカでは観客に物議を醸すと判断されたのだ。

とはいえ、『夜と霧（*Night and Fog*）』に関する文献によれば、膨大な数の人々が非公式にこの映画を観たようである。ジョシュア・ハーシュは、「数百万」もの人々が映画館以外の環境でこの映画を観たと述べている。ハーシュ自身も、子ども時代にシナゴーグで『夜と霧（*Night and Fog*）』を観て脳裏に刻まれた（2004: ix）。アメリカの映画監督のアラン・パクラは、『ソフィーの選択（*Sophie's Choice*）』（一九八二年）の脚本を執筆中に、『夜と霧（*Night and Fog*）』を研究したという（Insdorf 2003: 36）。映画のフィルムは全米の個人上映会や映画クラブに貸し出された。だが、映画を観た人々の間で生じた議論や深遠な思索、恐怖については、何の記録も残っていない。アメリカがホロコーストを扱うようになった歳月の中で、『夜と霧（*Night and Fog*）』はその題名のごとく朦朧とした存在である。

近年、『夜と霧（*Night and Fog*）』は批評の世界にちょっとした返り咲きを果たした。無視されていたわけではないのだが、レネの映画は批評界の状況変化のとばっちりを受けていた。クロード・ランズマンの『ショア（*Shoah*）』（一九八五年）と、頑としてアーカイブ映像を使用しないその特徴が、記録資料を重視する映画よりも倫理的に進歩していると評価されるようになったのだ。この変化は、新たな歴史叙述の重要課題として、証言と記憶が浮上した時期とも一致していた。

証言と記憶の問題については後述するが、最近になり、『夜と霧（*Night and Fog*）』の研究が急増したことは注目に値する。中でももっとも意欲的な研究は、『夜と霧（*Night and Fog*）』を言わば「ポスト・トラウマ的映画」の元祖とみなすべきだと提唱した、ジョシュア・ハーシュの書籍（2004）である。その理由について、ハーシュは次のように述べている。

これまで何千ものホロコースト映画が制作されてきた。それは、映画のすべてのジャンルにわたると言ってもいい。たとえば、ドキュメンタリー、シネマ・ヴェリテ、ドキュドラマ、メロドラマ、伝記、自伝、実験映画、アカデミー賞受賞作品、スラップスティック・コメディ、ホラー映画、ポルノグラフィなどが、ホロコースト映画に見られる（2004: 3）。

『夜と霧（*Night and Fog*）』は、「ホロコースト映画というジャンル、第二次世界大戦後のモダニズム映画の発展、ポスト・トラウマ的映画の登場とを結びつける重要な役割」（2004: 28）を果たすと、ハーシュは主張する。トラウマやポスト・トラウマ、彼が言うポスト・トラウマ的映画についての議論に、ハーシュを巻き込むつもりはない。肝心な点は、最近になってようやく、『夜と霧（*Night and Fog*）』が収容所の趣旨を初めてありのままに描いた映画として、その意義が正しく理解されつつあるということだ。もっとも、この映画が過去四〇年にわたり批評家から浴びてきた名声を考えると、これは特段目を引くことではない。もう一つ重要な点は、ランズマンの『ショア』以降とくに好まれた証言手法に代わる手法を示しているとして、この映画が見直されていることだ。

ほかにも、『夜と霧（*Night and Fog*）』に本格的に取り組んだ最近の研究として、レネの映画が用いた記憶という策略について見事に論じた、アンドリュー・ヘバードの評論がある。ヘバードは歴史研究の現状と関連させ、『夜と霧（*Night and Fog*）』を次のように位置づけた。

最近の学問は、過去を〝嘆く〟もしくは過去と〝折り合いをつける〟必要性に同調する傾向がある。この説については多くの批評から明らかにすることができるだろうが、記憶に関するこうした所見をもっとも包括的に示唆したのは、ドミニク・ラカプラの研究とエリック・サントナーの研究だと思われる。『夜と霧

(*Night and Fog*)』は、形態的構造の観点からも、受容の歴史という観点からも、過去を嘆く、もしくは折り合いをつける必要性を批判し、かつ代替策を提示する(1997: 89–90)。

ヘバードは証言とナラティブを、映画でホロコーストを描くうえで現在必要とされる中心軸だとみなしている。『夜と霧(*Night and Fog*)』こそ、理解の可能性をまさに現実にする、第三の方法を授ける映画だと、ヘバードは考える。

公開からまもない時期に書かれた批評記事を注意しながら読むと、興味深いことがわかる。短い批評記事の何気ない文章から、当時の映画の受容が垣間見える。『ニューヨーク・タイムズ』紙は、リーフェンシュタールの『意志の勝利』との関連で、『夜と霧(*Night and Fog*)』が上映されることになった経緯を詳述した。加えて、観客の心をかき立てるリーフェンシュタールの映画の扇情主義が、レネの映画にはないと評した(Archer 1960)。物議を醸す映画とのバランスを図るために、『夜と霧(*Night and Fog*)』がふさわしいとされた所以である。これについては、シネマ16の一件も大いに参考になる。シネマ16の場合、問題を引き起こすと判断されてプログラムから外された映画の代わりに、『夜と霧(*Night and Fog*)』が上映された。『夜と霧(*Night and Fog*)』がきまって浴びた質問——誰に罪があるのか? 公平な立場を守っているのは誰か?——は、"強制収容所の世界"をユダヤ人の問題ではなく普遍的問題として扱ったことと併せて、一九六〇年代初頭まで、無難で議論を呼ばないものと考えられていた。(4)『彫像もまた死す』がシネマ16で上映中止になった理由は、内容が時事問題に関わるからだが、かつてカンヌで上映禁止になった『夜と霧(*Night and Fog*)』は、今回そのような論争を生まなかった。『夜と霧(*Night and Fog*)』の最大の業績と謳われる普遍性は、諸刃の剣であった。映画の適用範囲を広げるかに見えて、その影響力を平板にするという代

図 20　雪中のアウシュヴィッツ＝ビルケナウ強制収容所の門（© Argos Films）

償も伴うからだ。そのうえ、ナチス支配下のユダヤ人が置かれた特殊な状況を示さなかったことが、『夜と霧（*Night and Fog*）』を厄介な立場に追いやりつつあった。

一九六二年、『ニューヨーク・タイムズ・マガジン』は、レネとその監督作品をフランスの無関心と複雑さの典型だと述べた。この記事は、レネの最新作『去年マリエンバートで（*L'Année dernière à Marienbad*）』（一九六二年）の悪評が立った時期に書かれた。映画で使われた有名庭園の写真を誌面いっぱいに掲載するとともに、この作品を紹介しながら、記事はレネの過去の作品にも触れた。『夜と霧（*Night and Fog*）』については、こう評した。「ナチスの強制収容所を描いた衝撃のドキュメンタリー。人間性に潜む獣性を強調することで、ナチスではなく自分たちがこの恐怖に能動的責任があることを示し、観る者に動揺を与える」（Archer 1962: 55）。

慎重なトーンを帯び、特定の主義の政治論争とは差し当たり無縁だったことが、『夜と霧（*Night and Fog*）』を〝安全〟な映画に思わせた、という印象を、当時のアメリカの記事から強く受ける。また、全米公開時期が遅れたために、『夜と霧（*Night and Fog*）』はアメリカにおいて、トリュフォーやゴダールなどフランス人監督のヌーヴェルヴァーグ作品や、アントニオーニ、フェリーニ、ベルイマンなどヨーロッパ人監督の作品と同じグループに分類されたことも、承知しておく必要がある。精神分析的批評をする若いノーマン・ホランドは一九六二年の評論で、彼が「不可解な映画」（1962: 18）と名づけた風変わりなジャンルに、こうした監督の作品を分類した。彼はレネの最新作をからかう寸劇仕立てで、この種の映画を批評した。ある映画ファンがこう尋ねる。「もう『去年マリエンバートで』を観た？」相手は考えながら慎重に答える。「わたしには……わからない」（ibid）。要するに、ホランドはこの種の映画が引き起こす困惑の感情がなぜ喜びをもたらすのか、追究する必要があると考えていたのだ。映画の喜びというテーマを追究するのは本章の主旨とかけ離れるが、当時『夜と霧（*Night and Fog*）』が置かれていた状況から明白なのは、この映画体験の特殊性はともあれ、『夜と霧（*Night and Fog*）』が登場した文脈は、ヨーロッパの芸術映画の文脈だったということだ。芸術映画の多くは、また別の密やかな映画の喜びを与えることで知られていた。

一九六〇年代後半を迎える頃、『夜と霧（*Night and Fog*）』はアメリカ社会にさまざまなかたちで当てはめられるようになっていた。一九六七年、五〇万人を超える米兵がヴェトナムに派兵され、ヴェトナム戦争は最大の山場を迎えた。この年、戦争反対の機運を背景として『夜と霧（*Night and Fog*）』が浮上したが、その受容を表す言語はすでに変化していた。ニューヨークで起きたひときわ大きな反戦運動では、オジー・デイヴィスと妻ルビー・ディー、アラン・アルダなどの著名な芸能人を含む、数千人もの抗議者がイベントに参加した。反戦プログラム「戦争に反対する怒れるアーティスト」の一環として、『夜と霧（*Night and Fog*）』が大勢の観衆の前で上映され、ドイツの強制収容所についての「背筋が凍るような」ドキュメンタリーだと紹介された（Sullivan 1967: 34）。『夜と霧（*Night and Fog*）』のこのような利用、または状況への関連づけは、当然ながらアメリカに限ったことではなかった。だが、別の闘争が背景にある場合でも、『夜と霧（*Night and Fog*）』の持つ何らかの側面のために、この映画が利用されやすかったことは確かである。的確な表現ではないかもしれないが、『夜と霧（*Night and Fog*）』の責任と罪の問題の普遍性、とでも呼ぶべきものと、一九五〇年代を文化的背景とするその他文化的人工物との間には、表面的な類似性がある。マルクス主義理論家であるアレックス・カリニコスは、イギリスで成長した子ども時代を振り返り、こう語った。

一九五〇年代から六〇年代にかけて、周囲にユダヤ人がほとんどいない社会環境で育ったが、ナチスの犯罪については、ユダヤ人と個人的に面識のあった大人たちから聞いていた。……先の戦争についてわたしたちがどのような話をしたか、どんなものを読んだか思い起こすとき、わたしが主として抱くのは、残虐さの連続性という印象である――アウシュヴィッツについては、ナチスがユダヤ人と非ユダヤ人に与えた、さらに大きな恐怖感の一部という認識だった（2001: 387–8）。

バービー・ゼリザーはこれを「記憶喪失期間」と呼ぶ（1998）。ゼリザーによれば、この期間は一九四〇年代後半から七〇年代末まで続いた。七〇年代後半、アメリカの『ホロコースト（*Holocaust*）』（一九七八年）などを筆頭とするテレビドラマと生還者の証言が、ホロコーストの表象に不可欠になった。

ゼリザーはホロコースト写真が持つ図像的性質の役割について述べているが、これは『夜と霧（*Night and Fog*）』の初期と後期の受容と、とくに密接な関係がある。ホロコーストの有名な光景に関してゼリザーはこう指摘する。「苦悩する生存者と犠牲者の一団、有刺鉄線の向こうのやつれた顔、痛めつけられた人々の虚ろな目、拷問道具を見たとたん、わたしたちは残虐性の美学に気づく」（1998: 8）。しかし、犠牲者の無言の遺体がホロコーストの非道行為を伝えた、戦後から一九五〇年代と六〇年代を経て、そして映画の図像学とテレビ表象に関しては、テレビドラマの『ホロコースト』に始まり、ランズマンの『ショア』で終わる間に、この「残虐性の美学」は変化を遂げた。『ショア』では、証言が歴史表象の重荷を一手に引き受けた。

アメリカでホロコーストに対する世論を決定づけた主な出来事は、広く知られているものばかりだ。一九五〇年代、『アンネの日記（*The Diary of Anne Frank*）』が舞台で上演され（一九五五年）、やがて映画化され（一九五九年）、アメリカの観客に多大な影響を及ぼした。しかし、舞台の脚本をめぐり、のちに映画の脚本をめぐり論争が起きたことで、この作品は格好の研究資料となっている。一九六〇年代を迎えると、アイヒマン裁判と第三次中東戦争が、ホロコーストの重要性を高める決定的役割を果たした。一九七八年、テレビドラマ『ホロコースト』が放送され、この問題にふたたび世間の注目を集めた。ところが、『夜と霧（*Night and Fog*）』は、これまで一度もアメリカのテレビで放送されたことがないようだ。ジェフリー・シャンドラーによれば、テレビ業界は戦後まもない時期に、「アメリカの大衆文化が容易に受け入れられる歴史概念として、ホロコーストの統合を示し［た］、［そして］その出現をアメリカの言説における道徳的パラダイムとして論証し［た］」（1999:34）番組を制作した。アメリカのテレビは一九四〇年代後半から六〇年代初頭にかけて、のちにホロコーストとして知られるようになったことに取り組んだ、映画のためのフォーラムになった。当時はまだ、ナチスによるユダヤ人抹殺を全体的な戦争遂行努力と別個のものとして区別しようとする、明確な試みはなされていなかった。この点は、カリニコスの言う〝残虐の連続性〟と一致する。ホロコーストに対するユダヤ人の特殊性と、そうしたユダヤ人の側面を〝普遍的〟解釈によって無視する傾向との対立は、最初は『アンネの日記』の舞台化で、のちに映画化に関する論争で激化した。日記に書かれたユダヤ人の特殊性をめぐり、長期にわたって厄介な論争が繰り広げられた。結局、ユダヤ人の特殊性に言及した多数の箇所が舞台と映画の脚本から削除され、「ハッピーエンド」に置き換えられた。

誰が原作を脚本化するかをめぐる争いの大筋は、広く知られている。アンネの父オットー・フランクとメイヤー・レヴィンとの間の複雑な事情を、わたしたちがここで気にかける必要はない[5]。だが重要なのは、日記をどのように舞台化、のちに映画化するかを争った結果、舞台も映画もアンネがユダヤ人であるという事実を強調せずに、アンネのロマンチックな夢を前面に押し出し、ナチスのユダヤ人迫害の特殊性すらも相対化したことである。アンネ・フランクの話は、観客に慰めを与える内容にされた。

ここで、受容に関する報告、言うなれば『夜と霧（*Nuit et Brouillard*）』の視聴者の証言について、筆者の非公式な調査結果をお伝えしようと思う。これまで大勢の研究者から、その報告を文書で受け取った。『アラン・レネの夜と霧（*Nuit et Brouillard by Alain Resnais: On the Making, Reception and Functions of a Major Documentary Film*）』（一九八七年）を編集したリチャード・ラスキンは、一九五〇年代後半にニューヨークに在住していたが、映画の話を聞いた記憶はないという。ほかの研究者らは、ヨーロッパの新左翼映画の一つとして記憶している。時が移って一九七〇年代初頭、大学のキャンパスで『夜と霧（*Night and Fog*）』が上映されたときに、これはシオニストのプロパガンダを挑発する映画だ、とアラブ人教職員が非難したことを、比較宗教学研究者のディヴィッド・ブルーメンソールは覚えていた[6]。映画は一九七〇年代初頭まで、コンテンポラリー・フィルムズ／マクグロウ・ヒルによってアメリカ国内に配給された。上映にあたり、この出版社は対話形式の質問に備えて資料を準備したが、わたしはまだその資料の検討を行なっていない。配給会社の日付のない広報紙には、とくに一一年生と一二年生を視聴対象にした適切な「映画利用」についての説明がある。残念なことに、『夜と霧（*Night and Fog*）』のプロデューサーはすでに物故者で、家族の手元にも米国上映に関する記録がない。本章を執筆している時点で、昔の映画配給会社の記録は所在がわからず、数百万人が非公式な環境で映画を鑑賞したというハーシュらの話を裏づける情報も、現時点では存在しない。

参考までに筆者の経験から言うと、ホロコースト表象の主形態として証言が優勢になった結果、共感できる登場人物が映画にいないことになり、鑑賞者がこの映画を「敬遠する」という事態を招いたのではないだろうか。ホロコースト教育セミナーの講師陣の多くが、『夜と霧（*Night and Fog*）』の利用に気乗りしない理由として、この点を挙げている。これには主に二つの側面があるように思われる。一つは、この映画に関して広く知られる弱点、つまり、ホロコーストにおけるユダヤ人の特殊性を明確に示していないという点である。もう一つは、現代の表現様式の変化と密接に関係する。とくに、山積みの遺体の場面は犠牲者の人間性を損ねると考えられ、教育の現場で目的とされる一体感を難しくしている。

さて、『アンネの日記』の脚色化につきまとう緊張の類と、『夜と霧（*Night and Fog*）』の把握しづらさに伴う不安の類との間には、連続性がある。それはこの映画が、理解の可能性に疑問を投げかけているとみなせると同時に、サミュエル・ベケットが一九五〇年代に著したフィクション作品の登場人物のように、理解もしくは理解しようとする意思を義務化している、ともみなせるからだ。あるいはベケット本人が述べているように、「何も表現するものがない、それによって表現すべきものがない、そこから表現されるものがない、表現する力のない、表現したいという欲求のない、表現の義務がともなう、表現」（1965:

図 21　強制移送者の靴．アウシュヴィッツ博物館（© Argos Films）

103）とみなすことができる。『夜と霧（*Nuit et Brouillard*）』のモダニズムを特徴づけるのは、まさにこの種の寡黙なのである。これとは反対に、『ショア』は歴史的表象の証言形式という手法を取る。この作品でランズマンが採用した映画尋問形式は、従来の歴史叙述の制約を回避することを目的としている。証言、すなわち歴史の私有化は、表象の妨げを克服しうる方法なのである。フランク・アンカースミットが言うように、「ホロコーストの歴史が〝個人化される〟または〝私有化される〟かぎりにおいて――すなわち、生還者がトラウマ的経験を証言する場合で、その証言がわたしたち一人一人に向けられていると認識される場合――表象の限界を決定づける厳然たる法則が、つかのま拒まれる」（2001: 164）。

終戦直後にユダヤ人虐殺を顧みた人々は、収容所跡地で撮られたニュース映画、収容所を解放した人々の記憶、それに生還者の姿など、現在広く行き渡っているイメージに衝撃を受けた。今の時代、こうしたイメージを保管する場所は、日記、回想録、伝記、記念品、小説、戯曲や詩、批評、記念彫像や展示品、絵画、映画やビデオ、写真にまで広がっている。

現実の出来事をいかに表象するかに関しては、視覚化という至要な問題に加えて、迫真性などの重要な問題が数多く存在する。(7) ホロコーストの知識を取り巻く状況でもっとも顕著な変化は、おそらく『シンドラーのリスト（*Schindler's List*）』（一九九三年）のような、長編映画による出来事の表象が優勢になったことと、記念碑や博物館が過去二五年の間に世界中で設立され、その数を増やしたことだろう。たとえば終戦直後の時期を振り返ると、ある種の考察は如何せん不可能だったことがわかる。その一例として、建築史家のロベルト・ヤン・ファン・ペルトとキャロル・ウィリアム・ウェストフォール（1991）が発見した、「アウシュヴィッツの未来」計画とその建築図面が挙げられる。かつて、アウシュヴィッツをドイツの主要都市に変えようとする計画があった。アウシュヴィッツは、上部シレジアをドイツ化するための行政の中心地となるはずだった。この大構想にアウシュヴィッツが選ばれたのは、ヨーロッパ全土の鉄道連絡拠点だったからだ。アウシュヴィッツの未来都市構想には、ドイツ家屋の建築はもちろん、ドイツの樹木を植樹して自然をドイツ化することや、ドイツ犬用のドイツ式犬舎の建築なども含まれていた。この未来都市は、いずれスラブ地域を植民地化し奴隷労働要員を確保する、という予告だったともみなせる。

アウシュヴィッツが死の収容所に留まったのは、奴隷労働者として不適格な者が多かったからだと、ファン・ペルトとウェストフォールは主張する。ここで二人の主張に言及したのは、終戦直後の時期に、こうした構想や建築図面が〝既知の事柄〟として知られていなかったことを指摘したいからだ。建築構想の概念はかくも異なるのだ。想定されていた内容も意図もその後変化した。収容所を設計した専門家の想定は、映画の残虐行為を重視する視聴者にはまったく顧みられなかった。こうした側面が『夜と霧（*Nuit et*

Brouillard)』から浮かび上がるのは興味深い。映画のナレーションは収容所の驚くような特徴を並べ立てる。「各収容所には意外な点がある。交響楽団、動物園、ヒムラーが希少品種の花を栽培していた温室。ブーヘンヴァルト強制収容所にあったゲーテゆかりのブナの木。収容所はこの木を囲むように建てられた。孤児院が一時的に開かれ、閉鎖されてはしょっちゅう再開された」。

これが根本的に提起する哲学的問題は、要するにこういうことだ。わたしたちが過去の真実として歴史的過去とみなしていることは、現実的な意味において真実なのだろうか？　あるいは、別の言い方をすればこうなる。事象には経緯があるが、わたしたちが関心を向けるだけで、事象に付される意味は、その事象に集中するか分配される。一見したところ、ホロコーストの表象の問題は一般化された表象史の文化的遺物という印象を受ける。それについては一応、プラトンの時代からたどれるようだ。その歴史について簡単にひもとくと、このミクロレベルにかぎってのことだが、内部と外部、心と世界という、人間の性質の二重性を定義づける関係の特徴とも言える動きが示されている。まず古代ギリシアのミメーシスという概念から始めよう。ミメーシスとは、「イデア」すなわち抽象概念と感知可能な事物との関係の見地から自然界を説明するために用いられた概念で、このようなイデアの印象や反映あるいは模倣のことである。プラトンにとって、このような表象（形相または中世思想の普遍概念）は架空のものである(8)。

その後、かなり時代が下って十七世紀を迎えると、ミメーシスの概念に代わり、表象の概念が知識の性質を説明する手段となった。表象の概念はその頃までに数々の変化を経ていた。スコラ学の思想では、表象とはキリスト教徒とキリストの間に起きる神秘的な具象化のようなものを意味した。現代では、とくにホロコーストに関連した場合には、社会科学と人文科学研究の解釈理論が時間とともにいくつもの学派に分かれるにしたがい、表象における問題やジレンマまたは危機は、文化的生産物全般に及ぶようになってきた。これにはあらゆる造形美術が含まれる。終戦直後は必然的に、戦後の余波の対処のほうに思考をめぐらすことが求められた。つまり、各収容所を把握し、ヨーロッパのユダヤ人絶滅計画の全体像と一貫性について突き止める必要があった。だが、やがて二次的現象に対して、端的に言えばホロコーストの一部について表現または描写しようとする、それどころか再現しようとする映像や作品に対して、関心が向けられるようになった。

ホロコーストに関しては、筆舌に尽くしがたい、名状しがたい、言語に絶するという声が、研究の早い段階から広まった。これと同じ趣旨の〝虚無《ル・ネアン》〟、不条理、存在の無意味——概して不在と空虚の概念——が、文学や哲学、芸術に広まったのも偶然ではない。ホランドが一九六三年の評論で述べた「不可解な映画」は、『夜と霧（*Night and Fog*）』がアメリカで六〇年代初頭に置かれていた文学的背景の一部だった。抽象画家のマーク・ロスコの作品に考察を加えると、発光色で描かれた四角形の色面は、視覚的想像の真髄としての深遠で神秘的な豊かさを示しているように、あるいは、濃密な色彩でいて実体の深奥の部分で茫洋とする、完全に飽和した視覚的色面のように見える。不在、喪失、欠乏が〝漂って〟おり、それは第二次世界大戦直後のあの時代全般の背景を構成していた。

だが、ホロコースト特有の恐怖が、なぜこれほど多くの複雑な議論をその表象に対して生み出すのかについては、依然として詳論が待たれる。本章で論じたように、『夜と霧（*Nuit et Brouillard*）』は確かに反表象主義的視点に立つ傾向がある。塹壕戦を繰り広げ、毒ガス攻撃や大量殺戮を起こしながら、第一次世界大戦の恐怖からは生まれなかったこの反神義論が、この種の理論を生み出さなかったのはなぜだろうか？テオドール・アドルノが、アウシュヴィッツ以降詩を書くことは「野蛮」であると述べたことはよく知られている。この言明は、表象の可能性というよりも、むしろ表象の妥当性、つまり芸術鑑賞という観点で喜びをもたらす表象を創造することの倫理的状況に関係する、新たな思考を指すものである。アドルノの前にさらなる問題が現れる。「美的様式の基準や合唱隊の厳粛な祈りでさえ、思いもよらぬことに何らかの意味があったかのごとく思わせる。するとそれは変貌を遂げて、恐怖はいくらか取り除かれる」（Trezise 2001: 44）。思いもよらぬことに意味を与えるべきではないというこの倫理的な思考は、アドルノ（1985）がサミュエル・ベケットの戯曲『勝負の終わり（*Endgame*）』について述べた評論で、さらに明確に示される。

空虚な歴史とは何か？　空虚な歴史はいかにして再結合を果たせるのか？　この問いの答えを知る者はいない。わたしたちにあるのは、さまざまな表象戦略と哲学と理論を統合した慣行である。筆者は本章で、表象戦略の拡散が抑制不能であるという認識を、ほんのわずかしか伝えることができない。歴史に影響を与えようとするあからさまな方法の一つに、記念建造物の建設がある。「先のことなどお構いなしに博物館と記念館が建てられていた」（1995: 253）と特徴づけられる、一九七〇年代から八〇年代にかけてのあの時期に、過去への執着がなぜ生じたのか、アンドレアス・ヒュイッセンは二つの理由を挙げている。その説明において、心に痛手を与える過去に個人的に同調する行為とは対照的な、いわば記憶のポ
ス
とも呼ぶべきことに言及する。

個々の生存者の苦しみに対し、無言で畏敬を示すことが求められるかもしれない。だがそれは、たとえ根本的に何か思いもよらぬこと、表現できないことが歴史的事象にあるとしても、その歴史的事象の言説的戦略としては誤りである（1995: 256）。

わたしたちはもはや、これが示唆する問題をはるかに越えたところにいる。世界中が解釈に注力したかの

ように、ホロコーストの説明と再説明を特徴とする表象が至るところで行なわれたかのように、この議論は展開してきた。だが、国家レベルの想像力にしばしば目を留めると、ホロコーストの記憶の種類、野心、イデオロギーは、国ごとに著しく異なることがわかる。この問題に取り組んだジェームズ・E・ヤング（1993）は、国別にテーマを整理して優れた研究成果を上げた。ドイツの記憶は曖昧さを、ポーランドの記憶は絶滅の現場跡地を、イスラエルの記憶は民族的贖いという神話を、アメリカの記憶はアイデンティティのポリティックスを特徴とする。検討された実例は国ごとに著しく異なるので、テーマの一般化は、多種多様な種類の記憶を示す指針にすぎない。要するにわたしが言いたいのは、ホロコーストへの多岐にわたる反応を特徴づけることは、現時点では不可能かもしれないということだ。これはわたしの直感にすぎないが、現在編まれている多くのアンソロジーを検討すると、ホロコーストに関するものはどれも、熾烈な競争を繰り広げる専門研究分野の轍《わだち》をたどっているので、表象の分野で〝優勢〟を占めるものを見つけにくいのではないだろうか。

このような文脈において、表象と経験にとって問題となるものは何だろうか？　どの経験が、誰の経験が表象されるのか？　表象の種類はどのようなものか？　その中核をなす鮮やかな洞察がどれほど異なろうとも、経験自体が制限を課す（アドルノとラングの立場）のだろうか？　その制限の性質はどのようなものか？　物事をどのように表象できるのか、また表象すべきなのか？　スピルバーグの『シンドラーのリスト』のような作品に対するランズマンの批評にも、第二戒という神学的な言及により表象を禁ずる言葉が含まれていた。ホロコーストはほかのものに帰し得ない「異質」な出来事なのだから、実質的に歴史の外に位置する、とランズマンは言う。帰すことのできない異質な側面を、芸術活動で克服しながらいかに尊重するかは、表象にとって難題である。言うまでもなく、ランズマンの答えは自らが監督した映画『シヨア』だった。この作品をはじめとして、故意に非表象主義的、非象徴的であり、〝閉ざされたエクリチュール〟（Hansen 2001: 134）がある作品は、意図するストーリーを語るために映画との一体感を図るという、おなじみの比喩的用法に頼る映画と比べ、ホロコーストの同化不能な事実をとらえる（適切な動詞を探し求める）立場に置かれる傾向がある。だが、ランズマンの芸術的実践である否定神学は、このような検討がされないままである。

ウィリアム・ロスマンは『夜と霧（*Night and Fog*）』に関する見事な評論をまとめ、映画制作企画の根底にある哀愁を帯びたリアリズムに注目した。

> 『夜と霧（*Night and Fog*）』は……映画のこうした背景を〝真の側面〟に戻すことを、過去の世界の現実を取り戻すことを約束する（この過去をかつてと同じ状態にするために、もしくはその過去がつねに存在していたことをわたしたちに気づかせるために）。……過去の世界の現実を取り戻すと約束するとき、『夜と霧（*Night and Fog*）』は、現在がふたたび現実の世界になれるように、現在の現実を取り戻すことも約束する。（1997: 49）

映画のホロコースト表象という広範にわたる分野を体系づけた、ほぼ明確な時間的パラダイムが存在するという認識に話を戻そう。そのもっとも一般的な区分は、戦後から、ホロコースト表象の性質の変化が認められる一九六〇年代初頭にかけての期間である。六〇年代初めになると、『夜と霧（*Nuit et Brouillard*）』など戦後早い時期に制作された作品が、ホロコーストのユダヤ人迫害や、強制収容所と死の収容所との区別をはっきり描かなかったことが明るみに出るようになった。またアイヒマン裁判は、ドイツによるジェノサイドの性質について、世論に新たな認識をもたらした。このように、かつて歴史認識されていなかったことが露呈し、世界的には、少なくともマッカーシズムに具現化されていた冷戦の緊張緩和、生還者の高齢化、若者文化の台頭などの変化が見られた。アメリカで『夜と霧（*Night and Fog*）』が知られるようになったのは、この時期である。レネと交流のあるヨーロッパの映画監督の間に形式主義の実験が広まったのも、この頃である。『夜と霧（*Nuit et Brouillard*）』の形式主義的性質について、レネはかつてこう語った。「この作品にわたしたちを駆り立てたのは、「このようなテーマを用いて形式主義の研究を行う権利が自分たちにあるのか?」という考えだった。しかし、おそらくその要素があったほうが、多くの人が映画を観てくれるかもしれない。わたしにとっては、形式主義が意思を伝える唯一の方法なのだ」（Insdorf 2003: 201に引用）。形式主義がその後どう変化したにせよ、テレビドラマ『ホロコースト』が放送された一九七八年頃、形式主義はコミュニケーション様式として好ましいものではなかった。当時、ランズマンはすでに映画『ショア』の制作に着手していた。やがてこの映画は、『夜と霧（*Nuit et Brouillard*）』の美学とはまったく相容れない表象主義の理念を打ち出すことになった。

一九五〇年代、西洋社会の表現の領域において、当時の自己理解の中心として、ホロコーストがまだ決定的役割を担っていなかったことは明らかである。歴史理論家のフランク・アンカースミットは問いかける。「発生からおよそ五〇年後、ホロコーストが突如として歴史理論において中心的立場を得たのはなぜか?」（2001: 160）。これに対するアンカースミットの答えは、熱心に歴史の授業を聞き、その編年的性質を理解したときに興奮して叫んだ、コマーシャルの若い女性を彷彿とさせる。アンカースミットにとって、歴史理論に対するホロコーストの中心的立場は、歴史的思考における「言語論的転回」の過去数十年にわたる衰運と結びついている。言語論的転回の指標としてよく知られているのは、次の通りである。主題の構造におけるディスクールの重要性というフーコーの概念（および彼がそれ以前に唱えた認識変容の概念）、デリダの有名な、あるいは悪名高い「テクスト外なるものは存在しない（il n'y a pas dehors texte）」という発言、ローティのプラグマティズム、それに、歴史叙述にとって中核をなすヘイドン・ホワイトの比喩法である。アンカースミットは、こうしたさまざまな哲学的研究に共通する「言語論的超越主義」が、ホロコーストの事実性と出会ったという説を唱えた。またナオミ・マンデルは次のように述べている。

言語に絶することを修辞することは、倫理的実践としての修辞的パフォーマンスの虚構を助長する。言語の限界に向かう雄弁なジェスチャーが、〝道義的優位〟など一度たりとも存在しない、苦痛に満ちた、道徳的に危うい現実との不快な取り組みに取って代わるからだ（2001: 228）。

このような理由から、言い表せないことを修辞するかぎり、『夜と霧（*Nuit et Brouillard*）』はアウシュヴィッツに責任のある者たちが実際に犯した罪を曖昧にすると、映画を批判する人々は訴える。このような言い分は、現在に至るまで『夜と霧（*Nuit et Brouillard*）』批判の一角を占めており、言語に絶することを修辞することには、感覚に訴えるという特徴がある。このようにして、表象がいかにして失敗する定めにあるのかにまで言及してゆけば、際限がなくなる。しかし、証言ならびに歴史表象の証言形式が優勢な時期に、『夜と霧（*Nuit et Brouillard*）』に新たな解釈が生まれてきている。最近、レネのこの名作にふたたび批評家の注目が集まっているが、これは、歴史表象に証言を用いる手法が優勢だった時代から脱して、ホロコースト映画の前段階にあたる優れた作品が積極的に活用されるようになる兆候だろう。

『夜と霧（*Night and Fog*）』の、または何らかの文化的存在の受容史を評価する際に見られる矛盾は、他文化に適応しやすい視聴者と、たとえナレーターの解説による声だけの結びつきであっても、過去との個人的結びつきを演出する作品との間に、わたしたちが密接な関係を見つけ出そうとすることだ。要するに、わたしたちは彼らの証言を求めているのだ。アドルノは著書『美の理論（*Aesthetic Theory*）』〔河出書房新社、二〇〇七年〕で、「芸術作品の謎めいたところは芸術作品の断ち切られている状態にほかならない」（1997: 184）〔『美の理論』河出書房新社より引用〕と述べた。そういう意味では、芸術作品は過去の痕跡のようなものを背負っている。収容所の発見を経て、歴史的範疇としての個人や個性の直接性までも、あらゆるものが破壊された歴史的状況を経たのちに存在する世界において、意味と無意味がそれぞれ媒介されなくてはならない不条理な立場に置かれた世界において、そのような世界において、芸術は疎外された主観性という唯我論的で相容れない現実しか描くことができない、とアドルノ主張する。このような世界において、第二次世界大戦にヨーロッパとは物理的にまったく異なる関わり方をしたアメリカでは、『夜と霧（*Night and Fog*）』は強制収容所の理解の可能性を問題視する映画としてみなされていたことがわかる。アンドリュー・ヘバードが言うように、『夜と霧（*Night and Fog*）』は「過去のみならず、現在に存在する過去を……取り戻す」（1997: 100）ことを試みた映画であった。『夜と霧（*Night and Fog*）』がアメリカに受容されてまもない時期に目立ったのは、映画のこの内省的な側面である。

一九五〇年代後半から六〇年代後半にかけての過渡期のアメリカにおいて、〝強制収容所の世界〟の基本的側面の理解を深める過程で、『夜と霧（*Night and Fog*）』が果たした役割を特定することは難しい。ジェフリー・シャンドラー（1999）は、ホロコーストに関してもっとも影響力が大きく説得力のある行為遂行的発言をしたのは、戦後のドキュメンタリーではなく、当初は生放送だったテレビドラマだったと明快に論じた。重大な影響を与えた作品とは、一九五〇年代に放送された『アンネの日記』のドラマと、一九五〇年代後半から六〇年代はじめにかけて放送された、パディ・チャイエフスキーや、ロッド・サーリング（『トワイライト・ゾーン（*The Twilight Zone*）』の脚本で有名）、ゴア・ヴィダルなどの作家が脚本を手がけたアンソロジー・シリーズである。一九六一年公開の『ニュールンベルグ裁判（*Judgment at Nuremberg*）』はスタンリー・クレイマー監督の映画として有名だが、最初は一九五九年にテレビドラマとして放送された。『ニュールンベルグ裁判』から連続ドラマ『ホロコースト』が放送されるまでの間に、いくつか相反する傾向が見られる。ヴェトナム反戦機運の高まりに利用されたことからもわかるように、『夜と霧（*Night and Fog*）』は精巧な対位法的側面から離れて、反戦活動を支持する作品とみなされるようになった。そのほんの五年前には、議論を呼ぶ要素はないとされ、反コロニアル的見地のせいで不安視された、レネの別の作品の代わりに上映されたばかりだった。

一方でテレビ局は、ナチスの強制収容所の米国人捕虜を描いたシチュエーション・コメディ、『ＯＫ捕虜収容所（*Hogan's Heroes*）』（ＣＢＳ、一九六五―七一年）を制作し、メル・ブルックスは一九六八年公開の映画『プロデューサーズ（*The Producers*）』を監督した。戦争の諸相を扱う境界線は現在も拡大しており、ホロコーストを道具化する傾向は、それに反対する声とともに、強まる一方である。『ホロコースト』に対する一九七〇年代末の反応は、一世代前ならこの種の不敬を免れていたジャンルの作品の急増により生じた、時代遅れの反応とみなすことができる。このドラマに対する非難は、それ以前の一五年間に増加する一方だったホロコーストの道具化の重みに耐えた反動と言えるかもしれない。

『夜と霧（*Night and Fog*）』がヴェトナム戦争に利用されたことに、芸術と社会の行き詰まりの様相がよく見て取れる。すなわち、映画が一つの〝メッセージ〟に矮小化されるまで、その基本的側面が歪められているということだ。だが別の見方をすれば、あらゆる利用を不正とするならば、映画には汲むべきものが何もないということになる。この両極端な姿勢の間に、『夜と霧（*Night and Fog*）』の人道性を明確にする、理解と応用の精妙な弁証法が存在する。授業での使用が難しいのに、筆者が学生や教師とともに引き続きこの映画を用いる理由は、大きな苦しみに満ちた出来事、および正義感と集合的エネルギーを結びつける唯一の機会の証人になるという、得がたくも本質的な教訓を授けてくれるからだ。

終章　（ホロコーストの）記憶をたどり、記憶の問題を読み直す

エーヴァウト・ファン・デル・クナープ

I

『夜と霧（*Nuit et Brouillard*）』の受容と道具化を考察すると、アラン・レネのこの映画は、一九五〇年代半ば以降にホロコーストの記念碑を構築したことが明らかになる。もちろん、それがすべての国にあてはまるわけではない。たとえばポーランドでは、カトリック教会と共産主義者による抑圧のためか、『夜と霧（*Nuit et Brouillard*）』はほとんど取り上げられなかった。めったに上映されなかったうえに、ポーランドのテレビ局でこの映画が放送されたことは、これまでに一度もない。ほかの国では、『夜と霧（*Nuit et Brouillard*）』はまず映画館や学校で上映されて人々の記憶を育み、やがてビデオの出現で家庭や博物館でも視聴できるようになった。「この映画がフランス以外の国で観られるようになったのは、一九六一年以降である」（Krantz 1985: 13）とする説を、本書は断固として否定する。

中には、検閲が映像やナレーションの修正を求めた国もあったが（前者はイギリスとフランス、後者はドイ

ツ）、その場合は、レネは細かいがそれとわかる修正を加えた。『夜と霧（*Nuit et Brouillard*）』が教育の場でどのように用いられたかを精察すると、文化的・社会的力学についてはもちろん、記憶と歴史叙述の概念がいかに大衆レベルで生じたかについてもわかる。残虐行為を記憶する道徳的義務（Margalit 2002: 78）にもかかわらず、『夜と霧（*Nuit et Brouillard*）』の受容の事例からは、たとえばユダヤ人絶滅は多くの共同体の共通の記憶の一部ではあるが、すべての共同体が共有する記憶の一部ではなかったことが明らかになる。これはつまり、自分たちの記憶の一部、または自分たちの集合性にとって不可欠なものを、すべての共同体が伝えているとはかぎらないということである（共通の記憶と共有する記憶の違いについては、次を参照のこと。Margalit 2002: 51）。

集合的記憶を観察する者は、ホロコーストの伝達の失敗、およびホロコーストの記憶の保存について、絶えず不安を抱くことになる。プリーモ・レーヴィのような作家たちは、ホロコーストの知識や思索について懐疑的、ときには悲観的な見解を示してきたが、現在では、人間の脳以外の場所に知識を保存し、それにより記憶を忘失しやすいデジタル社会についての不安が取り沙汰されている。こうした言説の一環として、視聴覚アーカイブをいかに評価し、道具利用するかという問題がある。『夜と霧（*Nuit et Brouillard*）』の英語字幕版が一九六〇年に配給されたが、これがイギリスのホロコースト教育に火をつけることはなかった。この映画は現在に至るまで、学校の教育課程をはじめとするイギリスの教育環境には導入されていない。イギリスの教育における『夜と霧（*Nuit et Brouillard*）』の存在感の欠如は、近年実施された「郵送による全英標本調査」で、次のような気がかりな結果が出たことを念頭に置いて考えると、衝撃的である。

成人の半数近く（四五パーセント）はアウシュヴィッツについて聞いたこともないとされる。女性および三十五歳以下の人々の間では六〇パーセントと、その割合はさらに高くなる。アウシュヴィッツを聞いたことがある人たちの七〇パーセントは、その問題についてあまり多くを知らないと思っている。成人の大半（七六パーセント）は、アウシュヴィッツが当初はポーランド人政治犯を収監するために設立された強制収容所だったことを知らず、成人の多数（七四パーセント）が、ユダヤ人以外も収容所で殺害されたことを知らなかった。アウシュヴィッツ収容所の所長の名前を聞いたことがある人、戦争末期に誰が収容所を解放したのかについて知っている人は、ごく少数しかいなかった。(1)

イギリスのこの調査結果は、別の衝撃的な世論調査を思い起こさせる。たとえば、一九九八年にアメリカ・ホロコースト記念館が実施した調査は、アメリカ人にとってホロコーストの概念がいかに希薄かを示すものだった（Apel 2002: 9）。アメリカでは、ホロコーストは国家的ナラティブを構成する要素ではないようである。ピーター・ノヴィックが強調するように、ホロコーストは言うまでもなく「ユダヤ系アメリカ人のナラティブの核心部分」（2003: 31）であるが、記念式典や博物館、ホロコースト教育は、「ユダヤ人の個人的な主導」（2003: 32）により実現したのであり、ユダヤ人組織が上げた成果ではない。

ホロコーストに直面したとき、アメリカ人は言葉を失った。アメリカに新たに移住したユダヤ人は、記憶の喪失と戦った。それは、ハリウッドがホロコーストをテーマにした映画制作に乗り出すかなり前のことだ。アメリカ映画『シンギング・イン・ザ・ダーク（*Singing in the Dark*）』（マックス・ノセック監督、一九五六年）は、アメリカ人のホロコーストの認識に沈黙があったことを明らかにすると同時に、その事実を裏づける。一九五六年の春、『夜と霧（*Nuit et Brouillard*）』が成功を収め、かつ物議を醸した時期に、記憶を喪失したホロコースト犠牲者を描いた『シンギング・イン・ザ・ダーク』が公開された。主役を演じたのは、

ＭＧＭの反ナチス映画『ソング・オブ・ロシア（*Song of Russia*）』（グレゴリー・ラトフ監督、一九四三年）にも出演し歌を披露した、伝説的歌手モイッシュ・オイシャーだった。寡黙な主人公が記憶を一部取り戻し、あるときから急に人前で歌い出す。しかし――『夜と霧（*Nuit et Brouillard*）』の場合とは異なり――観客の記憶は活性化しなかった。過去に起きたことを大勢が理解するようになったのは、スタンリー・クレイマー監督がスター俳優を多数起用した『ニュールンベルグ裁判』（一九六一年）の法廷の場面を観たときだった。アメリカにおける『夜と霧（*Night and Fog*）』の遅まきの受容は、「アメリカの夜（Nuit américaine）」[2]という撮影手法を彷彿とさせる。特殊なフィルターを用いて昼間に夜のシーンを撮影する手法のことで、まだ日が高くても夜の帳が下りたかのように、役者は夜のシーンを演じられるのだが、『夜と霧（*Night and Fog*）』を観たことがないアメリカ人は、暗黒面のビジョンを育むことができなかった。これは、アメリカの大学などでこの映画を観た人たちの経験とは相反する。アメリカ人作家のフランシーン・プローズ（2005）は最近、ホロコーストを記憶に留めておくために、自分たちの世代にとって『夜と霧（*Night and Fog*）』は重要であると主張した。

「ホロコーストは一九五〇年代の英米の社会と文化に対し、総体的にはほとんど影響を及ぼさなかった」（Kushner 1994: 247）が、イスラエル、フランス、ドイツ、オランダにおける『夜と霧（*Nuit et Brouillard*）』の受容からは、この映画を通して一九五〇年代にホロコーストがどのようにとらえられたのかがわかる。しかし、二〇〇五年一月の最終週、国際社会がアウシュヴィッツ解放六〇周年を迎えたとき、『夜と霧（*Nuit et Brouillard*）』は、フランスやイギリス、ドイツやオランダのテレビ局では放映されなかった。ドイツの第三チャンネルは、ランズマン監督の『ショア（*Shoah*）』を放映し、独仏共同テレビ局アルテは、マーヴィン・Ｊ・チョムスキー監督のテレビシリーズ『ホロコースト――戦争と家族（*Holocaust*）』や、ホロコーストの追想や討論などの幅広い関連番組、ホロコーストや想起すべきことを描いた映画を放送した。

その様式は各国で異なるが、ドイツ、イスラエル、フランス、オランダにおいて、ホロコーストは国家的ナラティブの一環になっている。『夜と霧（*Nuit et Brouillard*）』は、それに対して単なる内集団以上の影響を与え、いくらか貢献を果たした。とくにドイツの場合は、この映画から歴史の情報を獲得した。『夜と霧（*Nuit et Brouillard*）』との対峙がホロコーストに関する初めての情報源だったと、多くの知識人は語る。映画は彼らに消すことのできない記憶を残すとともに、彼らの政治意識の糧となって、一九六七年から六八年にかけて顕在化した。イスラエルの場合、その記憶政策は望むと望まざるとにかかわらず、ホロコーストの記憶に関するその他の言説を抑制してきた。イスラエルでは長年、外国の文化的記憶は容認されなかった。ついに容認されたとき、輸入された〝異質の〟文化的記憶は、傷ついた集合的記憶をこれ以上変化させられないほど、私的記憶にも公的記憶にも影響を及ぼした。フランスの場合、公開後ほぼ即座に、そしてレジスタンス神話の崩壊以降はとくに、この映画はホロコーストを記念する文化作品の仲間入りを果たした。そのために政治的な道具と化し、自然の成り行きとして、実りある結果をもたらさなかったと思われる。オランダでは、すぐにオランダ語吹替え版が制作されたが、ドイツほどには、政治的儀式や文化的記憶の一部にはならなかった。オリジナルであれ吹替えであれ、こんにちに至るまで、この映画がオランダのテレビ局で一度も放映されていないという事実が、それを物語る。

II

一九一一年、フランツ・カフカはふと小耳にはさんだ忠告を日記に書き留めた。人智学の創唱者ルドルフ・シュタイナーは、「ひどい記憶」があるという女性患者にこう忠告したという。「卵を食べてはいけません（Essen Sie keine Eier）」（Kafka 1973: 38）。食事指導が集合体の記憶の最適化に役立つならば、記憶の理解に取り組んだ多数の書物は必要ない。

本書で紹介した事例研究は、一本の映画によって前面に押し出される、記憶に関連するいくつかの問題を提示する。記憶という行為は複雑である。わたしたちは必ずしも、個人的記憶や共同体の記憶にたどりつけるとはかぎらないし（記憶は入手しやすさにかかっている）、記憶が突如まざまざとよみがえり、驚かされることもある（記憶は完全に管理できるわけではない）。さらに言えば、記憶は理論上途絶えることがなく、状況に影響を受ける（記憶は客観的ではない）。最後に言うと、関連する記憶や経験が、わたしたちの記憶に介入したり、妨げたりすることもある（記憶は記憶の相互関係に影響を受ける）。二十一世紀に入り、記憶の隠喩表現にコンピューター関連用語が使われるようになったが、これが誤解を招いている。集合的記憶をハードディスクと考えるなら、集合的記憶は、個人が取り出し、ダウンロードし、作り直すことが可能なイメージを保管していることになる。だが、それは理論的見地にすぎない。一人一人の人間は、いたって個人的な方法でつねに記憶を選別または体験し、そのうえ記憶の再構築を行なっているのであり、単に記憶をコピーしたり選んだりしているだけではないからだ。個人が形成した記憶はかなりの程度まで、その時代の社会的・政治的背景の枠にはめられる。その記憶は、他人の記憶と結びつけられ、比較される。個人の記憶は映画によっても更新される。現代のデジタルコンテンツはＵＳＢスティックに保存されるが、ひとたび上映または放送された映画の画像や音声は、個人の記憶にしまい込まれ、当然その人なりの方法で再構築される。だが、もし戦慄するような事象、もしくはその表象がさかんに利用され、すでに目撃した別の恐怖と比較されない場合には、啓発問題や、社会の教育と情報伝達に関連づけられるようになる。スーザン・ソンタグは、目撃した人の記憶に保存された残虐行為が、目撃者に何らかの行動をとろうと考えさせるという楽観主義に異を唱えた。保存とは純粋に記録的、表面的な行為であり、集合的、深遠な記憶と混同すべきではないと、ソンタグは主張したのだ（2003: 85–6）。記憶が結びついていること、別の記憶によって喚起されること、多様な方法で伝達されることを、どうやらソンタグは見逃していたようだ（次も参照のこと。Assmann 2003: 2）。

『夜と霧（*Nuit et Brouillard*）』の受容を調査することで、過去の記念事業や多様な環境下の記憶において、文化的人工物が占める重要性（の欠如）が明らかになる。『夜と霧（*Nuit et Brouillard*）』に対して多くの国で見られる反応には、対処戦略と記憶の集団という特徴がある。実際に目撃した人々は、バランスを図るために、自分の記憶を呼び覚まし活性化させる。その他の人々（同時代と次世代の人々）は、それを自分に重ね合わせて、過去の心的表象が明らかにする隔たりを埋める。両者とも、過去と向き合うか向き合わないか、社会の暗黙の期待に合わせようという気持ちに追い込まれる。

数か国における『夜と霧（*Nuit et Brouillard*）』への対応と、映画によって飛躍的な展開が生じた国もあるという事実は、ホロコーストに関する言説が、〝べき〟と〝べからず〟に雁字搦めになっていることを、あらためて示している。過去の出来事やその影響を伝えることが、すっかり儀式化され形式偏重主義に陥っている。これを論じるには、ヤン・アスマンによる文化的記憶の分類に触れないわけにはいかない。アスマンは集合的記憶の概念を、コミュニケーション的記憶と文化的記憶の二つに分けることを提唱した。アスマンによれば、文化的記憶の概念にとって不可欠なのは、精神的指導者ないし専門性の高い知的指導者による、ほとんど神聖なまでの献身であるという（1992: 52–3）。ホロコーストはやがて一つの出来事として、家族や内集団の中でそれに対処しようとした世代の記憶を占めるようになった（アスマンが言うところの「コミュニケーション的記憶」）。彼らはさまざまな儀式や行事でホロコーストを扱い、それはたいてい生還者と目撃者によって概念化された。ホロコーストに文化的形態で対処する行為のほうが優位に立つと、アスマンは考える。だが、文化的記憶とは、アスマンが強調するような、制度化された記憶の形態だけではないだろう。コミュニケーション的記憶も文化的記憶も、制度化された背景の中で導かれ、示されることが可能なはずである。新聞や雑誌、テレビ番組やラジオのインタビューはかなり制度化されており、定期的に家族のナラティブを扱っている。

一九五〇年代、『夜と霧（*Nuit et Brouillard*）』はコミュニケーション的記憶を呼び覚ました。映画はほとんどの国で公的記憶の一部となり、ドイツとフランスでは、瞬く間に文化的記憶になったとされる。その他の国では、後日、各国の社会がホロコーストについて自由に議論できるようになってから、あるいは映画に教育的価値があると思われるようになってから、『夜と霧（*Nuit et Brouillard*）』は文化的記憶となった。映画は反響定位《エコロケーション》として、さまざまな段階で利用できる。一九五〇年代以降、犠牲者とその親族や友人らの集団の内外で、映画はホロコーストの視覚化、表象、解釈に多大な影響を及ぼしたことが、さまざまな国での『夜と霧（*Nuit et Brouillard*）』の受容の分析からはっきりとわかる。社会がいかにホロコースト問題に対処したのかを語るときに、『夜と霧（*Nuit et Brouillard*）』を抜きに語ることはできない。言うまでもなく、コミュニケーション的記憶と文化的記憶は相互に依存する。『夜と霧（*Nuit et Brouillard*）』は、元被収容者の発する断固たる言葉としてとらえられ、同時にその言葉を基盤としている。彼らの言葉は、映画のスクリーンやテレビ画面を通して、異なる種類のコミュニケーション的記憶となる。文化的記憶が危機に瀕するとき、コミュニケーション的記憶と公的記憶が効力を発揮する。

III

記憶は世代を越えた活動であるという説を、ホロコーストの記憶の伝達に関する事例研究を示すことにより、本書で探り主張してきた。またこの研究課題は、共同体の過去についての考え方を把握するうえで、文化的人工物が理想的な物差しであるという見解も裏づける。さらに、こうした現象が、過去に対する公的、および政治的姿勢により実践される概念を伝えるという確信も提示する。

本書の寄稿者陣は、ウルフ・カンシュタイナー（2002: 25）が名づけた、「記憶の制作者」（専門家）と「記憶の消費者」（素人）に重点を置いている。カンシュタイナーは、表象を重視する記憶研究に強く賛同し、「特定の社会集団と、過去に対する彼らの認識」（2002: 192）とを結びつける。カンシュタイナーが表明する、「過去についてのどんなストーリーが誰にとって重要なのか、それがどのように広まったのか、わたしたちは突き止める必要がある」（Kansteiner 2002: 195）という責務に、筆者もまったく同感である。「どこで」「いつ」「なぜ」という質問を加えるとき、記憶研究が扱える問題は本質的なところにまで絞られると思う。

こうした事例研究がやがて別の研究に引き継がれて、ホロコーストの記憶における『夜と霧（*Nuit et Brouillard*）』の役割について、さらに発展した成果を上げることを願っている。資料が新たに発見される可能性もあるだろう。その他の共同体や別の環境での受容を明らかにする必要もある。本書は、ホロコーストの記憶における転移的立場を明るみに出した。それでも、さらに綿密に調べる価値のある側面や、『夜と霧（*Nuit et Brouillard*）』以外の文化的人工物に関連する側面も、まだまだ残されている。たとえば、この映画の普及で諸機関が果たした役割、ホロコースト教育専門家の役割、さまざまな社会集団や政治集団、民族集団におけるこの映画の存在、その他の国家（また、その他の大陸）における受容、強制収容所博物館での『夜と霧（*Nuit et Brouillard*）』の上映、などが挙げられる。

ホロコーストの社会的記憶を教え込み、詰め込み直すために、『夜と霧（*Nuit et Brouillard*）』を利用しようとした国家機関もある。これは一見トップダウン戦略のようだが、その要請はボトムアップから始まったという点は、特筆に値する。啓蒙目的の映画上映は有益なのか、この種の映画が視聴者の社会行動に好影響を与えるのか、警戒を怠らないように十年ごとに、あるいは世代ごとに映画を観る必要があるのか、当然ながら、その見通しははっきりしない。反ユダヤ主義の再燃に市民が憤慨し政治不安が生じた時代、この問題が不透明だったにもかかわらず、『夜と霧（*Nuit et Brouillard*）』は上映されてきた。現代や未来の多文化社会で生じる人種対立や宗教対立で、このような映画が何らかの役割を果たすことはあるだろうか？　たとえばヨーロッパにおける非西洋文明の受容と融合に、こうした映画が貢献できるだろうか？　西洋を理解したいと望む非西洋社会において、この種の映画がどのような役割を果たせるだろうか？

記憶とはとらえがたいものである。多くの場合、情報源として利用するには再確認する必要があり、新聞記事にするにはさらに経験的証拠が必要とされる。記憶の取り扱いに実証的データを使用する必要があることは、歴然としている（Kansteiner 2002: 194を参照のこと）。また、ホロコースト観（と一般的な過去の見方）を構築するために、正確にはどのような媒体が有益なのか、さらなる検討を加える必要がある。だが、『夜と霧（*Nuit et Brouillard*）』やその他の文化的人工物の存在がなかったら、各社会が同じような方法でホロコーストに取り組むことはなかっただろう。このように多大な影響力のある文化人工物の検証は、有益であることが判明している。したがって、文化的記憶のその他重大転機については、コミュニケーション的記憶の考察によって探る必要があるだろう。事例研究の大半は、映画を観た非専門家の意見をまとめた資料を中心に取り組んだものだ。実際問題として一筋縄ではいかないだろうが、今後は幅広い視聴者にインタビューを行ない、質問を活用して視聴者の記憶を把握することを期待したい。さまざまな国の第二世代、第三世代の人々が、この映画をどのように体験しているのか、徹底的な調査を実施して然るべきである。本書の企画によって、『夜と霧（*Nuit et Brouillard*）』がテレビで放送され、このドキュメンタリーがテレビで議論されるきっかけとなり、そしてそれが、初公開された当時に『夜と霧（*Nuit et Brouillard*）』を観た、さまざまな国の人々のインタビューを収めた映画やテレビ番組の制作につながり、さらに、そうしたインタビューがさまざまな年齢層の視聴者に届いたならば、そのときには、記憶の輪が完全に一回転したことになる。

編集部付記——日本における映画『夜と霧』の受容について

「夜と霧」と題して今度フランスで製作された記録映画は、昨年わが国で公開されたポーランド映画「アウシュヴィッツの女囚」と並んで、この死のキャンプの実相を伝える貴重な報告である。後者がセミドキュメンタリー形式をとった劇映画であるのに対して、「夜と霧」の方は純然たる記録映画で、映写時間も三十分という短いものである。……ポーランド映画には、トラックに満載された死の最終コースへ向う女囚の群から期せずしてマルセイエーズの斉唱がおこるシーンのような高潮があるが、「夜と霧」にはそうした劇的なヤマは一つもなく、解説にも画面にも煽情的あるいは叫喚的な要素は極度に抑制され、すべてがむしろ淡々とした調子で進行する。だから、この映画を観終って感ずる重苦しい圧迫感は直接的感覚的な印象から来るよりも、全体としてそれが何かしら底の知れない問題のなかに否応なくわれわれの思考をひきずり込むところに発しているように思う。聞くところによるとこの映画は税関の検閲にかかって公開を許されそうもないとのことだが、もし本当ならまことに残念だ。怪しげなエロ映画の類ならばともかく、こういう製作過程も意図も筋のとおった本格的な記録映画を果して税関の役人の判断だけで送り還していいものだろうか。この記録映画はサディズムを煽動するどころか、サディズムの組織的解放が行きつくギリギリの結末を示して、いかなるサディストをも戦慄させずにはおかない。

（安達二郎「記録映画『夜と霧』について」、『中央公論』一九五六年七月号）

一九五六年、数々のフランス映画を配給していた新外映配給株式会社は、アラン・レネの『夜と霧』を輸入しようと動いたが、東京税関で差し止められた。「あまりにも残酷で風俗公安を害す」との理由からであった。先の文章からもわかるように、ごく一部の関係者は試写を見たようだが、東京税関の措置を知った人びとは抗議の声を上げ、ニュースにもなったようだ。

神のない映画『夜と霧』：非公開となるか　大虐殺の記録（『週刊新潮』一九五六年六月十二日号）

「夜と霧」は東京税関が「残酷すぎる」と認定したため一般公開が危ぶまれていたが、十九日税関の諮問機関である輸入映画審議会で審議の結果、輸入、一般公開は不適当と答申した。……これで同映画の一般公開は不可能となったが、輸入会社の新外映では文化人、団体などから同映画を見たいという要望が強いので、非公開試写などの特殊な形で認めてもらうよう努力するといっている（『毎日新聞』一九五六年六月二十一日朝刊）

『夜と霧』の当時の映画批評には、先に挙げた安達二郎（これはペンネームで、政治学者の丸山眞男が書いたものである）のほかに映画評論家の飯島正が『映画評論』一九五六年七月号に掲載した「『夜と霧』とアラン・レネエ」があるが、映画をじっさいに観てアラン・レネの真意を読み取ったごく少数の人をのぞけば、検閲や表現の自由問題、第二次世界大戦下に起こった隠された真実を知りたいという思いがない交ぜになった現象だったのではないだろうか。

結局、『夜と霧』の日本での初公開は一九六一年。死体の山をブルドーザーで処理する場面など六ヵ所、計五七秒がカットされて一般公開された。『キネマ旬報』一九六一年十一月下旬号には、新外映配給の関係者による、先の東京税関でのやりとりの思い出も掲載されている。

ノーカット版が公開されたのは一九七二年。一九九八年以後、ＤＶＤも発売されている。

また、一九七〇年には、ジャン・ケロールのナレーションの大島辰雄による全訳が「アラン・レネ『夜と霧』」という表題で『全集・現代世界文学の発見5　抵抗から解放へ』の一編として収録、学芸書林から刊行された。

＊

本書の第六章で、一九五六年当時のオランダでは、映画『夜と霧』の上映会と書籍『第三帝国とユダヤ人』（ポリアコフ／ヴルフ編）のオランダ語版の出版が絶妙のタイミングで重なり、当時の人々にとって、この二つはほとんど区別がつかなかったようだ、と書かれているが（二〇五—六頁）、日本の場合もサイドストーリーがあるので、付け加えておく。

日本で映画『夜と霧』の輸入禁止事件が取り沙汰されていたとき、みすず書房では霜山徳爾訳によるオーストリアの精神科医・心理学者、ヴィクトール・フランクルの本の刊行を進めていた。原題は「心理学者、強制収容所を体験する」というほどの意味だが、同書は一九五六年八月十五日、『夜と霧——ドイツ強制収容所の体験記録』というタイトルで刊行され、発売後二ヵ月で一二刷となった。

発売翌日の一九五六年八月十六日朝刊の『朝日新聞』に載った出版広告には、「映画『夜と霧』」の項目があり、

一　アラン・レスネー監督による記録映画（仏）は、映画評論家サドゥールによって「偉大なクラシック」と激賞されたが今年のカンヌ映画祭で、西独の抗議で、上映拒否となった。
二　本映画は日本の税関を通過できず、本国に送還された、事実上の検閲として憲法上の問題を呼びおこしている。

と記されている。

また同紙一九五六年九月十六日朝刊の出版広告には、こうある。

映画「夜と霧」は輸入禁止となったが今や本書のみが「キリストも知らなかった地獄」を白日の下に示している

フランクルの本の日本語版タイトル決定が、映画『夜と霧』の輸入禁止問題に関わっているのは、明らかだろう。その結果、逆転現象というか、日本では、フランクル『夜と霧』が原作で、その映画化がアラン・レネ『夜と霧』だという勘違いもあったと聞く。

一九六〇年には大島渚監督の映画『日本の夜と霧』が公開され、同年の芥川賞受賞作は北杜夫の『夜と霧の隅で』だった。アラン・レネの『夜と霧』の日本公開は一九六一年だから、この時点ですでに、日本においては、ヒトラーによる「夜と霧」命令と、アラン・レネの映画『夜と霧』と、フランクル『夜と霧』が微妙に重なりながら、「夜と霧」という語感イメージも手伝って、シンボリックに一人歩きを始めたのだろう。

今から考えると、ナチスによる強制収容所をテーマにしていたとはいえ、アラン・レネの『夜と霧』もフランクルの『夜と霧』もともに、ナチスの暴虐を暴いて告発するものでも、最大の被害者であるユダヤ人に依拠して表現されたものでもなかった。本書の言い方を借りるなら、いずれも「普遍主義的」な観点によって提示されている。そのぶん、誤解を招いたり批判にさらされてもいる。

日本では、ドイツとは違い、青少年を中心とした歴史教育の素材として映画『夜と霧』が使用されることはあまりなかったようである。どちらかというと、アメリカの事例に似て、映画監督アラン・レネの芸術性を中心に熱心なファンに享受されているのだろう。

いずれにせよ、本書が考察しているように、表現する側の意図を超えて、それぞれの国家や社会、時代、集団、個人により、その受け止め方は区々である。それに耐えていくことができるのが、古典というものだろうか。

参考文献

河原理子『フランクル『夜と霧』への旅』朝日文庫、二〇一七年
『丸山眞男集　第六巻　一九五三―一九五七』岩波書店、一九九五年

E. ファン・デル・クナープ編

映画『夜と霧』とホロコースト

世界各国の受容物語

庭田よう子訳

2018 年 8 月 16 日　第 1 刷発行

発行所 株式会社 みすず書房
〒113-0033 東京都文京区本郷 2 丁目 20-7
電話 03-3814-0131（営業） 03-3815-9181（編集）
www.msz.co.jp

本文組版 キャップス
本文印刷所 理想社
扉・表紙・カバー印刷所 リヒトプランニング
製本所 松岳社
装丁 大倉真一郎

ISBN 978-4-622-08719-9
［えいがよるときりとホロコースト］

訳者略歴

庭田よう子〈にわた・ようこ〉 翻訳家．訳書 ゲーノ『避けられたかもしれない戦争』（東洋経済新報社，2017）ロス『スタンフォード大学dスクール 人生をデザインする目標達成の習慣』（講談社，2016）ハリントン『ウェルス・マネジャー 富裕層の金庫番』（みすず書房，2018）ほか．

執筆者紹介

ジャン＝マルク・ドレフュス（Jean-Marc Dreyfus）
主な著書に *Pillages sur ordonnances: aryanisation et restitution des banques en France, 1940–1953*（2003），*Des camps dans Paris: Austerlitz, Lévitan, Bassano, juillet 1943–aout 1944*（2003, Sarah Gensburger と共著），*'Ami si tu tombes…' Le déporté-résistant dans la société française, 1945–2005*（2005）がある．また，*Stories of the Warsaw Ghetto*（1997）と *La Résistance en France*（1997）の CD-ROM 版で脚本を担当した．現在フランスで，略奪されたユダヤ人の財産を追跡する，ミッシオン・マッテオリという委員会に研究員として勤務する．以前には，ミンダ・ド・グンツブルグ欧州研究センター（ハーバード大学，マサチューセッツ州ケンブリッジ），ホロコースト高等研究センター（アメリカ合衆国ホロコースト記念博物館，ワシントンDC），マルク・ブロック・センター（ベルリン）に研究員として所属した経験がある．

エーヴァウト・ファン・デル・クナープ（Ewaut van der Knaap）
ユトレヒト大学ドイツ文学・文化学科助教．主な著書に *Das Gespräch der Dichter: Ernst Meisters Hölderlin- und Celan-Lektüre*（1996），*De poëzie van de dolfi jn*（1999）および *De verbeelding van nacht en nevel: Nuit et Brouillard in Nederland en Duitsland*（2001）がある．同編集に，オランダ・パウル・ツェラン協会の年報（1993, 1995）と *Sachlichkeit: Herkunft und Wirkungen eines Konzepts*（2004）がある．近年，アレクサンダー・フォン・フンボルト財団の研究員として，アーンスト・マイスターの詩集の編集に取り組む．

ニッツァン・レボヴィック（Nitzan Lebovic）
テルアビブ大学で歴史と比較文学を専攻し学士号を取得．学位論文 *The Politicisation of Lebensphilosophie: From Ludwig Klages to National Socialism*（2005）は，UCLA（カリフォルニア大学ロサンゼルス校）で作成した．現在，同校の史学科で講座を持つ．

ウォーレン・ルブリン（Warren Lubline）
テンプル大学（フィラデルフィア）にて哲学で修士号を取得．1981 年から 92 年までスウェーデンに在住．映画の配給・上映を行なうスウェーデンの非営利

団体フォルケッツ・ビオで，映画の輸入事業に従事し理事も務めた．ベルリン国際映画祭のプレミアでクロード・ランズマン監督の『ショア』を鑑賞し，スウェーデンへの輸入に尽力した．現在，ミネソタ大学ツインシティー校のホロコースト・ジェノサイド研究センター副所長を務めながら，*Ruins of Representation* という題名の論文を執筆中である．

ジュディス・ピーターセン（Judith Petersen）
サウサンプトン大学において，フランス語と英語に関する研究で学士号を，映画研究で修士号を取得．同大学の博士課程では，ホロコーストがイギリス社会に与えた影響に考察を加えるため，戦後の重要な時期にイギリスのテレビがホロコーストをどのように伝えたかをテーマに研究する．

索　引

ア　行

アイザック，ジェレミー　Isaac, Jeremy　178, 181
アイスラー，ハンス　Eisler, Hanns　39–44, 119, 121, 123, 212
『愛する時と死する時』（1958）*Time to Love and a Time to Die, A*　4 章注（19）
アイヒマン，アドルフ　Eichmann, Adolf　60, 77, 84, 114, 136, 145, 199, 214, 238, 247
『アウシュヴィッツの女囚』（1947）*Ostatni Etap*　15, 96
アスマン，ヤン　Assmann, Jan　9, 10, 259, 260; 序章注（1）
アデナウアー，コンラート　Adenauer, Konrad　76, 77, 106, 114, 118, 119, 137, 171
アドルノ，テオドール・W.　Adorno, Theodor W.　42, 107, 244–246, 250
アーピッツ，ブルーノ　Apitz, Bruno　123
アムレーン，フランツ　Amrehn, Franz　114
『雨の夜の銃声』（1955）*Himmel ohne Sterne*　85, 86, 110, 173, 200
アラン，ザルマン　Aran, Zalman　139, 142
『アリスのような町』（1956）*Town Like Alice, A*　82, 173
アーレント，ハンナ　Arendt, Hannah　145
アンデルシュ，アルフレート　Andersch, Alfred　81
アントニオーニ，ミケランジェロ　Antonioni, Michelangelo　236
『アンネの日記』（1959）*Diary of Anne Frank, The*　135, 168–170, 190–192, 209, 238–240, 250
『アンネ・フランクのための日記』（1958）*Tagebuch für Anne Frank, Ein*　175, 214
『生きるために』（1989）*Triumph of the Spirit*　185
『意志の勝利』（1935）*Triumph of the Will*　230, 234
『イスラエル――希望の地』（1955）*Israel – Land der Hoffnung*　112
ヴァイス＝リューテル，アルノルト　Weiss-Rüthel, Arnold　99
『ヴァンゼー会議』（1984）*Wannsee Conference, The*　193
ヴィゴ，ジャン　Vigo, Jean　66, 121
ヴィーレク，H.　Wielek, H.　203, 204, 206–209, 222, 224
ウエア，ニック　Ware, Nick　192–194
ヴォラー，ルドルフ　Woller, Rudolf　90–92
ヴォルムゼル，オルガ　Wormser, Olga　29, 35, 36, 38, 39, 46, 48, 51, 60, 73
ウナ，モシェ　Una, Moshe　142
ヴルフ，ヨーゼフ　Wulf, Joseph　203, 204, 208
『栄光への脱出』（1960）*Exodus*　135
エゼール，ポール　Haesaerts, Paul　59
エリアス，ノルベルト　Elias, Norbert　126
『エルンスト・ロイター』（1955）*Ernst Reuter*　96, 110, 112
エンゲル，ルドルフ　Engel, Rudolf　121,

122
『黄金の世紀』（1949）*Siècle d'or, Un*　59
『OK捕虜収容所』（1965–71）*Hogan's Heroes*　251
オータン＝ララ，クロード　Autant-Lara, Claude　66
オバースキー，ヨナ　Oberski, Jona　15
オーベルク，カール　Oberg, Karl　62

カ　行

『囲い地』（1961）*Enclos, L'*　66
カストナー，ルドルフ　Kastner, Rudolf　136
ガッティ，アルマン　Gatti, Armand　66
カフカ，フランツ　Kafka, Franz　70, 257
『カポ』（1999）*Kapo*　46
記憶
　生きる人々の（生きた）——　9, 68
　——の領域　8
　公的——　8
　コミュニケーション的——　9, 10, 12, 259, 260, 262
　自伝的——　5, 10
　集団の——　6
　政治的——　11
　大衆の——　6, 161, 188, 190
　文化的——　9–12, 196, 257, 259, 260, 262
キーペンホイヤー，ヴォルフガング　Kiepenheuer, Wolfgang　96
ギュリー，ハイム　Gurie, Haim　144–147, 152
『去年マリエンバートで』（1960）*Année dernière à Marienbad, L'*　236
ギルバート，ルイス　Gilbert, Lewis　167
クシュナー，トニー　Kushner, Tony　163, 164, 167, 176, 187, 188, 194, 256
『鯨の中のジョナ』（1993）*Jona Che Visse nella Balena (Jonah Who Lived in the Whale)*　15
クノッヒェン，ヘルムート　Knochen, Helmut　62
クビー，エーリヒ　Kuby, Erich　81, 97
クラウス，カール　Kraus, Karl　40
クラウベルク，カール　Clauberg, Carl　205
クラカウアー，ジークフリート　Kracauer, Siegfried　20, 152
グラス，クルト　Glass, Kurt　92
グリーンベルク，ダヴィド　Greenberg, David　155
クレイマー，スタンリー　Kramer, Stanley　251, 256
クロイダー，エルンスト　Kreuder, Ernst　81
ゲーテ，ヨハン・ヴォルフガング・フォン　Goethe, Johann Wolfgang von　243
ケーラー，H. E.　Köhler, H. E.　101
ゲリ，レヴィ　Geri, Lewi　144
『ゲルニカ』（ピカソ）　197
『ゲルニカ』（レネ，1950）*Guernica*　166
ケロール，ジャン　Cayrol, Jean　21–34, 37–39, 44–46, 49, 51, 61–68, 73, 80, 81, 87, 91, 92, 121, 129, 205
コイトナー，ヘルムート　Käutner, Helmut　85, 200
『絞首台への行進』（1958/59）*Opmars naar de galg*　225
コーエン，エリ・アロン　Cohen, Elie Aron　198
コーゴン，オイゲン　Kogon, Eugen　81
ゴダール，ジャン＝リュック　Godard, Jean-Luc　236
コペルソン，アーノルド　Kopelson, Arnold　185
ゴヤ　Goya　70

サ　行

『最後の一日までだまされて』（1957）*Betrogen bis zum jüngsten Tag*　200
サルトル，ジャン＝ポール　Sartre, Jean-Paul　218

『山河遥かなり』（1948） *Gezeichneten, Die* 204
『三年後』（1948） *Tre år efter* 204
シェイクスピア，ウィリアム Shakespeare, William 40
『ジェノサイド』（1974） *Genocide* 178, 181–184, 189, 195
ジェリコー，テオドール Géricault, Théodore 54
ジェルモン，フェリックス Germont, Felix 57
『死体安置所で生まれて』（1950） *Charnier Natal, Le* 28
シャリュック，パウル Schallück, Paul 81, 82
『十字砲火』（1947） *Crossfire* 204
シュタイナー，ルドルフ Steiner, Rudolf 258
シュトロハイム，エリッヒ・フォン Stroheim, Erich von 91
シュリク，ヨセフ Shrik, Yosef 151
『ショア』（1985） *Shoah* 16, 20, 71, 72, 111, 184, 189–192, 232, 233, 238, 241, 247, 248, 256
ショヘトマン，メイア Shohetman, Meir 144
シルク，ハインツ Schirk, Heinz 193
『シンドラーのリスト』（1993） *Sindler's List* 124, 125, 184, 189–192, 242, 246
ジンネマン，フレッド Zinnemann, Fred 204
『スキャンダル』（1958） *Mädchen Rosemarie, Das* 97
スティーヴンス，ジョージ Stevens, George 55, 135, 168
スティーヴンズ，ウォレス Stevens, Wallace 227
スピルバーグ，スティーヴン Spielberg, Steven 124, 125, 184, 192, 246
スミス，マーティン Smith, Martin 187
『生命は反応する』（1948） *Vie répond, La* 28
セゲフ，トム Segev, Tom 132, 135
セザラニ，デイヴィッド Cesarani, David 167
セットン，ダン Setton, Dan 46
セラーズ，ピーター Sellers, Peter 167
『戦時の世界』 *World at War, The* 178, 181, 187
『ソフィーの選択』（1982） *Sophie's Choice* 232
『ソング・オブ・ロシア』（1943） *Song of Russia* 256
ソンタグ，スーザン Sontag, Susan 20, 259

タ　行

ダヴィド，B. A. David, B. A. 151
ダーロウ，マイケル Darlow, Michael 181, 182, 195
ダンテ・アルギエーリ Dante Alighieri 52, 53, 197
『治安』（2000） *Innere Sicherheit, Die* 117
『彫像もまた死す』（1953） *Statues meurent aussi, Les* 230
チョムスキー，マーヴィン・J. Chomsky, Marvin J. 77, 256
ツェラン，パウル Celan, Paul 21, 32, 34, 40, 91, 93, 122, 208
ツェラン＝レトランジュ，ジゼル Celan-Lestrange, Gisèle 93
デイ，ロバート Day, Robert 167
『抵抗――死刑囚は逃げた』（1956） *Condamné à mort s'est échappé, Un* 166
ティブルティウス教授 Tiburtius, Professor 88
ディルクス，ヴァルター Dirks, Walter 81
ティーレ，ロルフ Thiele, Rolf 97
ディンブルビー，リチャード Dimbleby, Richard 176, 189

デュトゥール，ジャン　Dutourd, Jean　63, 64
『テレジーンの音楽』（1993）*Music of Terezin, The*　193
ドゥーデン，アンネ　Duden, Anne　116
ドゥルーズ，ジル　Deleuze, Gilles　158
ド・ゴール，シャルル　Gaulle, Charles de　59, 62, 64, 231
ドニオル゠ヴァルクローズ，ジャック　Doniol-Valcroze, Jacques　63, 68, 70
ドミトリク，エドワード　Dmytryk, Edward　204
トリュフォー，フランソワ　Truffaut, François　26, 70, 236
ドレスデン，S.　Dresden, S.　197, 217
トーレン，ハイム　Toren, Haim　144
『泥棒株式会社』（1961）*Two-Way Stretch*　167

ナ　行

『内外のナチズムに光を当てる』（1960）*Searchlight on Nazism over there — and over here*　163
ナセル，ガマール・アブドゥル　Nasser, Djamal Abdal　138
『ナチの強制収容所』（1945）*Nazi Concentration Camps*　55
『鉛の時代』（1981）*Bleierne Zeit, Die*　117
『二十四時間の情事』（1959）*Hirosima, mon amour*　170, 171, 230, 231
『二〇〇万人還る』（1949）*Retour à la vie*　66
『ニュールンベルグ裁判』（1961）*Judgment at Nuremberg, The*　251, 256
ノセック，マックス　Nosseck, Max　255

ハ　行

バイヤー，フランク　Beyer, Frank　123
バウシュ，パウル　Bausch, Paul　87
パーキンス，ミリー　Perkins, Milly　170
パクラ，アラン　Pakula, Alan　232
バケルス，フロリス・B.　Bakels, Floris B.　197, 204
バスチアーンス，ヤン　Bastiaans, Jan　198
『裸で狼の群れの中に』（1963）*Nackt unter Wölfen*　123
『パープル・トライアングル』（1991）*Purple Triangles*　187
『ハムレット』*Hamlet*　40
バラージュ，ベラ　Balázs, Béla　19
ハーラン，ファイト　Harlan, Veit　150
『パリ横断』（1956）*Traversée de Paris, La*　66
『パリ廃兵院』（1952）*Hôtel des Invalides*　165, 166
バル゠イェフダ，イスラエル　Bar-Yehuda, Israel　139, 140, 143
バルト，ロラン　Barthes, Roland　19
ハル゠ノフ，ゼエブ　Har-Nof, Zeev　149, 150, 152, 153
ピカソ，パブロ　Picasso, Pablo　197
『ビスマルク号を撃沈せよ！』（1961）*Sink the Bismark!*　167
ヒトラー，アドルフ　Hitler, Adolf　27, 31, 43, 76, 97, 98, 101
ピノー，クリスチャン　Pineau, Christian　63, 86
ヒムラー，ハインリヒ　Himmler, Heinrich　33, 243
ヒルデスハイマー，ヴォルフガング　Hildesheimer, Wolfgang　81
ファエンツァ，ロベルト　Faenza, Robert　15
フェラ，ジャン　Ferrat, Jean　12, 73
フェリーニ，フェデリコ　Fellini, Federico　236
フォーリソン，ロベール　Faurisson, Robert　73
フォン・トロッタ，マルガレーテ　Trotta, Margarethe von　117
ブーケ，ミシェル　Bouquet, Michel　67

ブスケ，ルネ　Bousque, René　62
『冬の闘争』（1954）*Winterschlacht*　40, 44
フライヘル・フォン・マルツァン，フォルラート　Freiherr von Maltzan, Vollrath　80
プラトン　Plato　243
フランク，アンネ　Frank, Anne　89, 90, 135, 168–170, 190–192, 197, 207, 209, 214, 238–240, 250
フランジュ，ジョルジュ　Franju, George　165
フランソワ゠ポンセ，アンドレ　François-Poncet, André　63
ブラント，ヴィリー　Brandt, Willy　88, 97
フリースラント，フィクトル・ファン　Vriesland, Victor van　32, 34, 205, 211, 215–221, 225
フリートレンダー，ザウル　Friedländer, Saul　133
ブルックス，メル　Brooks, Mel　251
ブルーメンソール，デイヴィッド　Blumenthal, David　239
ブレア，トニー　Blair, Tony　124
プレセール，ジャック　Presser, Jacques　199, 225
ブレッソン，ロベール　Bresson, Robert　166
ブレヒト，ベルトルト　Brecht, Bertolt　40, 42, 121
プレミンジャー，オットー　Preminger, Otto　135
フレンチ，フィリップ　French, Philip　184
ブレンナー，ハンス・ゲオルク　Brenner, Hans Georg　81
『プロデューサーズ』（1968）*Producers, The*　251
プロネイ，ニコラス　Pronay, Nicholas　175
『プンティラ旦那と下男マッティ』（1948）*Puntila* (*Herr Puntila und sein Knecht Matti*)　43
ヘイル，ピーテル　Geyl, Pieter　217
ベギン，メナヘム　Begin, Menahem　137, 144, 156
ベケット，サミュエル　Beckett, Samuel　240, 245
ペツォールト，クリスティアン　Petzold, Christian　117
ベッヒャー，ヨハネス・R.　Becher, Johannes R.　40, 121
ベニーニ，ロベルト　Benigni, Roberto　15, 185
ベル，ハインリヒ　Böll, Heinrich　80, 81
ベルイマン，イングマール　Bergman, Ingmar　236
ヘルヴィヒ，ヨアヒム　Hellwig, Joachim　175
ベンツヴィ，イツハク　Ben-Tzvi, Izhak　141
ホイス，テオドール　Heuss, Theodor　208
ボーヴォワール，シモーヌ・ド　Beauvoir, Simone de　20
ボースト，チャールズ　Boost, Charles　204, 205, 210
『ポーランドからの使者』（1986）*Messenger from Poland*　187
ポリアコフ，レオン　Poliakov, Léon　203, 204, 208
『ホロコースト』（1978）*Holocaust*　77, 124, 159, 185, 237, 238, 248, 251, 256
ホワイトハウス，メアリー　Whitehouse, Mary　178

マ　行

マイヤー，K. A.　Mayer, K. A.　203
マグラフ，シャーリー　Mugraff, Shirley　179
マル，ルイ　Malle, Louis　186
マルグレス，ハンス　Margules, Hans　46
マルケル，クリス　Marker, Chris　26
マルコム，デレク　Malcolm, Derek　184
ミケランジェロ　Michelangelo, Buonarroti　52, 53

ミシェル，アンリ　Michel, Henri　29, 35, 36, 38, 46, 48, 51, 73
ミシュレ，エドモン　Michelet, Edmond　64
ミッテラン，フランソワ　Mitterrand, François　57
ミリオン，Z.　Million, Z.　142
メーツィヒ，クルト　Maetzig, Kurt　122
『モーリヤック』（1953）*Mauriac*　59
モレ，ギー　Mollet, Guy　67
モーレル，ミシュリーヌ　Maurel, Micheline　59

ヤ　行

ヤクボフスカ，ヴァンダ　Jakubowska, Wanda　15, 96
ヤコブセン，ヨハン　Jacobsen, Johan　204
ヤング，ロバート・M.　Young, Robert M.　185
『夜と霧の詩編』（1945）*Poèmes de la Nuit et du Brouillard*　26, 28
ヨング，ルイス・デ　Jong, Lou de　198, 199, 216
ヨーンゾン，ウーヴェ　Johnson, Uwe　116

ラ　行

ライザー，エルヴィン　Leiser, Erwin　152
ライトリンガー，ジェラルド　Reitlinger, Gerald　76
『ライフ・イズ・ビューティフル』（1998）*Vita è bella, La*　15, 185
ラスキン，リチャード　Raskin, Richard　18, 27, 30, 80, 86, 89, 239
ラトフ，グレゴリー　Ratoff, Gregory　256
ランズマン，クロード　Lanzmann, Claude　16, 20, 71, 111, 116, 124, 184, 189, 232, 233, 246–248, 256
リー，ジャック　Lee, Jack　173
リオタール，ジャン＝フランソワ　Lyotard, Jean-François　134
リッター・フォン・レックス，ハンス　Ritter von Lex, Hans　83, 87, 118
リヒター，ハンス・ヴェルナー　Richter, Hans Werner　81
リーフェンシュタール，レニ　Riefenstahl, Leni　150, 230, 234
ルセ，ダヴィッド　Rousset, David　39, 46
ルメール，モーリス　Lemaire, Maurice　63, 65, 80
レヴィ，ポール・M. G.　Levy, Paul M. G.　88
レーヴィ，プリーモ　Levi, Primo　254
レーナルト，ロジェ　Leenhardt, Roger　59
レネ，アラン　Resnais, Alain　4, 5, 14–17, 22, 26–47, 52, 54, 55, 58–71, 78–80, 86, 89, 92, 98, 104, 106, 108, 116–123, 126, 128, 133, 134, 136, 146–148, 152, 153, 155, 156, 158, 166, 172, 181, 184–186, 191, 212, 225, 228, 230–236, 239, 248, 249, 253, 254
レール，ヴィム・ファン　Leer, Wim van　142
レンガー，アンネマリー　Renger, Annemarie　83
ローゼン，ピンハス　Rosen, Pinhas　139, 142, 148
ロダン，オーギュスト　Rodin, Auguste　52, 197

ワ　行

『若き獅子たち』（1958）*Young Lions, The*　150
『我が闘争』（1960）*Mein Kampf*　152
ワーグナー，リヒャルト　Wagner, Richard　27
ワルディ，ノア　Wardi, Noah　144

文　献

Adorno, Theodor W. (1970) *Ästhetische Theorie*. Frankfurt am Main: Suhrkamp.〔テオドール・W・アドルノ『美の理論』大久保健治訳，河出書房新社，1985年．新装完全版；2007年〕

_____(1985) 'Trying to Understand *Endgame*', in Harold Bloom (ed.) *Samuel Beckett*. New York: Chelsea House Publishers, 51–81.

_____(1997) *Aesthetic Theory* [translated, edited and with a translator's introduction by Robert Hullot-Kentor]. Minneapolis: University of Minnesota Press.

Adorno, Theodor W. and Hanns Eisler (1969) *Komposition für den Film*. Munich: Rogner and Bernhard.

Aerts, B. (1972) *Advokaat in Nacht en nevel. Herinneringen aan drie jaar gevangenissen en concentratiekampen van de nazi's* [edited by Jos De Man]. Amsterdam/Bruxels/Paris: Manteau.

Allainmat, Henry (1974) *Auschwitz en France: La vérité sur le seul camp d'extermination nazi en France*. Paris: Presses de la Cité.

Améry, Odette and Georges Martin-Champier (1945) *Nuit et Brouillard ('Nacht und Nebel')*. Paris: Berger-Levrault.

Andrieu, Claire (2002) *Pour l'amour de la République: Le club Jean Moulin*. Paris: Fayard.

Ankersmit, Frank R. (1997) 'Sprache und historische Erfahrung', in Klaus E. Müller and Jörn Rüsen (eds) *Historische Sinnbildung: Problemstellungen, Zeitkonzepte, Wahrnehmungshorizonte, Darstellungsstrategien*. Reinbek bei Hamburg: Rowohlt, 388–407.

_____(2001) 'The Sublime Dissociation of the Past: Or How to Become What One Is No Longer', *History and Theory*, October, 295–323.

Anon. (1954a) 'Bijeenkomst "Kunstenaarsverzet 1942–1945": Indrukwekkende rede van Victor E. van Vriesland. De onverzoenlijken', *Nieuwe Rotterdamsche Courant*, 18 January.

_____(1954b) 'Uitreiking prijzen kunstenaarsverzet: Van Vriesland bepleitte onverzoenlijkheid', *De Telegraaf*, 18 January.

_____(1954c) 'Victor van Vriesland in Stedelijk Museum: "Onverzoenlijken" in verzet tegen "geest van de tijd". Kunstenaars-zuivering faalde', *de Volkskrant*, 18 January.

_____(1954d) 'Ook barmhartig', *de Volkskrant*, 19 January.

_____(1954e) 'Onverzoenlijk', *Het Vrije Volk*, 19 January.

_____(1954f) 'De onverzoenlijken', *Trouw*, 22 January.

_____(1954g) 'Onverzoenlijk', *De Waarheid*, 22 January.

_____(1955) [no title], *Yediot Ahronot*, 23 June.

_____(1956a) *Picasso: Guernica*. Catalogus nr. 147; *Rodin: De hellepoort*. Catalogus nr. 154. Amsterdam: Stedelijk Museum.

_____(1956b) 'Das Gemüt der Jugend', *Der Spiegel*, 18 January, 40–1.

_____(1956c) 'A cinemagoer in Paris: Films to Come', *The Times*, 19 April, 3.

_____(1956d) 'French asked not to show film at Cannes', *The Times*, 19 April.

_____(1956e) 'Pijnlijke affaire voor Adenauer en C.D.U. Verkiezingsstunt van de oppositie? Schmeisserproces heropend', *Trouw*, 19 April.

_____(1956f) 'Verering van Dönitz en Räder afgekeurd: De roemrijke marinetraditie', *Het Parool*, 19 April.

_____(1956g) 'Bonn veto on film', *Daily Worker*, 20 April, 3.

_____(1956h) 'Only Amiable Films Need Apply', *The Times*, 20 April, 11.

_____(1956i) 'Bundesregierung gegen *Nacht und Nebel*', *Das Parlament*, 24 April.

_____(1956j) [no title], *Sonntag*, 29 April.

_____(1956k) 'Himmel ohne Sterne in Cannes verboden: Duitse delegatie trekt zich terug', *Het Parool*, 30 April.

_____(1956l) 'Westduitsers verlaten filmfestival: Politiek tot in Cannes', *de Volkskrant*, 30 April.

_____(1956m) 'Cannes: *Nacht und Nebel* außer Konkurrenz gezeigt', *Tagesspiegel*, 1 May.

_____(1956n) '*Nacht und Nebel* doch gezeigt: Filmdiplomatie in Cannes, III. Akt', *Frankfurter Allgemeine Zeitung*, 1/2 May.

_____(1956o) 'Cannes: Nur noch Kirmes', *Der Spiegel*, 2 May.

_____(1956p) 'Van mensen en dingen gewoon en ongewoon van mensen en dingen', *De Groene Amsterdammer*, 5 May, 1.

_____(1956q) 'Gruwzaamheid der dictatuur', *Binnenhof*, 8 May.

_____(1956r) 'Kulturelle Kreise', *Frankfurter Allgemeine Zeitung*, 9 May.

_____(1956s) 'Kampf um *Nacht und Nebel*: Ein Protest deutscher Autoren', *Aufbau*, 11 May.

_____(1956t) '*Nacht und Nebel*', *Kurier*, 14 May.

_____(1956u) 'Canner Nachlese: *Nacht und Nebel* – Reklamechef Bonn', *Filmspiegel*, 25/29 May 1956.

_____(1956v) 'Nationalism on the Wide Screen', *Economist*, 26 May, 786.

_____(1956w) [no title], *Abendzeitung* (Munich), 26 May.

_____(1956x) 'Deutscher Protest sorgte für Millionenerfolge', *Die Südpost*, 15 June.

_____(1956y) '*Nacht und Nebel* in Bonn und Berlin', *Abendzeitung* (Munich), 2 July.

_____(1956z) '*Nacht und Nebel* in Berlin', *Frankfurter Allgemeine Zeitung*, 4 July.

_____(1956aa) 'Film *Nacht und Nebel* soll gefördert werden', *Hinter dem eisernen Vorhang*, 19 July.

_____(1956ab) 'Der Film *Nacht und Nebel* kommt nach Deutschland!', *Die Europäische Zeitung*, 20 July.

____(1956ac) '*Nuit et Brouillard*', *Bulletin de l'office de presse et d'information du gouvernement fédéral* (Bonn), 20 July, 3.

____(1956ad) 'De concentratiekampen in Duitse filmdocumenten: *Nacht en nevel*', *Nieuwe Rotterdamsche Courant*, 24 July.

____(1956ae) 'De film over de Duitse concentratiekampen', *Nieuwe Rotterdamsche Courant* 1 August.

____(1956af) '*Nacht und Nebel*', *Evangelischer Film-Beobachter*, 2 August, 535.

____(1956ag) 'Raiti Shamati', *Haaretz*, 27 August.

____(1956ah) [no title], *Lahntal-Bote*, 12 October.

____(1956ai) 'Im Hinterhaus', *Der Spiegel*, 10, 41, 39–40.

____(1956aj) 'Het Derde Rijk en de Joden: Lot van zes miljoen joden fel belicht', *Het Vrije Volk*, 27 October.

____(1956ak) 'Het Derde Rijk en de Joden: Publikatie van documentair boekwerk. Indrukwekkende rede van mr. Bakels. Aangrijpende film *Nacht en nevel*', *Utrechts Nieuwsblad* 27 October.

____(1956al) 'Vertoning van de film *Nuit et Brouillard*: Het Derde Rijk en de Joden', *Algemeen Handelsblad*, 27 October.

____(1956am) 'Willy Brandt zu *Nacht und Nebel*: "Mut zur Wahrheit!"', *Der Abend*, 14 November.

____(Ka.) (1956) 'Zwei Dokumentarfilme in der Film-Bühne Wien', *Telegraf* 18 November.

____(R.) (1956) 'Filmbesucher stimmen *Nacht und Nebel* zu', *Süddeutsche Zeitung*, 22 July.

____(raue) (1956) 'Aus Frankreich: *Nacht und Nebel*', *Leipziger Volkszeitung*, 24 October.

____(xb) (1956) 'Östliche Nacht- und Nebelphantasien', *Welt der Arbeit*, 3 August.

____(1957a) 'Durchbruch für *Nacht und Nebel*: Der französische Dokumentarfilm mit großem Erfolg aufgeführt', *Freiheit und Recht*, Mitteilungsblatt für Verfolgte und Geschädigte des Nationalsozialismus, 3, 2.

____(1957b) '*Nacht und Nebel* (*Nuit et Brouillard*)', *Filmkritik*, Aktuelle Informationen für Filmfreunde, 1, 24–5.

____(1957c) 'Overzicht filmbezoek 1950–1956', *Film*, Orgaan van de Nederlandse bioscoopbond, 19, 200, 27.

____(1957d) '*Nacht und Nebel*: Aus dem Protokoll der Landesbildstelle Berlin', *Berliner Allgemeine*, 25 January.

____(1957e) 'Duitse reacties op film over concentratiekampen: Woedende brieven, maar ook zeer veel instemming', *Algemeen Handelsblad*, 15 March.

____(1957f) 'Andrang zu *Nacht und Nebel*', *Süddeutsche Zeitung*, 23 March.

____(1957g) 'Die "Deutsche Soldatenzeitung" sah: *Nacht und Nebel*', *Deutsche Soldatenzeitung*, April.

____(1957h) 'Gestapoleute nie demokratisch salonfähig: *Nacht und Nebel* – Polizisten sahen in

Köln den Film', *Welt der Arbeit*, 12 April.

_____(1957i) 'Film over de misdaden der nazi's: *Nacht en nevel* houdt het Duitse geweten wakker. Na veel aarzeling vertoningen voor televisie en in theaters', *Nieuwe Haagsche Courant*, 24 April.

_____(1957j) 'Merkwürdige "pädagogische" Überlegungen', *Stuttgarter Zeitung*, 25 April.

_____(1957k) '*Nacht en nevel*', *Nieuwe Rotterdamsche Courant*, 25 April.

_____(1957l) '*Nuit et Brouillard* in Duitsland: Aan 4 miljoen kijkers vertoond', *De Tijd*, 27 April.

_____(1957m) 'Film *Nacht en nevel* komt in drie bioscopen', *Algemeen Handelsblad*, 2 May.

_____(1957n) '*Nacht und Nebel* – nicht für Schulen. Landesbildstellen: Der Film kann Jugendlichen nicht zugemutet werden', *Süddeutsche Zeitung*, 3 May, 18.

_____(1957o) '*Nacht en nevel* beklemmend filmbetoog', *Binnenhof*, 6 May.

_____(1957p) '*Nacht en nevel*, niets verhullende beelden van concentratiekampen', *Nieuwe Haagsche Courant*, 6 May.

_____(1957q) 'Vele raadsleden aanwezig: *Nacht en nevel* in eerste voorstelling te Den Haag', *Nieuwe Haagsche Courant*, 6 May.

_____(1957r) '*Nacht en nevel*, verlammend document', *Algemeen Dagblad*, 7 May.

_____(1957s) '*Nacht und Nebel* geen film voor de Duitse jeugd?', *Nieuwe Haagsche Courant* 11 May.

_____(1957t) 'Film van de uitroeiingskampen: *Nacht en nevel*' *Nieuwe Rotterdamsche Courant* 14 May.

_____(1957u) '*Nacht en nevel*', *Trouw*, 14 May.

_____(1957v) '*Nuit et Brouillard* een gruwelijk document', *Het Vaderland*, 16 May.

_____(1957w) '*Nacht en nevel*', *De Telegraaf*, 17 May.

_____(1957x) '*Nacht en nevel*', *Nieuw Israelietisch Weekblad*, 17 May.

_____(1957y) 'Subventionen für Soldaten', *Der Spiegel*, 29 May, 14–16.

_____(1957z) 'Um *Nacht und Nebel*', *Aufbau*, 31 May.

_____(1957aa) [no title], *Frankfurter Allgemeine Zeitung*, 3 June.

_____(1957ab) 'KZ-Film als Vergnügen: Wenigstens Münchens Stadtväter bewiesen Charakter', *Junge Stimmen Stuttgart*, 6 July.

_____(1957ac) '*Nacht und Nebel* – ohne jeden Haß: Der preisgekrönte Film in Glückstadt und Wilster aufgeführt', *Hamburger Echo*, 3 September.

_____(ece) (1957) 'Pädagogen', *Leipziger Volkszeitung*, 5 June.

_____(Gr.) (1957) '*Nacht en nevel*, een schokkende ervaring: Ontstellende film over de Duitse concentratiekampen', *De Tijd*, 18 May.

_____(gk) (1957) 'Vergnügungssteuer für *Nacht und Nebel*? Sonderfall verlangt Sonderbehandlung', *Stuttgarter Zeitung*, 10 May.

_____(gth.) (1957) 'Als das Menschenleben nicht mehr galt: DGB-Kreisausschuß führte den KZ-Dokumentarfilm *Nacht und Nebel* vor', *Frankische Presse*, 18 October.

_____(Ln) (1957) 'Textbuch zu *Nacht und Nebel*', *Stuttgarter Zeitung*, 13 June.

_____(-ler) (1957) 'Für deutsche Bundeswehr tabu…', *Die Europäische Zeitung*, 15 August.

_____(1958a) 'Nittribitteres', *Hamburger Echo*, 15 August.

_____(1958b) 'Dokument menschlichen Wahnsinns: *Nacht und Nebel*, der Film über die Schrecken der Konzentrationslager', *Wormser Zeitung*, 9 October.

_____(1959) 'Films', *Jewish Chronicle*, 14 August, 24.

_____(1960a) 'More Swastikas in Britain', *The Times*, 4 January, 10.

_____(1960b) 'Stupos boykottierten KZ-Film', *B.Z. am Abend*, 11 January.

_____(1960c) 'Andrang zu *Nacht und Nebel*', *Tagesspiegel*, 12 January.

_____(1960d) 'British Firm Sacks Germans', *The Times*, 13 January, 1.

_____(1960e) '*Nacht und Nebel* in Sondervorführungen', *Tagesspiegel*, 16 January.

_____(1960f) '50,000 in Anti-Nazi Protest March', *News Chronicle*, 18 January, 1.

_____(1960g) 'Films', *Jewish Chronicle*, 12 February, 32.

_____(1960h) 'Fiction v. Naval History?', *Sunday Times*, 14 February, 25.

_____(1960i) 'Nochmals: *Nacht und Nebel*' *Westdeutsche Allgemeine Zeitung*, 19 February.

_____(1960j) [no title], *The Daily Cinema*, 8270, 19 February.

_____(1960k) [no title], *Maariv*, 9 March, 17.

_____(1960l) [no title], *Jewish Chronicle*, 8 April, 41.

_____(1960m) '*Night and Fog*', *Monthly Film Bulletin*, 27, 312, April, 57.

_____(1961) 'Alain Resnais à la question', *Premier Plan*,18, October, 36–8.

_____(1962) 'Film *Nacht und Nebel* voor studenten in Amsterdam', *Nieuwe Rotterdamsche Courant*, 26 October.

_____(hpm.) (1970) '*Nacht und Nebel / Nuit et Brouillard*: Film von Alain Resnais (1955). Text von Jean Cayrol. Dem deutschen Nachdichter Paul Celan zum Gedächtnis', *Die Tat*, 21 November.

_____(1978) 'Alain Resnais: *Nacht und Nebel*', *Rheinische Post*, 9 November.

_____(fwa) (1978) '*Nachtund Nebel*: Versuch einer Rezension', *Stuttgarter Zeitung*, 11 November.

_____(1994) 'Racism on screen and in raw life', *Guardian*, 19 February, 24.

_____(1999) 'Deutsche Bank was financier Auschwitz', *NRC Handelsblad*. 5 February.

Apel, Dora (2002) *Memory Effects: The Holocaust and the Art of Secondary Witnessing*. New Brunswick: Rutgers University Press.

Arad, Gulie Ne'eman (2003) 'Israel and the Shoah: A Tale of Multifarious Taboos', *New German Critique*, 90, 5–26.

Archer, Eugene (1960) 'Nazi Film Listed for Fall Showing', *New York Times*, 29 June, 27.

_____(1961) 'Cinema 16 Plans Programming Shift', *New York Times*, 25 October, 34.

_____(1962) 'Director of Enigmas', *New York Times Magazine*, 18 March, 54–5.

Armes, R. (1968) *The Cinema of Alain Resnais*. London: Zwemmer/New York: Barnes.

Assmann, Aleida (1999) *Erinnerungsräume: Formen und Wandlungen des kulturellen Gedächtnisses*.

München: C. H. Beck.〔アライダ・アスマン『想起の空間——文化的記憶の形態と変遷』安川晴基訳，水声社，2007 年〕

_____(2003) 'Four Formats of Memory: From individual to collective forms of constructing the past' (paper, conference 'Theatres of Memory', University of Amsterdam).

Assmann, Aleida and Ute Frevert (1999) *Geschichtsvergessenheit – Geschichtsversessenheit: Vom Umgang mit deutschen Vergangenheiten nach 1945*. Stuttgart: Deutsche Verlags- Anstalt.

Assmann, Jan (1988) 'Kollektives Gedächtnis und kulturelle Identität', in Jan Assmann and Tonio Hölscher (eds) *Kultur und Gedächtnis*. Frankfurt am Main: Suhrkamp, 9–19.

_____(1992) *Das kulturelle Gedächtnis: Schrift, Erinnerung und politische identität in frühen Hochkulturen*. Munich: C. H. Beck.

Aust, Stefan (1985) *Der Baader Meinhof Komplex*. Hamburg: Hoffmann & Campe.

Avidan, M. (1958) [no title], *Herut*, 29 May.

Avisar, Ilan (1983) *The Aesthetics and Politics of the Holocaust film*. Ann Arbor: University Microfilms International.

_____(1988) *Screening the Holocaust: Cinema's Images of the Unimaginable*. Bloomington: Indiana University Press.

Baer, Volker (1957) 'Nun doch: "Schülerparlament". Alterspräsident Schneider Ehrenmitglied', *Tagesspiegel*, 3 March.

Bakels, Floris B. (1947) *Verbeelding als wapen*. Amsterdam and Brussels: Elsevier.

_____(1977) *Nacht und Nebel: Mijn verhaal uit Duitse gevangenissen en concentratiekampen*. Kampen: Kok.

_____(1983) *Uitzicht: de lessen van Nacht und Nebel*. Amsterdam and Brussels: Elsevier. Bakker, Bert (1954) 'Henri Bruning, "Een ander spoor…?"', *Maatstaf*, 2, 419–23.

Balázs, Béla (1980 [1924]) 'Der sichtbare Mensch oder Die Kultur des Films', in *Der Film: Werden und Wesen einer neuen Kunst*. Vienna: Globus, 28–35.〔ベラ・バラージュ『映画の理論』佐々木基一訳，學藝書林，1995 年〕

Baldwin, Peter (ed.) (1990) *Reworking the Past: Hitler, the Holocaust, and the Historians' Debate*. Boston: Beacon Press.

Bamberg, Don (1985) *Dossier NN: Nacht und Nebel*. Weesp: Van Holkema & Warendorf.

Barasch, Moshe (1997) 'Die Ruine – ein historisches Emblem', in Klaus E. Müller and Jörn Rüsen (eds) *Historische Sinnbildung: Problemstellungen, Zeitkonzepte, Wahrnehmungshorizonte, Darstellungsstrategien*. Reinbek bei Hamburg: Rowohlt, 519–35.

Barnouw, David and Gerrold van der Stroom (1986) (eds) *De dagboeken van Anne Frank*. The Hague: Bert Bakker/Amsterdam: Staatsuitgeverij.〔アンネ・フランク著，オランダ国立戦時資料研究所編『アンネの日記——研究版』深町真理子訳，文藝春秋，1994 年〕

Barthes, Roland (1985) *Die helle Kammer: Bemerkungen zur Photographie* [trans. of *La chambre claire: Note sur la photographie*, by Dietrich Leube]. Frankfurt am Main: Suhrkamp.〔ロラ

ン・バルト『明るい部屋——写真についての覚書』花輪光訳，みすず書房；新装版，1997 年〕

Bartman, J. H. (1956) 'Jodenvervolging onvergetelijk vastgelegd in boek en film', *Haarlems Dagblad/Oprechte Haarlemsche Courant*, 27 October.

Bartov, Omer (1996) *Murder in our Midst: The Holocaust, Industrial Killing, and Representation*. New York: Oxford University Press.

Bastiaans, Jan (1957) *Psychosomatische gevolgen van onderdrukking en verzet*. Amsterdam: Noord-Hollandsche Uitgevers Maatschappij.

Bauman, Zygmunt (1989) *Modernity and the Holocaust*. Cambridge: Polity Press.〔ジークムント・バウマン『近代とホロコースト』森田典正訳，大月書店，2006 年〕

Beauvoir, Simone de (1963) *La force des choses*. Paris: Gallimard.〔シモーヌ・ド・ボーヴォワール『或る戦後』(上)(下)，朝吹登水子・二宮フサ訳，紀伊國屋書店，1965 年〕

Beckett, Samuel (1965) *Imagination Dead Imagine*. London: Calder and Boyers.〔『サミュエル・ベケット短編小説集』(新装復刊)，片山昇・安堂信也訳，白水社，2015 年(に所収の散文詩「死せる想像力よ想像せよ」)〕

Benz, Wolfgang (ed.) (1994) *Rechtsextremismus in Deutschland*. Voraussetzungen, Zusammenhänge, Wirkungen. Frankfurt am Main: Fischer.

Berger, Jürgen, Hans-Peter Reichmann and Rudolf Worschek (eds) (1989) *Zwischen Gestern und Morgen: Westdeutscher Nachkriegsfilm 1946–1962*. Frankfurt am Main: Deutsches Filminstitut.

Bergmann, Werner and Rainer Erb (1991) *Antisemitismus in der Bundesrepublik: Ergebnisse der empirischen Forschung von 1946–1989*. Opladen: Leske & Budrich.

Bertina, B. J. (1956a) 'Dit jaar in Cannes', *Filmforum*, 5, 5, 83–7.

_____(1956b) 'Sterk programma op Berlinale', *Filmforum*, 5, 7, 129–32.

_____(1957) 'Opengereten wonden in Cannes: Oostduitse film vol haat jegens de nazi's. Landelijk leven in Rusland', *de Volkskrant*, 8 May.

_____(1963) 'Pas op voor politieke films', *Filmforum*, 12, 5, 93–4.

Bijl, Maarten (1997) *Nooit meer Auschwitz! Het Nederlands Auschwitz Comité 1956–1996*. Bussum: Thoth.

Binder, David (1960) 'German Boys shocked into silence by Nazi film', *Daily Mail*, 11 January, 2.

Boost, Charles (1956) '*Nuit et Brouillard*', *De Groene Amsterdammer*, 27 October, 5.

Bormann, Alexander von (1998) '"Besetzt war sie, durch und durch": Traumatisierung im Werk von Anne Duden', in Stephan Braese, Holger Gehle, Doron Kiesel and Hanno Loewy (eds) *Deutsche Nachkriegsliteratur und der Holocaust*. Frankfurt am Main and New York: Campus Verlag, 245–67.

Bosmans, J. (1982) 'Het maatschappelijk-politieke leven in Nederland 1945–1980', in D. P. Blok *et al* (eds) *Algemene Geschiedenis der Nederlanden, vol. 15*. Nieuwste Tijd. Haarlem: Fibula-

Van Dishoeck, 269–316.

Braese, Stephan, Holger Gehle, Doron Kiesel and Hanno Loewy (eds) (1998) *Deutsche Nachkriegsliteratur und der Holocaust*. Frankfurt am Main and New York: Campus Verlag.

Brecht, Bertolt (1967) *Der aufhaltsame Aufstieg des Arturo Ui, Bertold Brecht, Gesammelte Werke in 20 Bänden, Stücke 4*. Frankfurt am Main: Suhrkamp, 348–9.〔ベルトルト・ブレヒト『アルトゥロ・ウイの興隆』市川明訳，松本工房，2016 年〕

Brink, Cornelia (1998) 'Die Gedenkstätte Auschwitz in bundesdeutschen Medien zwischen 1989 und 1993', in Detlef Hoffmann (ed.) *Das Gedächtnis der Dinge. KZ-Relikte und KZ-Denkmäler 1945–1955*. Frankfurt am Main and New York: Campus, 310–23.

Broszat, Martin (1981) *The Hitler State: The Foundation and Development of the Internal Structure of the Third Reich* [trans. by John W. Hiden]. London: Longmann.

Brun Lie, Arne (1990) *Night and Fog*. New York: W. W. Norton.

Brüne, Klaus (1957) '*Nuit et Brouillard*', in *Lexikon des Internationalen Films: Das komplette Angebot in Kino und Fernsehen seit 1945*. Reinbek bei Hamburg: Rowohlt, 6, 2717.

Bunge, Hans (ed.) (1991) *Die Debatte um Hanns Eislers 'Johann Faustus': Eine Dokumentation*. Berlin: BasisDruck.

Burke, Peter (1989) 'History as Social Memory', in Thomas Butler (ed.) *Memory, History, Culture and the Mind*. Oxford: Basil Blackwell, 97–113.

Burrin, Philippe (1992) 'Conflicts and Divisions', in Pierre Nora (ed.) *Realms of Memory*. New York: Columbia University Press, 1, 181–202.〔ピエール・ノラ編集『記憶の場――フランス国民意識の文化＝社会史〈第 1 巻〉対立』谷川稔監訳，岩波書店，2002 年所収〕

C. S. (1957) 'Unerwünscht', *Die Welt*, 13 May.

Callinicos, Alex (2001) 'Plumbing the Depths: Marxism and the Holocaust', *Yale Journal of Criticism: Interpretation in the Humanities*, 14, 2, 385–414.

Cantor, Jay (1990) 'Death and the Image', *Tri-Quarterly*, 79, 173–98.

Caven, Hannah (2001) 'Horror in Our Time: images of the concentration camps in the British media, 1945', *Historical Journal of Film, Radio and Television*, 21, 3, 205–53.

Cayrol, Jean (1950) *Lazare parmi nous*. Neuchâtel/Paris: Baconnière/Seuil.

_____(1987a [1956]) '*Nuit et Brouillard* écarté du festival de Cannes: Une protestation de Jean Cayrol', in Richard Raskin (ed.) *Nuit et Brouillard by Alain Resnais: On the Making, Reception and Functions of a Major Documentary Film. Including a New Interview with Alain Resnais and the Original Shooting Script*. Aarhus: Aarhus University Press, 38.

_____(1987b [1956]) 'Nous avons conçu *Nuit et Brouillard* comme un dispositif d'alerte', in Richard Raskin (ed.) *Nuit et Brouillard by Alain Resnais: On the Making, Reception and Functions of a Major Documentary Film. Including a New Interview with Alain Resnais and the Original Shooting Script*. Aarhus: Aarhus University Press, 137.

_____(1961) *Im Bereich einer Nacht* [trans. of *L'espace d'une nuit*, by Paul Celan]. Olten and

Freiburg: Otto Walter.

_____(1997) *Nuit et Brouillard suivi De la mort à la vie*. Paris: Fayard. Celan, Paul (1983) *Gesammelte Werke*. Frankfurt am Main: Suhrkamp.

Cesarani, David (1994) *The Jewish Chronicle and Anglo-Jewry 1841–1991*. Cambridge: Cambridge University Press.

Cohen, Elie Aron (1952) *Het Duitse concentratiekamp: Een medische en psychologische studie*. Amsterdam: Paris. 〔エリ・アロン・コーエン『強制収容所における人間行動』清水幾太郎・高根正昭・田中靖政・本間康平訳，岩波書店，1957 年〕

Colombat, André (1993) *The Holocaust in French Film*. Metuchen: Scarecrow Press.

Colpi, Henri (1959/60) 'Editing *Hiroshima mon amour*', *Sight and Sound*, 29, 1, 14–16.

Conan, Eric and Henry Rousso (1994) *Vichy: Un passé qui ne passé pas*. Paris: Fayard.

Connerton, Paul (1989) *How Societies Remember*. Cambridge: Cambridge University Press. 〔ポール・コナトン『社会はいかに記憶するか——個人と社会の関係』芦刈美紀子訳，新曜社，2011 年〕

Cullen, Michael S. (ed.) (1999) *Das Holocaust-Mahnmal: Dokumentation einer Debatte*. Munich: Pendo.

Czech, Danuta (1989) *Kalendarium der Ereignisse im Konzentrationslager Auschwitz-Birkenau 1939–1945*. Reinbek bei Hamburg: Rowohlt.

Daix, Pierre (1987 [1956]) '*Nuit et Brouillard* sur le festival de Cannes', in Richard Raskin (ed.) *Nuit et Brouillard by Alain Resnais: On the Making, Reception and Functions of a Major Documentary Film. Including a New Interview with Alain Resnais and the Original Shooting Script*. Aarhus: Aarhus University Press, 140–1.

Darlow, Michael (2005) 'Baggage and Responsibility – *The World at War* and the Holocaust', in Toby Haggith and Joanna Newman (eds) *Holocaust and the Moving Image: Representations in Film and Television Since 1933*. London: Wallflower Press, 140–5.

Dębski, Jerzy *et al* (eds) (1995) *Sterbebücher von Auschwitz: Fragmente*, 1. Berichte. Munich: Saur.

Dehn, Paul (1960) 'This film does more than indict the Nazis: its horror concerns us all', *News Chronicle*, 12 February, 4.

De Koven Ezrahi, Sidra (1980) *By Words Alone: The Holocaust in Literature*. Chicago: University of Chicago Press.

Delage, Christian (2005) 'Nuit et Brouillard: a turning point in the history and memory of the Holocaust', in Toby Haggith and Joanna Newman (eds) *Holocaust and the Moving Image: Film and Television Representations Since 1933*. London: Wallflower Press, 123–35.

Delcour, Roland (1987 [1956]) '*Nuit et Brouillard* devant les spectateurs allemands', in Richard Raskin (ed.) *Nuit et Brouillard by Alain Resnais: On the Making, Reception and Functions of a Major Documentary Film. Including a New Interview with Alain Resnais and the Original Shooting Script*. Aarhus: Aarhus University Press, 44.

Deleuze, Gilles (1986) *Cinéma 1: The Movement–Image* [trans. Hugh Tominson and Barbara

Habberjam]. London: Athlone Press.〔ジル・ドゥルーズ『シネマ１　運動イメージ』財津理・齋藤範訳，法政大学出版局，2008年〕

Diner, Dan (ed.) (1987) *Ist der Nationalsozialismus Geschichte? Zu Historisierung und Historikerstreit*. Frankfurt am Main: Fischer Taschenbuch Verlag.

Diner, Dan (1988) 'The Yishuv Confronting the Destruction of European Jewry', *Ha-Tziyonut*. 13, March, 301.

Dixon, Campbell (1956) 'Cannes Calm Fails to Last: Soviet Snub for Britons', *Daily Telegraph*. 3 May, 8.

Doneson, Judith E. (1987) *The Holocaust in American Film*. Philadelphia: Jewish Publication Society.

Doniol-Valcroze, Jacques (1956a) 'Il n'y a jamais eu de déportation', *France-Observateur*, 12 April.

_____(1956b) 'Le massacre des innocents', *Les Cahiers du cinéma*, 59, May, 37–8.

Douglas, Lawrence (1995) 'Film as Witness: Screening *Nazi Concentration Camps* before the Nuremberg Tribunal', *The Yale Law Journal*, 105, 449–81.

Dresden, S. (1954) 'Onverzoend en onverzoenlijk: Een getuigenis', *Kroniek van Kunst en Kultuur*, 14, 111–12.

_____(1997) *Vervolging, vernietiging, literatuur*. Amsterdam: Meulenhoff.

Dubiel, Helmut (1999) *Niemand ist frei von der Geschichte: Die nationalsozialistische Herrschaft in den Debatten der Deutschen Bundestages*. Munich and Vienna: Hanser.

Duden, Anne (1996) '"Das Gedächtnis des Körpers ist die Kunst": Gespräch mit Martin Langwiler', *Neue Zürcher Zeitung*, 29 October.

Dümling, Albrecht (1993) 'Musikalischer Kontrapunkt zur filmischen Darstellung des Schreckens: Hanns Eislers Musik zu *Nuit et Brouillard* von Alain Resnais', in Manuel Köppen (ed.) *Kunst und Literatur nach Auschwitz*. Berlin: Erich Schmidt, 113–23.

Dunk, H. W. von der (1990) *Voorbij de verboden drempel: De Shoah in ons geschiedbeeld*. Amsterdam: Prometheus.

_____(1994) 'De gesmade naoorlogse jaren', in *Twee buren, twee culturen: Opstellen over Nederland en Duitsland*. Amsterdam: Prometheus, 96–121.

Dutourd, Jean (1952) *Au bon beurre ou 10 ans dans la vie d'un crémier*. Paris: Gallimard.

_____(1956) [no title], *Tribune de Genève*,11 May.

Dyer, Peter John (1956) 'In Memoriam', *Observer*, 30 December, 8.

E. H. (1956) '*Nacht und Nebel*', *General-Anzeiger* (Bonn), 21 April.

E. J. (1957) 'Gebrauch der Unabhängigkeit: Tagebuch des Fernsehens', *Frankfurter Allgemeine Zeitung*, 1/2 May.

E. S. (1957) '*Nacht und Nebel*', *Rheinische Woche / Deutsche Woche*, 3 April.

Eckhard, John (1991) 'Musik und Konzentrationslager: Eine Annäherung', *Archiv für Musikwissenschaft*, 48, 1, 1–36.

Eggink, J. W. F. and M. H. van Kuik (eds) (1997) *Selectieve bibliografie van egodocumenten over de*

Tweede Wereldoorlog en zijn gevolgen 1940–1962. Utrecht: Stichting ICODO.

Einstein, Siegfried (1956) 'Mehr als ein Dokument: Der französische KZ-Film *Nacht und Nebel*. Sonderbericht aus Paris', *Telegraf*, 3 June.

Eisler, Hanns (1972) *Muziek en politiek* [edited by Konrad Boehmer, trans. Jacq Firmin Vogelaar]. Nijmegen: Socialistische Uitgeverij.

Elias, Norbert (1989) *Studien über die Deutschen: Machtkämpfe und Habitusentwicklung im 19. und 20. Jahrhundert* [edited by Michael Schröter]. Frankfurt am Main: Suhrkamp. 〔ノルベルト・エリアス著，ミヒャエル・シュレーター編『ドイツ人論——文明化と暴力』青木隆嘉訳，法政大学出版局，新装版；2015 年〕

Eliot, T. S. (1940) [title unknown], *New York Times*, 21 September.

Elsaesser, Thomas (1996) 'Subject positions, speaking positions: From *Holocaust Our Hitler* and *Heimat* to *Shoah* and *Schindler's List*', in Vivian Sobchack (ed.) *The Persistence of History: Cinema, Television, and the Modern Event*. New York and London: Routledge, 145–83.

Eresina (1957) '*Nacht und Nebel*: Dokumentarfilm ohne Haß – Bonner Protest in Cannes unverständlich', *Neue Presse*, 20 January.

Faurisson, Robert (1994) 'Une nouvelle fois, Jean-Claude Pressac révise à la baisse le nombre de morts d'Auschwitz', *Nouvelles Visions*, 33, June–August, 119.

_____(1999) *Ecrits Révisionnistes*. Edition privée hors commerce.

Feineis (1960) '*Nacht und Nebel* stark gefragt', *Frankfurter Allgemeine Zeitung*, 23 January.

Feldhusen, Ruth (1978) *Ikonologische Studien zu Michelangelos Jüngstem Gericht*. Bad Liebenzell: Unterlengenhardt.

Felman, Shoshana (1992) 'Camus' *The Plague* or A Monument to Witnessing', in Shoshana Felman and Dori Laub (eds) *Testimony: Crises of Witnessing in Literature, Psychoanalysis, and History*. New York and London: Routledge, 93–119.

Fentress, James and Chris Wickham (1992) *Social Memory*. London: Blackwell.

Ferrat, Jean [no year] '*Nuit et Brouillard*', 12 chansons de Jean Ferrat vol. I. Paris: Gerard Meys, 32–4.

Fitterman-Lewis, Sandy (1998) 'Terror and Memory in Alain Resnais' *Night and Fog*', in Barry Keith Grant and Jeannette Sloniowski (eds) *Documenting the Documentary: Close Reading of Documentary Film and Video*. Detroit: Wayne State University.

François, Etienne and Hagen Schulze (eds) (2001) *Deutsche Erinnerungsorte*. Munich: C. H. Beck.

French, Philip (1994) 'Hollywood and the Holocaust', *Observer*, 13 February, 14.

Frenk, Jeannine (Levana) (2000) *Representations of the 'Shoah' in French Movies 1945–1985*, unpublished Master's thesis, Tel Aviv University.

Frese, Jürgen (1957) '*Nacht und Nebel*: Stimme eines Schülers', *Deutsche Tagespost*, 29 May.

Friedländer, Saul (ed.) (1992) *Probing the Limits of Representation: Nazism and the 'Final Solution'*. Cambridge, MA and London: Harvard University Press. 〔ソール・フリードランダー編『アウシュヴィッツと表象の限界』上村忠男・小沢弘明・岩崎稔訳，未來社，

1994 年〕

_____(1993) *Memory, History and the Extermination of the Jews of Europe*. Bloomington: Indiana University Press.

Friedrich, Max (1957) '*Nacht und Nebel*: Ein Film, der erstaufgeführt, aber auch ein Buch, das vergessen wurde…', *Vorwärts*, 22 February.

Froment, Pascale (1994) *René Bousquet*. Paris: Stock.

Fulbrook, Mary (1999) *German National Identity After the Holocaust*. Cambridge: Polity Press.

Furth, J. I. (1957) 'Ik zag de film *Nacht en nevel*', *Mededelingenblad Nederlands Auschwitz Comité*, 1, 3, 5.

G.D. (1956) 'Het Derde Rijk en de Joden. Documenten en getuigenissen, die niet ongelezen mogen blijven', *De nieuwe eeuw*. 24 November.

Gantner, Joseph (1953) *Rodin und Michelangelo*. Vienna: Anton Schroll.〔ヨーゼフ・ガントナー『ロダンとミケランジェロ』海津忠雄訳，昭森社，1966 年〕

geyer (1957) '*Nacht und Nebel* in der Volkshochschule', *Stuttgarter Zeitung*, 10 July.

Geyl, Pieter (1954) 'De onverzoenlijkheid van een rechtvaardige', *Vrij Nederland*, 20 February.

Gillis, John (ed.) (1994) 'Introduction: Memory and Identity – the History of a Relationship', in *Commemorations: The Politics of National Identity*. Princeton: Princeton University Press, 3–24.

Giordano, Ralph (1987) *Die zweite Schuld oder Von der Last Deutscher zu sein*. Hamburg and Zurich: Rasch und Röhrig.〔ラルフ・ジョルダーノ『第二の罪――ドイツ人であることの重荷』永井清彦・中島俊哉・片岡哲史訳，白水社，1990 年．新装復刊版；2005 年〕

Glaser, Hermann (1990) *Die Kulturgeschichte der Bundesrepublik Deutschland, Bnd. 2: Zwischen Grundgesetz und Großer Koalition 1949–1967*. Frankfurt am Main: Fischer.

González Bermejo, Ernesto (1977) 'Alain Resnais: "Mijn films zijn een protest tegen de domheid"', *Haagse Post*, 22 October.

Greenberg, David (1960) 'Alain Resnais' *Leila Vaarafel*', *Kolnoa*, 22, 14.

Gretz, Nurit (1990) 'Hen Am Ehad veSafa Ahat leKulam', *Literary Quarterly*, 20, May, 123.

Grieger, Stephan (1964) 'Erfahrungen beim Einsatz des Films *Nacht und Nebel*'. [Manuscript conference 'Jugend und Film', 9–14 October, 13th International filmweek Mannheim, Arbeitsmaterial 12, Deutsches Institut für Filmkunde, Frankfurt am Main].

Grosser, Alfred (1989) *Le crime et la mémoire*. Mesnil-sur-l'Estrée: Flammarion.

Grüttemeier, Ralf (1995) *Hybride Welten: Aspekte der 'Nieuwe Zakelijkheid' in der niederländischen Literatur*. Stuttgart: Metzler.

Grynberg, Anne (1991) *Les camps de la hotne: les internés juifs des camps français, 1939–1944*, Paris: La Découverte.

Gurie, Haim (1963) *Kluv Hazchuchit: Mishpat beYeruslaim* [*The Glass Cage: The Jerusalem Trial*]. Tel Aviv: Hakibbutz Hameuchad.

H. A. (1956) 'Französischer Film *Nacht und Nebel*: Ein Appell an die Würde des Menschen', *Die Südpost*, 15 June.

H. de W. (1957) '*Nacht en nevel*: Kroniek der boosheid', *de Volkskrant*, 18 May.

H. J. O. (1959) 'Kwalijk spel met Anne Frank: Oostduitse documentaire', *Het Parool*, 19 January.

H. L. (1957) 'Neuer Streit um *Nacht und Nebel*' *Allgemeine Wochenzeitung der Juden in Deutschland*, 27 May.

H. S. (1957) 'Die Filme *Nacht und Nebel* und Israel – Land der Hoffnung', *Stuttgarter Zeitung*, 4 May.

Haan, Ido de (1997) *Na de ondergang: De herinnering aan de Jodenvervolging in Nederland 1945–1995*. The Hague: Sdu.

Haff. (1956) 'Das Gesicht des Henkers: *Nacht und Nebel* in München vorgeführt', *Abendzeitung*, 9 July.

Halbwachs, Maurice (1925) *Les cadres sociaux de la mémoire*. Paris: Librairie Félix Alcan.

Hansen, Cornelia (1956) 'Besucher saßen wie erstarrt: *Nacht und Nebel* und Der unbekannte Soldat in Berlin', *Neue Rhein-Zeitung*, 3 July.

Hansen, Miriam Bratu (2001) '*Schindler's List* is not *Shoah*: Second Commandment, Popular Modernism, and Public Memory', in Barbie Zelizer (ed.) *Visual Culture and the Holocaust* New Brunswick: Rutgers University Press, 127–51.

Har-Nof, Zeev (1959) [no title], *Davar* weekend's supplement: *Davar Hashavua*, 1, 1 January, 10–11.

_____(1961) [no title], *Davar* weekend's supplement: *Davar Hashavua*, 7, 17 February, 8.

_____(1966) [no title], *Davar* weekend's supplement: *Davar Hashavua*, 44, 4 November, 7.

Hartman, Geoffrey (ed.) (1994) *Holocaust Remembrance: The Shapes of Memory*. Oxford and Cambridge, MA: Blackwell.

Hebard, Andrew (1997) 'Disruptive Histories: Toward a Radical Politics of Remembrance in Alain Resnais' *Night and Fog*', *New German Critique*, 71, 87–113.

Hechter, Tirza (2003) 'Historical Traumas, Ideological Conflicts, and the Process of Mythologizing', *International Journal of Middle East Studies*, 35, 439–60.

Heinrich, André (2003) Booklet accompanying *Nuit et Brouillard* DVD.

Heister, Hanns-Werner (1995) 'Hollywood and home', *Hanns Eisler: A Miscellany* [edited by David Blake]. Luxemburg: Harwood, 203–49.

Heller, Heinz B. (1997) 'Vergangenheit im filmischen Präsens: Anmerkungen zum Verhältnis von Dokumentarfilm und Geschichte', in Knut Hickethier, Eggo Müller and Rainer Rother (eds) *Der Film in der Geschichte: Dokumentation der GFF-Tagung*. Berlin: Sigma, 220–7.

Herf, Jeffrey (1997) *Divided Memory: The Nazi Past in the Two Germanys*. Cambridge, MA and London: Harvard University Press.

Heuss, Theodor (1955) 'Ein Mahnmal', in Léon Poliakov and Joseph Wulf, *Das dritte Reich und die Juden: Dokumente und Aufsätze*. Berlin-Grunewald: arani, vii–x.

Heynig, Rainer (1958) 'Die Affäre *Nacht und Nebel*: Eine Filmanalyse wider das Unrecht', *Forum Academicum (Heidelberg)*, 9, 2, 9–10.

Hibbon, Nina (1960) 'The New Films', *Daily Worker*, 13 February, 2.

Hilberg, Raul (1994) 'Un acte majeur' [interview by Sylvaine Pasquier], *L'Express*, 24 February.

Hill, Derek (1960) 'No haloes of glory', *Tribune*, 26 February, 11.

Hirsch, Joshua (2002) 'Posttraumatic Cinema and the Holocaust Documentary', *Film & History*, 32, 1, 9–21.

_____(2004) *Afterimage: Film, Trauma, and the Holocaust*. Philadelphia: Temple University Press.

Hirschfeld, G. (1997) 'Een "bijzondere" en een "normale" weg naar moderniteit?: Duitsland en Nederland in de twintigste eeuw', in M. Berman and J. C. H. Blom (eds) *Het belang van de Tweede Wereldoorlog*. The Hague: Sdu, 59–74.

Hoff, Kay (1957) '*Nacht und Nebel*', *Neuß-Grevenboicher Zeitung*, 18 February.

Hoffmann, Christa (1992) *Stunden Null? Vergangenheitsbewältigung in Deutschland 1945 und 1989*. Bonn and Berlin: Bouvier.

Hoffmann, Detlef (ed.) (1998) *Das Gedächtnis der Dinge: KZ-Relikte und KZ-Denkmäler 1945–1955*. Frankfurt am Main and New York: Campus Verlag.

Höfig, Willi (1973) *Der deutsche Heimatfilm 1947–1960*. Stuttgart: Enke.

Holland, Norman (1963) 'The Puzzling Movies: Their Appeal', *Journal of the Society of Cinematologists*, 3, 17–28.

Holocaust in Westeuropa, thematic issue of *Rundfunk und Fernsehen*, 28, 1980, 4.

Horkheimer, Max and Theodor W. Adorno (1964) *Dialektik der Aufklärung: Philosophische Fragmente*. Frankfurt am Main: Suhrkamp.〔ホルクハイマー，アドルノ『啓蒙の弁証法』徳永恂訳，岩波書店，2007 年〕

Huber, Anni (1956) 'Bemerkungen: "Aug um Aug"...', *Die Weltbühne*, 9 May.

Hulsing, Ber (1957) '*Nacht en nevel*: Aangrijpend filmdocument van Hitlers vernietigingskampen. Wat wij nooit mogen vergeten', *De Waarheid*, 11 May.

Huyssen, Andreas (1995) *Twilight Memories: Marking Time in a Culture of Amnesia*. New York and London: Routledge.

Ibsch, Elrud (2004) *Die Shoah erzählt: Zeugnis und Experiment in der Literatur*. Tübingen: Max Niemeyer.

Insdorf, Annette (2003) *Indelible Shadows: Film and the Holocaust* (third edition). Cambridge: Cambridge University Press.

Isaacs, Jeremy (1989) *Storm over 4: A Personal Account*. London: Weidenfeld & Nicholson.

Jacobsen, Wolfgang (1990) *Berlinale: Berlin International Film Festival*. Berlin: Argon.

Jaeger, E. (1956) '*Nacht und Nebel*', *Tagesspiegel*, 31 May.

Janssen Perio, E. M. (1957) 'Genocide: de kwaadste bloem der Duitse romantiek', *Nieuwe Rotterdamsche Courant*, 16 February.

Johnson, Uwe (1996) *Jahrestage: Aus dem Leben von Gesine Cresspahl*. Frankfurt am Main:

Suhrkamp.

Jonca, Karel (1981) *Nuit et Brouillard: NN: L'opération terroriste nazie 1941–1944*. Draguignan: typ. 'Le Dragon'.

Jong, Martien J. G. de (1972) 'Een lemma voor Victor van Vriesland', *Maatstaf*, 6, 354–9. Joost (1956) '*Nuit et Brouillard*', *De Groene Amsterdammer*, 3 November, 1.

Jordaan, L. J. (1956) 'Nachtmerrie der verschrikking vindt in films vertroosting', *Vrij Nederland*, 28 April, 5.

Jutz, Gabriele (1991) *Geschichte im Kino: Eine Semio-Historie des französischen Films – Rohmer, Resnais, Godard, Allio*. Münster: Nodus.

Kaes, Anton (1987) *Deutschlandbilder: Die Wiederkehr der Geschichte als Film*. Munich: edition text + kritik.

Kafka, Franz (1973) *Tagebücher 1910–1923* [edited by Max Brod]. Frankfurt am Main: Fischer. 〔『カフカ全集 7　決定版　日記』谷口茂訳，新潮社，1981 年〕

Kahn-Ackermann, Georg (1956) 'Filmdiplomatie bei *Nacht und Nebel*: Bonn sah den französischen KZ-Film', *Film-Telegramm*, 19 June.

Kannapin, Detlef (1997) *Antifaschismus im Film der DDR. DEFA-Spielfilme 1945–1955/56*. Köln: PapyRossa.

Kansteiner, Wulf (2002) 'Finding meaning in memory: A methodological critique of collective memory studies', *History and Theory*, 41, May, 179–97.

Kennedy, Robert (1956) 'Did They Have His Grace in Mind?', *Daily Worker*, 15 December, 2.

Kershaw, Ian (1999) *Der NS-Staat: Geschichtsinterpretationen und Kontroversen im Überblick* [trans. of *The Nazi Dictatorship*, by Jürgen Peter Krause]. Reinbek bei Hamburg: Rowohlt.

Kiedaisch, Petra (ed.) (1995) *Lyrik nach Auschwitz? Adorno und die Dichter*. Stuttgart: Reclam.

Kittel, Manfred (1993) *Die Legende von der 'Zweiten Schuld': Vergangenheitsbewältigung in der Ära Adenauer*. Berlin and Frankfurt am Main: Ullstein.

Klerk, Nico de (1986) 'Opmerkingen naar aanleiding van *Nuit et Brouillard*', *Resnais Festival 15 mei–25 juni 1986*. Amsterdam: Mirakel, 3–5.

Klieger, Bernhard (1957) *Der Weg, den wir gingen (Reportage einer höllischen Reise)* [trans. of *Le chemin que nous avons fait... Reportages surhumains*, by the author]. Bruxelles: Codac Juifs.

Knaap, Ewout van der (2001) *De verbeelding van nacht en nevel: Nuit et Brouillard in Nederland en Duitsland*. Groningen: Historische Uitgeverij.

_____(2003) 'Übersetztes Gedächtnis: Celans Beitrag zu *Nacht und Nebel*', in Hans-Michael Speier (ed.) *Celan-Jahrbuch 8 (2001/2002)*. Heidelberg: Winter, 259–78.

Knigge, Volkhard (1998) 'Buchenwald', in Detlef Hoffmann (ed.) *Das Gedächtnis der Dinge: KZ-Relikte und KZ-Denkmäler 1945–1955*. Frankfurt am Main and New York: Campus Verlag, 94–173.

Knoch, Habbo (2001) *Die Tat als Bild: Fotografien des Holocaust in der deutschen Erinnerungskultur*. Hamburg: Hamburger Edition.

Knütter, Hans-Helmuth (1993) *Die Faschismus-Keule: Das letzte Aufgebot der deutschen Linken*, Frankfurt am Main and Berlin: Ullstein.

Korn, Karl (1956) '*Nacht und Nebel*: Etwas über Filmdiplomatie', *Frankfurter Allgemeine Zeitung*, 13 April.

Korte, Helmut and Werner Faulstich (1995) 'Der Film zwischen 1945 und 1960: ein Überblick', in Werner Faulstich and Helmut Korte (eds) *Fischer Filmgeschichte, vol. 3: Auf der Suche nach Werten 1945–1960*. Frankfurt am Main: Fischer, 11–33.

Koselleck, Reinhart (1979) *Vergangene Zukunft: Zur Semantik geschichtlicher Zeiten*. Frankfurt am Main: Suhrkamp.

Kracauer, Siegfried (1971) *Theorie des Films: Die Errettung der äußeren Wirklichkeit, Schriften. Vol. 3* [edited by Karsten Witte]. Frankfurt am Main: Suhrkamp.

_____(1974) *From Caligari to Hitler: A Psychological History of the German Film* (fifth edition) Princeton: Princeton University Press.〔ジークフリート・クラカウアー『カリガリからヒトラーへ――ドイツ映画 1918-33 における集団心理の構造分析』丸尾定訳，みすず書房，1970 年〕

Kramer, Sven (1996) 'Inszenierung und Erinnerung: Zur Darstellung der nationalsozialistischen Todeslager im Film', *Weimarer Beiträge*, 42, 1, 509–30.

_____(1999) *Auschwitz im Widerstreit: Zur Darstellung der Shoah in Film, Philosophie und Literaur*. Wiesbaden: Deutscher Universitätsverlag.

Krantz, Charles K. (1985) 'Teaching *Night and Fog*: History and Historiography', *Film & History*, 15, 1, 2–15.

_____(1987) 'Alain Resnais' *Nuit et Brouillard*: A Historical and Cultural Analysis', in Sanford Pinsker and Jack Fischel (eds) *Holocaust Studies Annual, 1985 Literature, the Arts and the Holocaust*. Greenwood: Penkevill, 3, 107–20.

Kristel, Conny (1998) *Geschiedschrijving als opdracht: Abel Herzberg, Jacques Presser en Loe de Jong over de jodenvervolging*. Amsterdam: Meulenhoff.

Kritzman, Lawrence D. (ed.) (1995) *Auschwitz and After: Race, Culture, and 'the Jewish Question' in France*. New York and London: Routledge.

Kuby, Erich (1956) '*Nacht und Nebel*', *Süddeutsche Zeitung*, 9 July.

Kushner, Tony (1994) *The Holocaust and the Liberal Imagination: A Social and Cultural History*. Oxford and Cambridge, MA: Blackwell.

LaCapra, Dominick (1994) *Representing the Holocaust: History, Theory, Trauma*. Ithaca: Cornell University Press.

_____(1998) *History and Memory after Auschwitz*. Ithaca: Cornell University Press.

Lagrou, Pieter (2000) *Patriotic Memory and National Recovery in Western Europe, 1945–1965*. Cambridge: Cambridge University Press.

Landau, Ronnie S. (1992) *The Nazi Holocaust*. London: I. B. Tauris.

Lang, Berel (ed.) (1988) *Writing and the Holocaust*. New York: Holmes & Meier.

_____(2000) *Holocaust Representation: Art within the Limits of History and Ethics*. Baltimore: Johns Hopkins University Press.

Langer, Lawrence (1975) *The Holocaust and the Literary Imagination*. New Haven and London: Yale University Press.〔ローレンス・ランガー『ホロコーストの文学』増谷外世嗣他訳，晶文社，1982 年〕

Leibowitz, Nicole (1997) *L'affaire Carpentras: de la profanation à la machination*. Paris: Plon.

Lejeune, C. A. (1960) 'At the Films', *Observer*,14 February, 23.

Lemaire, Maurice (1956) 'Communiqué de M. Lemaire', *Franc-Tireur*, 12 April [also published in *L'Aurore* and in *Le Monde*, 12 April].

Lindeperg, Sylvie (1987) *Cinéma, mémoire, histoire: Etude réalisée à partir de deux films d'Alain Resnais, Nuit et Brouillard (1955–56), Hiroshima mon amour (1959)*. Doctoral dissertation, University of Paris.

Lindner, Burkhardt (1998) 'Was heißt: nach Auschwitz? Adornos Datum', in Stephan Braese, Holger Gehle, Doron Kiesel and Hanno Loewy (eds) *Deutsche Nachkriegsliteratur und der Holocaust*. Frankfurt am Main and New York: Campus Verlag, 283–300.

Lindwer, Willy (1990) *Kamp van hoop en wanhoop: Getuigen van Westerbork, 1939–1945*. Amsterdam: Balans.

Losson, Nicolas (1999) 'Notes on the Images of the Camps', *October*, 90, 25–35.

Low, Alfred D. (1994) *The Third Reich and the Holocaust in German Historiography: Toward the Historikerstreit of the mid-1980s*. New York: Columbia University Press.

Lyotard, Jean-François (1988) *The Differend: Phrases in Dispute*. Minneapolis: University of Minnesota Press.〔ジャン＝フランソワ・リオタール『文の抗争』陸井四郎・外山和子・小野康男・森田亜紀訳，法政大学出版局，1989 年〕

Maetzig, Kurt (1987) 'Neuerweckung der Bildmontage: Ein Vortrag', in Günter Agde (ed.) *Filmarbeit: Gespräche, Reden, Schriften*. Berlin: Henschelverlag Kunst und Gesellschaft, 291–7.

MacDonald, Scott (2002) *Cinema 16: Documents Toward a History of the Film Society*. Philadelphia: Temple University Press.

Malcolm, Derek (1994) 'The Film and the Reality', *Guardian*, 17 February, 4.

Mandel, Naomi (2001) 'Rethinking "After Auschwitz": Against a Rhetoric of the Unspeakable in Holocaust Writing', *Boundary*, 2, 28, 2, 203–29.

Marcorelles, Louis (1956) '*Nuit et Brouillard*', *Sight and Sound*, 25, 4.

_____(1959/60) 'Rebel with a Camera', *Sight and Sound*, 29, 1, 12–14.

Margalit, Avishai (2002) *The Ethics of Memory*. Cambridge, MA and London: Harvard University Press.

Märthesheimer, Peter and Ivo Frenzel (eds) (1979) *Im Kreuzfeuer: Der Fernsehfilm 'Holocaust'.Eine Nation ist betroffen*. Frankfurt am Main: Fischer.

Maurel, Micheline (1957) *Un camp très ordinaire*. Paris: Les éditions de Minuit.

McNally, Richard J. (2003) *Remembering Trauma*. Cambridge, MA and London: Harvard University Press.

Meijer, Jaap (1976) *Victor Emanuel van Vriesland als zionist: een vergeten hoofdstuk uit de geschiedenis van het joods nationalisme in Nederland*. Heemstede: Jaap Meijer.

Meinhof, Ulrike Marie (1972) 'Provinz und kleinkariert', in H. M. Enzensberger (ed.) *Klassenbuch 3: Ein Lesebuch zu den Klassenkämpfen in Deutschland 1920–1971*. Darmstadt and Neuwied: Luchterhand, 210–14.

Michael, Robert (1984) 'A second look: *Night and Fog*', *Cineaste*, 13, 4, 36–7.

Michelet, Edmond (1956a) 'Texte de la question orale du sénateur E. Michelet', *Franc-Tireur*, 11 April.

_____(1956b) 'Texte de la question orale du sénateur E. Michelet', *La Croix*, 15 April.

Mintz, Alan L. (2001) *Popular Culture and the Shaping of Holocaust Memory in America*. Seattle: University of Washington Press.

Mitry, Jean (1998) *The Aesthetics and Psychology of the Cinema* [trans. of *Esthétique et psychology du cinema*, by Christopher King]. London: Athlone Press.

Moltmann, Günter (1957) *Der Dokumentarfilm 'Nacht und Nebel': Erläuterungen und Hinweise für seine Auswertung*. Hamburg: Staatliche Landesbildstelle Hamburg, Kuratorium für staatsbürgerliche Bildung Hamburg.

Morvan, Jean-Jacques (1975) *Nuit et Brouillard*. Besançon: Imprimerie Municipale.

Mossé, Claude (1996) *Carpentras: la profanation: chronique*. Monaco: Editions du Rocher-J. P. Bertrand.

Mulder, Gerard and Paul Koedijk (1996) *Léés die krant! Geschiedenis van het naoorlogse Parool 1945–1970*. Amsterdam: Meulenhoff.

Müller, Bernd (1993) *Sporen naar Duitsland: Het Duitslandbeeld in Nederlandse romans 1945–1990*. Aachen: Alano.

Müller, Hans-Jürgen (1991) *Shoah – Ein Film: Erinnerungsarbeit in der Erwachsenenbildung mit dem Mittel der Kunst*. Oldenburg: Bibliotheks- und Informationssystem der Universität Oldenburg.

Müller, Klaus E. and Jörn Rüsen(eds)(1997) *Historische Sinnbildung: Problemstellungen, Zeitkonzepte, Wahrnehmungshorizonte, Darstellungsstrategien*. Reinbek bei Hamburg: Rowohlt.

Nijhoff, Martinus (1982) 'Veertig jaar dichterlijke arbeid: Victor E. van Vriesland – "Drievoudig verweer"', in *Martinus Nijhoff Verzameld werk II: Kritisch en verhalend proza* [edited by Gerrit Borgers and Gerrit Kamphuis]. Amsterdam: Bert Bakker, 1018–22.

Niven, William N. (1995) 'The reception of Steven Spielberg's *Schindler's List* in the German media', *Journal of European Studies*, 25, 165–89.

Nora, Pierre (ed.) (1984) *Les lieux de mémoire I: La république*. Paris: Gallimard.〔ピエール・ノラ編集『記憶の場――フランス国民意識の文化＝社会史〈第 1 巻〉対立』谷川稔監訳，岩波書店，2002 年〕

_____(ed.) (1986) *Les lieux de mémoire II: La Nation*. Paris: Gallimard.〔『同〈第 2 巻〉統合』2003 年〕

_____(ed.) (1992) *Les lieux de mémoire III: Les France*. Paris: Gallimard.〔『同〈第 3 巻〉模索』2003 年〕

Novick, Peter (1999) *The Holocaust in American Life*. Boston: Houghton Mifflin.

_____(2000) *The Holocaust and Collective Memory: The American Experience*. London: Bloomsbury.

_____(2003) 'The American National Narrative of the Holocaust: There isn't Any', *New German Critique*, 90, 27–35.

Oberski, Jona (1978) *Kinderjaren*.'s-Gravenhage: BZZTôH.〔ヨナ・オバースキー『チャイルドフッド』田口俊樹訳，キネマ旬報社，1994 年〕

Ockhardt, Heinz (1956) 'Einfach einen Strich ziehen?', *Der Mittag*, 3 July.

Olick, Jeffrey K. and Joyce Robbins (1998) 'Social Memory Studies: From "Collective Memory" to the Historical Sociology of Mnemonic Practices', *Annual Review of Sociology*, 24, 105–40.

Olsen, Arthur J. (1960) 'Germans Acclaim Anti-Hitler Film', *New York Times*, 21 August, 23.

Oster, Daniel (1973) *Jean Cayrol: Avec un choix de poèmes, une bio-bibliographie, des illustrations*. Paris: Seghers.

Ottosen, Kristian and Elisabeth Aydoux (1994) *Nuit et Brouillard: Histoire des Prisonniers du camp de Natzweiler-Struthof* [trans. of *Natt og Tåke, Historien om Natzweiler-Gangene* translator unknown]. Bruxelles: Le Cri.

Ozick, Cynthia (2000) *Quarrel & Quandary: Essays*. New York: Knopf.

Pelt, Robert Jan van and Carroll William Westfall (1991) *Architectural Principles in the Age of Historicism*. New Haven: Yale University Press.

Peschanski, Denis (2002) *La France des camps: l'internement 1938–1946*. Paris: Gallimard.

Petersen, Judith (2001) 'How British Television Inserted the Holocaust into Britain's War Memory in 1995', *Historical Journal of Film, Radio and Television*, 21, 3, 255–72.

Poliakov, Léon and Joseph Wulf (1955) *Das dritte Reich und die Juden: Dokumente und Aufsätze*. Berlin-Grunewald: arani.

_____(1956) *Het Derde Rijk en de Joden: Documenten en getuigenissen* [edited by H. Wielek, trans. by W. Wielek-Berg]. Amsterdam: Scheltema & Holkema.

Poliakov, Léon (1966) *Auschwitz* [trans. by P. G. Rijser]. Tilburg: Nederlands Boekhuis.

Prédal, René (1996) 'L'itinéraire d'Alain Resnais', *Études cinématographiques*, 211–22, 2, 114.

Presser, J. (1965) *Ondergang: De vervolging en verdelging van het Nederlandse Jodendom, 1940–1945*. The Hague: Staatsuitgeverij.

Prokop, Dieter (1981) *Medien-Wirkungen*. Frankfurt am Main: Suhrkamp.

Prose, Francine (2005) 'Verkitschung des Holocaust: Zum 60. Jahrestag der Auschwitzbefreiung: Der Stand der amerikanischen Gedenkkultur', *Die Zeit*, 5, 27 January, 5.

Punie, Yves (1992) 'Verbeelding van de "holocaust": de documentaire *Nacht en nevel* versus het docudrama Holocaust. Een vergelijkend empirisch onderzoek', *Driemaandelijks Tijdschrift*

van de Stichting Auschwitz, 33/34, 9–64.

Quigly, Isabel (1960) 'Love and Corpses', *Spectator*, 12 February, 220.

Rabinbach, Anson (1997) *In the Shadow of Catastrophe: German Intellectuals between Apocalypse and Enlightenment*. Berkeley, Los Angeles and London: University of California Press.

Radius, Ernst (1990) 'Met waakzame zorg: De Katholieke Film Centrale en het keuringsbeleid ten aanzien van volwassenen, 1945–1967', *Jaarboek Mediageschiedenis 2*. Amsterdam: Stichting Mediageschiedenis, 113–33.

Raskin, Richard (ed.) (1987) *Nuit et Brouillard by Alain Resnais. On the Making, Reception and Functions of a Major Documentary Film. Including a New Interview with Alain Resnais and the Original Shooting Script*. Aarhus: Aarhus University Press.

Rauschenbach, Brigitte (1998) 'Politik der Erinnerung', in Jörn Rüsen and Jürgen Straub (eds), *Erinnerung, Geschichte, Identität*. Frankfurt am Main: Suhrkamp, 354–74.

Reading, Anna (2002) *The Social Inheritance of the Holocaust: Gender, Culture and Memory*. Basingstoke: Pallgrave Macmillan.

Reichel, Peter (1995) *Politik mit der Erinnerung: Gedächtnisorte im Streit um die national-sozialistische Vergangenheit*. Munich and Vienna: Carl Hanser Verlag.

Reitlinger, Gerard (1953) *The Final Solution: The Attempt to Exterminate the Jews of Europe 1939–45*. London: Valentine, Mitchell & Co.

_____(1956) *Die Endlösung: Hitlers Versuch der Ausrottung der Juden Europas 1939–1945* [trans.J. W. Brügel]. Berlin: Colloquium.

Resnais, Alain (1987 [1986]) 'Alain Resnais sur *Nuit et Brouillard*', in Richard Raskin (ed.) *Nuit et Brouillard by Alain Resnais. On the Making, Reception and Functions of a Major Documentary Film. Including a New Interview with Alain Resnais and the Original Shooting Script*. Aarhus: Aarhus University Press, 47–63.

Rensinghoff, Ines (1998) 'Auschwitz Stammlager: Das Tor "Arbeit macht frei"', in Detlef Hoffmann (ed.) *Das Gedächtnis der Dinge. KZ-Relikte und KZ-Denkmäler 1945–1955*. Frankfurt am Main and New York: Campus, 238–65.

Richter, Hans Werner Richter (1997) *Briefe* [edited by Sabina Cofalla]. Munich and Vienna: Carl Hanser Verlag.

Rioux, Jean-Pierre (1983) *La France de la Quatrième République 2 L'expansion et l'impuissance 1952–1958*. Paris: Le Seuil.

Romijn, Peter (1989) *Snel, streng en rechtvaardig: Politiek beleid inzake de bestraffing en reclassering van 'foute' Nederlanders, 1945–1955*. Houten: De Haan.

Romney, Jonathan (1999) 'Not film of the week – *Life is Beautiful*: Camping it up', *Guardian*, 12 February, 6.

Rosenberg, Artur (1956) 'Dokumente der Gewaltpolitik: Ein Interview über die Auswertung deutscher Kriegsaufzeichnungen', *Der Tag*, 12 August.

Rosenfeld, Alvin H. (1980) *A Double Dying: Reflections on Holocaust Literature*. Bloomington and

London: Indiana University Press.

Rothman, William (1997) '*Night and Fog*', in *Documentary Film Classics*. Cambridge and New York: Cambridge University Press, 39–68.

Roud, Richard (1959/60) 'Conversation with Marguerite Duras', *Sight and Sound*, 29, 1, 16–17.

Roumette, Sylvain (1987 [1961]) 'Alain Resnais à la question', in Richard Raskin (ed.) *Nuit et Brouillard by Alain Resnais: On the Making, Reception and Functions of a Major Documentary Film. Including a New Interview with Alain Resnais and the Original Shooting Script*, Aarhus: Aarhus University Press, 135–6.

Rousset, David (1946) *L'Univers concentrationnaire*. Paris: Pavois.

Rousso, Henry (1987) *Le syndrome de Vichy de 1944 à nos jours*. Paris: Le Seuil.

Rubin, Y. (1956) 'Divrei haKorim', *Haaretz*, 14 September.

Ruiter, Frans and Wilbert Smulders (1996) *Literatuur en moderniteit in Nederland 1840–1990*. Amsterdam and Antwerp: De Arbeiderspers.

Rüsen, Jörn (1990) *Zeit und Sinn: Strategien historischen Denkens*. Frankfurt am Main: Fischer.

_____(1998) 'Über den Umgang mit den Orten des Schreckens: Überlegungen zur Symbolisierung des Holocaust', in Detlef Hoffmann (ed.) *Das Gedächtnis der Dinge: KZ-Relikte und KZ-Denkmäler 1945–1955*. Frankfurt am Main and New York: Campus, 330–43.

Sanders, Rino (1957) 'Viele mußten wieder umkehren: *Nacht und Nebel* – ein großartiges filmisches Dokument', *Die Welt*, 19 January.

_____(1988) 'Erinnerungen an Paul Celan', in Werner Hamacher and Winfried Menninghaus (eds) *Paul Celan*. Frankfurt am Main: Suhrkamp, 311–14.

Schallück, Paul (1956a) 'Von deutscher Vergeßlichkeit', *Die Kultur*, March, 5.

_____(1956b) 'Es geht um die Wahrheit', *Welt der Arbeit* (Köln), 27 April.

Schartner, Irmgard (2000) *Hanns Eisler, Johann Faustus: das Werk und seine Aufführungsgeschichte*. Frankfurt am Main: Lang.

Schebera, Jürgen (1998) *Hanns Eisler: Eine Biographie in Texten, Bildern und Dokumenten* Mainz: Schott.

Schillings, Oliver (1996) 'Das Ende der Nachkriegszeit? Über die Aktualität von Erinnerung', in Clemens Wischermann (ed.) *Die Legitimität der Erinnerung und die Geschichtswissenschaft*. Stuttgart: Steiner, 19–29.

Schnabel, Paul (1980) 'Rondom Holocaust: herinneren, herdenken, herzien', in Veldkamp/ Marktonderzoek (ed.) *Rondom Holocaust: Een onderzoek naar de invloed van een omstreden tv-serie op jongeren*. Hilversum: NOS, 204–30.

Schneider, Norbert Jürgen (1989) *Handbuch Filmmusik II: Musik im dokumentarischen Film*. Munich: Ohlschläger.

Schubert, Klaus von (1989) 'Sicherheitspolitik und Bundeswehr', in Wolfgang Benz (ed.) *Die Geschichte der Bundesrepublik Deutschland, Bnd. 1: Politik*. Frankfurt am Main: Fischer, 279–323.

Schumacher, Claude (1998) *Staging the Holocaust: The Shoah in Drama and Performance*. Cambridge: Cambridge University Press.

Schurer, Fedde (1957) '*Nacht en nevel*', *Friese Koerier*, 18 May.

Schwarz, Daniel (1999) *Imagining the Holocaust*. New York: St. Martin's.

Segev, Tom (1993) *The Seventh Million: The Israelis and the Holocaust* [trans. by Haim Watzman]. New York: Hill and Wang.〔トム・セゲフ『七番目の百万人——イスラエル人とホロコースト』脇浜義明訳，ミネルヴァ書房，2013 年〕

Sephiha, Haïm Vidal (1979) 'Le champ sémantique de N.N. (Nuit et Brouillard): de la négation à l'anéantissement', *Revue des Études juives*, 138, 3–4, 501–3.

Shandler, Jeffrey (1999) *While America Watches: Televising the Holocaust*. New York: Oxford University Press.

Shapira, Anita (1995) '"Politics and Collective Memory": The Debate over the "New Historians" in Israel', *History and Memory*, 7, 1, 9–34.

Shefi, Naama (2001) *The Ring of Myths: The Israelis, Wagner and the Nazis*. Brighton: Sussex Academic Press.

Shrik, Yosef (1961) [no title], *Davar* weekend's supplement: *Davar Hashavua*, 31, 4 August.

Slagter, J. (1962) 'Geen verbod van de VVN', *Mededelingenblad Nederlands Auschwitz Comité*, 6 December.

Smiers, Joost (1977) *Cultuur in Nederland 1945–1955: Meningen en beleid*. Nijmegen: Socialistische Uitgeverij.

Sobchack, Vivian C. (1992) *The Address of the Eye: A Phenomenology of Film Experience*. Princeton: Princeton University Press.

Sofsky, Wolfgang (1999) *Die Ordnung des Terrors: das Konzentrationslager*. Frankfurt am Main: Fischer.

Sontag, Susan (2003) *Regarding the Pain of Others*. New York: Farrar, Straus and Giroux.〔スーザン・ソンタグ『他者の苦痛へのまなざし』北条文緒訳，みすず書房，2003 年〕

Spierdijk, Jan (1957) '*Nacht en nevel*', *De Telegraaf*, 18 May.

Staal, K. R. van (1945) *Terug uit de Hel van Buchenwald*. Amsterdam: Nieuwe Wieken.

Stauber, Roni (2000) *Halekakh la'Dor: Shoah veGvura baMakhshava ha'Ziburit baArtez biShnot hakhamishim* [A Lesson to the Generation: The Holocaust and Heroism in the Israeli Public Mind during the 1950s]. Jerusalem: Yad ben-Zvi.

Steininger, Rolf (1992) *Deutsche Geschichte 1945–1961: Darstellung und Dokumente in zwei Bänden volume 2*. Frankfurt am Main: Fischer.

Stern, Frank (1991) *Im Anfang war Auschwitz: Antisemitismus und Philosemitismus im deutschen Nachkrieg*. Gerlingen: Bleicher.

Sternhell, Zeev (1995) *Binyan umah o tikun hevrah?: le'umiyut ve – sotsyalizm bi – tenu'at ha–'avodah ha – Yisre'elit 1904–1940* [Nation Building or a New Society? The Zionist Labour Movement (1904–1940) and the Origins of Israel]. Tel Aviv: Am Oved.

Stevens, Wallace (1947) 'Notes Toward a Supreme Fiction', *Transport to Summer*. New York: Alfred Knopf.

Stroman, B. (1957) 'Roerganger: kompas en baken', in Willem Brandt, Anthonie Donker, Alfred Kossmann and Ben Stroman (eds) *Victor E. van Vriesland: Een karakteristiek*. Amsterdam: Querido, 39–46.

Stückrath, Fritz and Georg Schottmayer (1955) *Psychologie des Filmerlebens in Kindheit und Jugend*. Hamburg: Schropp.

Sullivan, Dan (1967) '"Village" Begins Antiwar Festival', *New York Times*, 30 January, 34.

Sulzer, Dieter, Hildegard Dieke and Ingrid Kussmaul (eds) (1978) *Der Georg-Büchner-Preis 1951–1978: Eine Ausstellung des Deutschen Literaturarchivs Marbach und der Deutschen Akademie für Sprache und Dichtung Darmstadt*. Marbach am Neckar: Deutsche Schiller-gesellschaft.

Taterka, Thomas (1999) *Dante Deutsch: Studien zur Lagerliteratur*. Berlin: Erich Schmidt.

Terry, Anthony (1956) 'Banned Nazi Camps Film for Schools', *Sunday Times*, 1 July, 59.

Thiele, Jens (1995) 'Die Lehren aus der Vergangenheit: Rotation (1949)', in Werner Faulstich and Helmut Korte (eds) *Fischer Filmgeschichte, Bnd. 3: Auf der Suche nach Werten 1945–1960*. Frankfurt am Main: Fischer, 126–47.

Thomé, Ludwig (1956) '*Nacht und Nebel*: Was sagt der umstrittene Dokumentarfilm wirklich aus?', *Frankfurter Rundschau*, 2 June.

Thompson, Howard (1960) 'Cinema 16 Alters Dec. 7 Program', *New York Times*, 26 November, 13.

Trezise, Thomas (2001) 'Unspeakable', *Yale Journal of Criticism*, 14, 1, 39–66.

Thränhardt, Dietrich (1996) *Geschichte der Bundesrepublik Deutschland: Erweiterte Neuausgabe*. Frankfurt am Main: Suhrkamp.

Trotta, Margarethe von (1988) *Die bleierne Zeit und andere Filmtexte*. Berlin: Henschelverlag Kunst und Gesellschaft.

Truffaut, François (1956) 'Rencontre avec Alain Resnais', *Arts et Spectacles*, 22 February.

_____(1975) *Les films de ma vie*. Paris: Flammarion.〔フランソワ・トリュフォー『映画の夢　夢の批評』山田宏一・蓮實重彥訳，たざわ書房，1979 年およびフランソワ・トリュフォー『わが人生　わが映画』山田宏一・蓮實重彥訳，たざわ書房，1980 年，にほぼ収録〕

Verkuil, I. D. (1988) *De grote illusie: De Nederlandse vredesbeweging na 1945*. Utrecht: HES.

Vos, Chris (1995) *Televisie en bezetting: Een onderzoek naar de documentaire verbeelding van de Tweede Wereldoorlog in Nederland*. Hilversum: Verloren.

Vree, Frank van (1995) *In de schaduw van Auschwitz: Herinneringen, beelden, geschiedenis*. Groningen: Historische Uitgeverij.

Vriesland, Victor E. van (1954) *De onverzoenlijken*. Amsterdam: De Spieghel & C. J. P. van der Peet.

_____(1958) 'De schrijver en de keuze', *Onderzoek en vertoog: Verzameld critisch en essayistisch proza 2*. Amsterdam: Querido, 655–9.

W. B. (1957) 'Schokkend filmdocument over de concentratiekampen: *Nacht en nevel* wordt thans vertoond', *Algemeen Handelsblad*, 18 May.

Wagenaar, Aad (1994) 'Op zoek naar de naam: Het meisje tussen de wagondeuren', in Dirk Mulder and Ben Prinsen (eds) *Kinderen in kamp Westerbork*. Assen: Van Gorcum, 105–19.

Warren, Charles (1996) *Beyond Document: Essays on Nonfiction Film*. Hanover: University Press of New England.

Waterman, John (1960) 'The Week's New Films', *Evening Standard*, 11 February, 6.

Weiler, A. H. (1960) 'Screen: "Hiroshima, Mon Amour"', *New York Times*, 17 May, 43.

Weisenfeld, Ernst (1956) 'Offen gesagt: Proteste gegen *Nacht und Nebel*: KZ-Film wird in Cannes nicht gezeigt – Deutschland erwirkte Verbot', *Westdeutsche Allgemeine Zeitung* 21 April.

Weiss-Rüthel, Arnold (1946) *Nacht und Nebel: Aufzeichnungen aus fünf Jahren Schutzhaft*. Munich: H. Kluger.

Welzer, Harald (2002) *Das kommunikative Gedächtnis: Eine Theorie der Erinnerung*. Munich: C. H. Beck.

White, Hayden (1992) 'Historical Emplotment and the Problem of Truth', in Saul Friedländer (ed.) *Probing the Limits of Representation: Nazism and the 'Final Solution'*. Cambridge, MA and London: Harvard University Press, 37–53.〔ソール・フリードランダー編『アウシュヴィッツと表象の限界』上村忠男・小沢弘明・岩崎稔訳，未來社，1994 年所収〕

Wichmann, Jürgen (1957) 'Experiment des guten Willens: Der französische KZ-Film *Nacht und Nebel* – "Eintrittsgeld verboten!"', *Echo der Zeit*, 24 February.

Wielek, H. (1946) 'De film gaat door het vrije land', [source unknown], 19 July.

_____(1947a) *De oorlog die Hitler won*. Amsterdam: ABC

_____(ed.) (1947b) *De stem van Europa*. Amsterdam and Antwerp: v/h Van Ditmar.

_____(1947c) 'Filmjournaals: is dit het leven?', [source unknown], 6 June.

_____(1948) 'De waanzin onzer jaren in de film', *De stem van de arbeid*, October, 13.

_____(1950) 'Vier jaar later … te laat?', *Tijd en Taak*, 4 March.

_____(1956a) 'Het Derde Rijk en de Joden', *De Groene Amsterdammer*, 27 October, 5.

_____(1956b) 'De hel in een filmdocument', *Tijd en Taak*, 10 November.

_____(1957) 'Veel Duitse dichters ontvluchten de aarde', *Vrij Nederland*, 9 February.

_____(1960a) 'Het filmdocument Eichmann en het derde rijk en Miriam Novitch', *Filmforum* 9, 10, 174.

_____(1960b) 'Mein Kampf, eerlijk filmdocument', *Filmforum*, 9, 10, 196.

_____(1961) 'Kapo', *Filmforum*, 10, 4, 68–71.

_____(1962) 'De moderne film', *Filmforum*, 11, 9, 161–7.

_____(1963a) 'Problemen in en van politieke films', *Filmforum*, 12, 3, 43–51.

_____(1963b) 'Bertina: homo aestheticus?', *Filmforum*, 12, 5, 94–5.

_____(1970) 'Vijf-en-twintig jaar later', [source unknown].

Wielenga, Friso (1989) *West-Duitsland: partner uit noodzaak. Nederland en de Bondsrepubliek 949–1955*. Utrecht: Het Spectrum.

_____(1999) *Van vijand tot bondgenoot: Nederland en Duitsland na 1945*. Amsterdam: Boom.

Wieviorka, Annette (1992) *Déportation et génocide: Entre la mémoire et l'oubli*. Paris: Hachette Pluriel.

Wilke, Jürgen, Birgit Schenk, Akiba A. Cohen and Tamar Zemach (eds) (1995) *Holocaust und NS-Prozesse: Die Presseberichterstattung in Israel und Deutschland zwischen Aneignung und Abwehr*. Cologne, Weimar and Vienna: Böhlau.

Wilson, Emma (2005) 'Material Remains: *Night and Fog*', *October*, 112, 89–110.

Wisse, C. J. (1957) '*Nacht en nevel*: gruwelijk en barbaars document', *Het Vrije Volk*, 18 May.

Wormser, Olga and Henry Michel (1954) *Tragédie de la déportation: Témoignages de survivants des camps de concentration allemands*. Paris: Hachette.

Wormser-Migot, Olga (1965) *Quand les alliés ouvrirent les portes: Le dernier acte de la tragédie de la déportation*. Paris: Robert Laffont.

_____(1968) *Le système concentrationnaire nazi (1933–1945)*. Paris: Presses Universitaires de France.

Young, James E. (1988) *Writing and Rewriting the Holocaust: Narrative and the Consequences of Interpretation*. Bloomington: Indiana University Press.

_____(1993) *The Texture of Memory: Holocaust Memorials and Meaning*. New Haven and London: Yale University Press.

Zarek, Otto (1956) 'Film-Kunst oder – Propaganda?', *Berliner Allgemeine*, 11 May.

Zelizer, Barbie (1998) *Remembering to Forget: Holocaust Memories Through the Camera's Eye*. Chicago: University of Chicago Press.

_____(ed.) (2001) *Visual Culture and the Holocaust*. New Brunswick: Rutgers University Press.

Zöchbauer, Franz (1964) 'Erfahrungen beim Einsatz des Films *Nacht und Nebel* in Österreich. [Manuscript conference 'Jugend und Film', 9–14 October 1964, 13th International filmweek Mannheim, Arbeitsmaterial 13, Deutsches Institut für Filmkunde, Frankfurt am Main].

原　注

序　章

(1)　ここで問題になるのは，アライダ・アスマンとウーテ・フレーフェルト（1999）が，記憶の概念を，コミュニケーション的記憶，集合的記憶（つまり，政治的影響を受けた公的言説），文化的記憶の3つに分けたことである．アスマンはのちに（2003），個人的，社会的，政治的，文化的記憶という，記憶の4つの形態を指摘して，これとは異なる方法で集合的記憶に取り組んだ．アライダ・アスマンは，社会的記憶と同時に世代的記憶があると提示した．ヤン（1992）とアライダ（1999）のアスマン夫妻は，世代的記憶をコミュニケーション的記憶の項目に分類した．

第1章

(1)　出典に少々矛盾が見られるため，確実に正確な日付だとは言えない．アルゴス・フィルムのDVD付属の小冊子を参照されたい（Heinrich 2003: 5, 21）．

(2)　ポーランドの現場での撮影期間は約3週間だったとレネは語った（Raskin 1987: 52）．

(3)　この場面のせいで『夜と霧（*Nuit et Brouillard*）』が映画祭から締め出されたというアヴィサルの主張は誤りである（1988: 16）．

(4)　この場面をいくらか彷彿とさせる記述が，Wormser & Michel 1954: 52–3の夜間の到着について説明した箇所にある．

(5)　Wormser & Michel 1954: 512（目次），365（自殺），392–6（処刑，選別，ガス室送り）．

(6)　だが，ジェイ・カンターの次の記述は事実に反する．「囚人たちは夜と霧として分類される．この呼称は，「ユダヤ人は夜と霧の中に消え去ることになる．その運命は永久に知られることはない」というヒトラーの言明に由来する」（Cantor 1999: 177; 強調は著者による）．

(7)　'Mais il serait facile de montrer que les traits les plus caractéristiques et de la mentalité S. S. et de soubassements sociaux se retrouvent dans bien d'autres secteurs de la société mondiale …

Sous une figuration nouvelle, des effets analogues peuvent demain encore apparaître.'

(8) アルゴス・フィルムがハンス・アイスラーに宛てた，1955 年 10 月 18 日付の手紙．ベルリン芸術アカデミー（SAdK）の文書財団ハンス・アイスラー・アーカイブ（HEA），書簡，No. 885．Dümling 1993: 118 も参照のこと．これに関して，Schebera 1998: 256 は正確性に欠ける．以降の注に登場する略語は，本注で示したアーカイブを指す．

(9) アルゴス・フィルムがアイスラーに宛てた 1955 年 11 月 3 日付の手紙．SAdK，HEA，書簡，No. 886．その裏面には，アイスラー直筆の返事の下書きがある．

(10) エフェリーン・マチュケによる 15 ページにわたる '*Nuit et Brouillard*. Zuordnung der Eisler-Autographen zu den Szenen'．SAdK，HEA，No. 1821．

(11) アラン・レネがアイスラーに宛てた 1956 年 2 月 4 日付の手紙に同封された．SAdK，HEA，書簡，No. 888．'Scène synopsis, Auschwitz film' の 4 ページ目は未完成で，英語とフランス語で書かれている．SAdK，HEA，書簡，No. 1820．

(12)『夜と霧（*Nuit et Brouillard*)』．パウル・ツェランによる原稿．SAdK，HEA，書簡，No. 1819．

(13) Dümling 1993: 119 による引用．アイスラーの作品に関する膨大な研究の中で，『夜と霧（*Nuit et Brouillard*)』に言及したものは，『悲歌 1943』が，『夜と霧（*Nuit et Brouillard*)』の楽譜など，いくつかの作品に復帰した，と記した箇所しかない．これについては，Heister 1995: 235 を参照．ハンス＝ヴェルナー・アイスラーの貢献がドイツで最初に発表されたのは 1988 年のことで，Dümling はこの貢献について言及していない．ベルリナー・アンサンブルで上演された『冬の闘争（*Winterschlacht*)』についての詳細は，Schebera 1998: 250 に見られる．

(14) アルゴス・フィルムがアイスラーに宛てた 1955 年 10 月 18 日付の手紙．SAdK，HEA，書簡，No. 885．

(15) Konrad Vogelsang, 'Rekonstruktion der Filmmusikpartitur', 1984（タイプライターで打った 2 ページにわたる分析．楽譜付き）．SAdK，HEA，No. 1681．

(16) Dümling (1993: 121) によれば，映画音楽で西ドイツ国歌が用いられた箇所は，西ドイツ政府がモノクロ版を配給する際に削除されたという．それが事実なのか，どのように実施されたのかについては，筆者の知るかぎり不明である．

(17) アラン・レネがアイスラーに宛てた 1956 年 2 月 4 日付の手紙．SAdK，HEA，書簡，No. 888．

(18) アイスラーがアルゴス・フィルムに宛てた，1957 年 8 月 7 日付のタイプライター打ちの手紙の複写．SAdK，HEA，書簡，No. 890．

(19) アイスラーが VEB ドイツ・シャルプラッテン・ベルリンに宛てた，1956 年 10 月 26 日付の手紙．SAdK，HEA，書簡，No. 167．

(20) セッテラ（アンナ・マリア）・シュタインバッハは，その他 76 人とともに第 16 車両に詰め込まれ，1944 年 5 月にアウシュヴィッツに移送された．その数か月後，10 歳になる直前にガス室で殺された（Wagenaar 1994: 105–19）．

（21） Wormser & Michel 1954: 136．編者は正確に示していない．『われらの間のラザロ（*Lazare parmi nous*）』からの引用箇所は，Cayrol 1950: 39, 43, 44 and 45 から成ると思われる．

第 2 章

（1） たとえば，'Savoir la Shoah (Documents, actes et rapports pour l'education)', Centre regional de la documentation pédagogique de Dijon, 1998 などで．
（2） 本章におけるフランス語から英語への翻訳はすべて筆者による．
（3） 's'il ne pense pas que le mise à l'écart de ce film désigné par la commission de selection puisse être interprétée comme un désaveu public infligé à la Résistance française et aux déportés. Le secrétaire d'Etat ne pense-t-il pas en outre que le gouvernement et le peuple de la RFA pourraient prendre ombrage de l'accusation formulée par la presse, selon laquelle cette mesure serait intervenue à la suite d'une démarche de services officeils allemands (alors que la République Fédérale ne cesse d'affirmer qu'elle se désolidarise de la manière la plus formelle des crimes nazis)?'
（4） フランス政府のアルジェリア政策に対し早い時期に発生した抗議活動については，Andrieu 2002: 83–4 を参照．
（5） レネは 1956 年 1 月 31 日に『レクスプレス』誌のインタビューを受けた．

第 3 章

（1） 本章では次に挙げるドイツのアーカイブを利用した（以下の注では，括弧内で示す略語を用いる）．（1）コブレンツの連邦公文書館（BAK）：連邦政府報道情報局（PIB），B 145–1445, file Dokumentar- und Kulturfilme, folder 1, 1956–1962 (PIB 1), B 145–1445, file Dokumentar- und Kulturfilme, folder 2, 1960–1965 (PIB 2), B 145–1445, file *Israel*-Film (Staat der Hoffnung), vol. 2: 1959–1960 (PIB 3), B145–209, file Dokumentarische Sendungen, folder SFB *Nacht und Nebel* Fernsehen 965–8 (PIB 4); Bundesministerium des Innern (BI), B 106/871, Internationale Filmfestspiele Berlin 1956/57 (BI 1), B 106/903, Das deutsche Ansehen im Ausland schädigende Filme, Hetzfilme u.ä.: Einzelfälle, Bnd. 1952–1961 (BI 2), B 106/895, Schriftverkehr über einzelne Filme, Bnd. 5: 1956–1960 (BI 3); Bundeskanzleramt (BK).（2）ボンの外務省（AA）：Politisches Archiv, Bnd. 487, 81.20.11, Import und Vorführung ausländischer Filme in Deutschland (PA 1), Filmeinzelfälle 4073, folder 467 (PA 2).（3）マールバッハ・アム・ネッカーにあるドイツ文学文書館（DLA）：パウル・ツェランの遺品（PC）；ベルリン芸術アカデミー（SAdK）の財団文書ハンス・アイスラー・アーカイブ（HEA），Bestand Präsidium (P) Bestand Sinn

und Form (SF).（4）フランクフルト・アム・マインのドイツ映画研究所：『夜と霧（*Nacht und Nebel*）』のフィルム編集が含まれるフォルダー.（5）ベルリンのドイツ映画テレビ・アカデミー：『夜と霧（*Nacht und Nebel*）』のフィルム編集が含まれるフォルダー.

（2） 規約，ハーグのオランダ外務省（Buitenlandse Zaken）所蔵の 'culturele afdeling ambassade Parijs 1952–1968'（パリのオランダ大使館文化課）, folder Filmfestival Cannes, box 19, 814.0.

（3） 'lieber cayrol, erst heuteabend bekomme ich den vollen text ihrer erklaerung in *Le Monde* ich werde ihnen gleich schreiben nehmen sie heute den herzlichsten ausdruck meiner sympathie und freundschaft – ihr heinrich böll'.

（4） Anon. 1956s. このラジオ番組の放送日は，Richter 1997: 226–7 で特定できる.「友情に対する冒瀆（Attentat auf die Freundschaft）」というラジオ放送での発言が *Die Kultur* で発表されたことも，ベルの手紙からわかる．May 1965: 4.

（5） 全文は *Verhandlungen* 1956: 7205–7206 および Knaap 2001: 64–6 に記載がある.

（6） Dr クロルが 1956 年 7 月 31 日付で連邦政府報道情報局（BPA）に宛てた手紙. BAK, PIB 1.

（7） BAK, BI 2.

（8） タイプライター原稿．BAK, PIB 2.

（9） ラジオでの 'Bonner Einspruch gegen französischen KZ-Film *Nacht und Nebel* war kein diplomatisches Meisterstück.' という有名な発言からの引用．1956 年 4 月 30 日に放送された，北ドイツ放送のラジオ番組 'Echo des Tages' より．BAK, PIB 1.

（10） 1956 年 7 月 5 日の議事録 5 ページ分，Protokoll Nr. 14, 14. Sitzung des Kuratoriums der Bundeszentrale für Heimatdienst，4 ページ目を引用．BAK, PIB 1.

（11） エッカルトからポール・レヴィに宛てた 1956 年 10 月 5 日付の手紙，および同年 10 月 22 日の私設職員からのメッセージ，BAK, PIB 1.

（12） *Schlussbericht der VI. Internationalen Filmfestspiele Berlin 22 Juni–3 Juli 1956*, in BAK, BI 1.

（13） 以上の金額は，一言の説明もないまま Anon. 1956x に示されている．Anon. 1956x の別の記事では，そうした事実を認めたくない傾向に関連して，映画の重要性が強調されている．H. A. 1956 を参照のこと.

（14） アンネ・フランクは，ガス室設備のないベルゲン＝ベルゼン強制収容所で死亡した.

（15） 部数については Anon. 1956ai を参照のこと.『アンネの日記』舞台化の大反響については，Kittel 1993: 277–81 を参照.

（16） S・アルフォン（アルゴス・フィルム）がルドルフ・ヴォラーに宛てた 1956 年 6 月 6 日付の手紙．BAK, PIB 1. S・アルフォン（アルゴス・フィルム）が BPA に宛てた 1956 年 6 月 29 日付の手紙．BAK, PIB 1.

（17） Rhythmoton, Film-Produktion Decker & Co. Hamburg, 17 July 1956; Ultrasynchron/Ultrafilm München, 25 July 1956, in BAK, PIB 1.

(18) 1956年7月3日付でディーター・ビーレンシュタイン（Internationaler Studentenbund, Studentenbewegung für international Föderation, ISSF）が，ボンからヴォラーに宛てた手紙．BAK，PIB 1.

(19) S・アルフォン（アルゴス・フィルム）がクルト・ベッツ（BPA）に宛てた，1956年7月17日付の手紙．BAK，PIB 1.

(20) 1956年7月26日付のクルト・ベッツのメモ，およびアルゴス・フィルムがBPAに宛てた1956年8月22日付の手紙．この手紙にはフランクの署名があり，8月23日に投函された．BAK，PIB 1.

(21) S・アルフォン（アルゴス・フィルム）がBPAに宛てた1956年9月21日付の手紙．BAK，PIB 1. 10月1日の合意内容は，アルゴス・フィルムが1956年9月21日に送付し，ツェランが受け取った契約書と一致している．全文を参照するためには，または翻訳文およびツェランの作品との間テクスト性については，Knaap 2001: 148–69とKnaap 2003を参照.

(22) S・アルフォン（アルゴス・フィルム）がBPAに宛てた1956年10月1日付の手紙．BAK，PIB 1. A・ドーマン（アルゴス・フィルム）がBPAに宛てた1956年10月25日付の手紙．BAK，PIB 1.

(23) ボンで書かれた，1956年10月23日付の無記名の機密メモ．BAK，PIB 1. ヴォラーは500ドイツマルクを受け取ることになっていた．領収書によると，ヴォラーはまず924ドイツマルクを，次に304ドイツマルクを受け取った．ドイツ語のコメントを読んだクルト・グラスは，286.23ドイツマルクを受け取った．Auszahlungsordnung, 6 November 1956, 8 November 1956, in BAK, PIB 1を参照のこと.

(24) Parlamentarisch-Politischer Pressedienst, 24 October 1956, in BAK, PIB 1から引用．訳文の11ページ，S・アルフォン（アルゴス・フィルム）が1956年10月1日付で書いた手紙に添付されていた．BAK，PIB 1.

(25) ルドルフ・ヴォラーがS・アルフォン（アルゴス・フィルム）に宛てた，1956年10月24日付の手紙の複写．BAK，PIB 1.

(26) A・ドーマン（アルゴス・フィルム）がBPAに宛てた1956年10月25日付の手紙．ベッツが複写機関HADEKOに宛てた1956年11月16日付の手紙．BAK，PIB 1.

(27) ミュンヘンのバイエルン放送のフリードリヒ・ザウアーによる，1956年7月19日付の手紙．ミュンヘンのバイエルン放送のヴェルナー・トゥーンとオルガ・E・ケルンによる，1956年7月19日付の手紙．BAK，PIB 1.

(28) A・ドーマン（アルゴス・フィルム）がBPAに宛てた1956年10月25日付の手紙．BAK，PIB 1.

(29) ミュンヘンのバイエルン放送のフリードリヒ・ザウアーがBPAに宛てた，1957年1月7日付の手紙．BAK，PIB 1. ザウアーは認可に謝意を表し，映画が1957年4月16日に放映されることを伝えた．神聖な日に放送することに視聴者が抗議した編集者宛ての2通の手紙と，テレビの報道記者の情報から，放送日は4月18日だったと思われる．J. 1957を参照のこと.

(30) Sven Kluwe, Kulturredaktion Fernsehen, Sender Freies Berlin, 23 July 1956, in BAK, PIB 4. BAK, PIB 1 も参照.

(31) ミュンヘンのバイエルン放送のヴェルナー・トゥーンとオルガ・E・ケルンが, 1956 年 12 月 14 日付で, Mr Frank［原文どおり＝Franck］に宛てた手紙. BAK, PIB 1. バイエルン放送はこの手紙で,『夜と霧（*Nacht und Nebel*）』のフィルムのコピーに謝意を表している. 彼らは 1956 年 12 月 11 日に『クロスカット（*Querschnitt*）』という番組でこの映画を使用した. 番組は 'Flüchtlinge im Wandel der Zeiten'（時代の変化の中の難民）について伝えることに懸念を抱いていた. バイエルン放送が映画のフィルムを申し込んだのは 11 月 23 日である.

(32) 1960 年, 地域の教育マルチメディアセンター（Kreisbildstelle Eutin や Schulbildstelle Bochum）などから, 数件の要請があった. BAK, PIB 1 を参照. 1962 年 8 月 7 日, ミュンヘンのテオドール・コトゥラから, *Dokumente zur Filmgeschichte II (von 1945 bis heute)* という映画史の記録を扱ったペーパーバックに, 映画の脚本を記載したいという依頼があり, 8 月 14 日, Dr ブルンバウアーがこれに回答した. BAK, PIB 2. Deutsche Reportagefilm の Dr エルンスト・ティールからの映画のコピーの要請に対して, Dr ブルンバウアーが 1963 年 2 月 8 日に回答した. BAK, PIB 2.

(33) BPA のヴィンターの 1960 年 3 月 9 日付の覚書. BAK, PIB 2. アルゴス・フィルムは 2 月 5 日と 24 日にこれを提案し, 3 月 9 日消印の手紙で, その提案は受け入れられない旨の回答を受け取った.

(34) フィルムのコピーはカラーでもモノクロでも入手可能だった. 連邦州の教育センター（'Landesbildstellen' と 'Bildungsstätten'）は,『夜と霧（*Nacht und Nebel*）』の 16 ミリフィルム約 200 本を入手した. 筆者はこの情報を, フランクフルト・アム・マインにあるドイツ映画研究所所長 Dr ゲルト・アルブレヒトと, その同僚でテクスト・アーカイブの責任者リューディガー・コシュニツキから, 1996 年 6 月 5 日付の手紙で受け取った. Grieger 1964：フィルムのコピーがほぼ例外なくモノクロ（'fast ausnahmslos in s/w'）だったのは 2 州.

(35) 1956 年 6 月 30 日, 学生グループ代表のギュンター・ヌープナウからの手紙. BAK, PIB 1. ボンの協会のリーゼロッテ・フォン・ボルケが Dr シュテルケンに宛てた, 1956 年 7 月 19 日付の手紙. BAK, PIB 1. 後者の手紙には, 彼女はドイツ語版上映の知らせを待っており, BPA から返事が来ることになっていると手書きで記されていた.

(36) ノルトライン＝ヴェストファーレン州内相がデュッセルドルフで記した, 1957 年 5 月 29 日付の手紙. BAK, PIB 1.

(37) レーアの良心的兵役拒否組合の東フリースラント同好会による, 1957 年 2 月 3 日付の手紙. BAK, PIB 1.

(38) 1956 年 11 月 7 日付の領収書. 1956 年 10 月 12 日にウルリケ・フォン・ケーテルホート（ボンの『欧州新聞』）が Dr シュテルケンに出した手紙を受けて発行されたもの. BAK, PIB 1.

(39) Ergebnisse unserer [= *Die Europäische Zeitung*, EvdK] Publikumsbefragung anlässlich der Sondervorführung von *Nuit et Brouillard* am 30 Juni 1956, vormittags, 11 Uhr, in Bonn, 'Metropol'-Theatre. クストディスが『ニューウェ・ロッテルダムセ・クーラント』紙の編集者に宛てた 1956 年 7 月 26 日付の手紙が添えられた．BAK, PIB 1. Anon. 1956ac, in BAK, PIB 1.

(40) このデータは Anon. 1956ab を用いてまとめた．Anon. (R.) 1956 ——詳細については Knaap 2001:94 を参照のこと．

(41) *Freiheit und Recht: Mitteilungsblatt für Verfolgte und Geschädigte des Nationalsozialismus* (Düsseldorf), 3 (1957) 2, in BAK, PIB 1. 'Durchbruch für *Nacht und Nebel*: Der französische Dokumentarfilm mit großem Erfolg aufgeführt'（『夜と霧（*Nacht und Nebel*）』の画期的成功，フランスのドキュメンタリーが大成功を収める）と，雑誌に見出しが躍ったのを受けて，地方紙 6 紙が記事を載せた（Anon. 1957a を参照）．

(42) ミュンヘンの Volksbund für Frieden und Freiheit による，1959 年 5 月 13 日付の手紙．BAK, PIB 1.

(43) Staatsbürgerliche Bildungsstelle des Landes NW Arbeitsbereich Film, 1.1.1959–31.10.1959 の，7 ページにわたる概要の 3 ページ目．ブンターがベッツに宛てた 1960 年 1 月 6 日付の手紙が添付されている．BAK, PIB 2.

(44) ブンター（Staatsbürgerliche Bildungsstelle des Landes Nordrhein-Westfalen, Düsseldorf）が BPA に宛てた，1959 年 12 月 7 日付の手紙．BAK, PIB 2. 所有するフィルムが消耗したとして，ブンターは新たに 10 本のフィルムを要求した．

(45) ウィーンのラーフェンスブリュックの Österreichische Lagergemeinschaft（オーストリア収容所団体）が BPA にフィルムのコピーを要請した，1960 年 9 月 22 日付の手紙．BAK, PIB 2.

(46) In BAK, BI 3, file with cuttings 35676 III 5.

(47) 同様の意見がほかでも上がった．Anon. 1957j, Anon. 1957n, C. S. 1957 を参照．

(48) 1957 年 3 月，the firm Karp-Filmverleih (Düsseldorf) の代理として，デュッセルドルフの弁護士ヴィルデとコッホがフランクフルト成人教育連盟に宛てた書簡．BAK, PIB 1.

(49) 書簡：1958 年 12 月 30 日にフィルムのコピーを要求，1959 年 1 月 12 日に回答，同年 1 月 21 日キャンセル．BAK, PIB 1.

(50) この概要は，2000 年 6 月 20 日，ヘッセン州の Institut für Medienpädagogik und Kommunikation/Landesfilmdienst のデートレフ・ルッファートからメールで入手した．

(51) アイスラーがベルトルト・ブレヒトに宛てた直筆の手紙．日付は明記されていないが，おそらく 1956 年と推定される．SAdK, HEA, 書簡，No 1390.

(52) 手書きのメモ．日付はないが，1956 年春だと思われる．SAdK, HEA, Nr. 1819.

(53) タイプライターで打った翻訳を同封し，1956 年 4 月 21 日付でレネがルドルフ・エンゲルに宛てた直筆の手紙．A・ドーマン（アルゴス・フィルム）が 1956 年 4 月 23 日付でルドルフ・エンゲルに宛てた手紙．SAdK, P, ZAA 12.

(54) 別のメモの裏面に書かれた手書きのメモ．日付はないが，1956年春だと思われる．SAdK, HEA, Nr. 1819.

(55) ルドルフ・エンゲルが Hauptverwaltung Film, Ministerium für Kultur の代表，A・アッカーマンに宛てた，1956年5月2日付の手紙．SAdK, P, ZAA 12.

(56) Hauptverwaltung Film, Ministerium für Kultur の代表，A・アッカーマンが，ルドルフ・エンゲルに宛てた，1956年5月11日付の手紙．SAdK, P, ZAA 12.

(57) これまでのところ，ベルリン芸術アカデミーでの上映に関するメモも告示も見つかっていない．今回の調査に協力し，筆者の代わりにメーツィッヒに問い合わせてくれたSAdKのDrトルステン・ムジアルに感謝する．

(58) ベルリンのVEB-DEFA Aussenhandelの責任者シュローターがアルゴス・フィルムに宛てた，1957年5月29日付の手紙．ツェラン夫人からドーマンへの手紙が同封されていた．DLA, PC, D 90.1.378.

(59) ハンス・ブンゲがレネに宛てた1964年1月18日付と2月17日付の手紙．エドゥアール・フリメルが翻訳した，4ページにわたるブンゲとレネの会話の複写が同封されていた．SAdK, SF, ZAA 1585.

(60) この情報は，ビル・ニーヴン（ノッティンガム・トレント大学）から入手した．

(61) ボンの Referat Film, Bundeszentrale für politische Bildung のヘンドリク・ボシェイツェンが，2000年5月5日に著者に送ったファックス．

(62) BAK, BK B 136/1743, B 136/1744, B 136/1745.

(63) ファイナイス (Bundeszentrale für Heimatdienst) が BPA に宛てた，1960年2月5日付の手紙．BAK, PIB 2.

(64) 1960年1月14日にボンで書かれたメモ．BAK, PIB 3.

第4章

(1) これは当然，フランス史において問題をはらむもう一つの経験を抑制するための別の方法である．Rousso 1987，および Burrin 1992 による興味深い推論を参照のこと．

(2) 最初は1980年代初頭から半ばにかけてのドイツの歴史家論争，次は80年代後半のヘイドン・ホワイトとの討論．ホロコーストの記憶に関するイスラエルの議論は，内政プロセス，およびこの2つの議論で湧き上がった方法論的疑問を受けて生じた．2つの議論に参加したイスラエルの歴史家は少数しかいなかった．最初の論争については Baldwin 1990 と Low 1994 を，後者の議論については，Diner 1987 と Friedländer 1992 を参照のこと．

(3) 『アンネの日記』に出演する女優の一人が，かつてナチス・ドイツ時代に制作された映画に出演していたことを知ったイスラエルのユダヤ人たちが，抗議の声を上げた．だが，ハリウッドのプロデューサー陣は，その配役を擁護した．彼らはさら

に，ロサンゼルスのイスラエル領事館を通して，「このような反応が起きるなら，映画監督たちは今後，ユダヤ人をテーマにした映画の制作に二の足を踏むおそれがある」とイスラエルに伝えた（この手紙は，1959 年 6 月 21 日に，エルサレムの外務省の外交政策課によって送られた．エルサレムのイスラエル国立公文書館）．

(4)　Dr ルドルフ・カストナーはナチス協力の容疑で公判にかけられた．イスラエルの夕刊紙『イェディオト・アハロノト』は，次のように述べた．「カストナーが公判に付されたら，政府全体が完全に政治的，国家的崩壊に直面する――この公判で何かが暴かれるかもしれない」(Anon. 1955)．ウリ・バーバッシュが監督したテレビ劇『カストナー裁判』のおかげで，1994 年，カストナー裁判はふたたび市民の想像力をかき立てて，白熱した議論の中心となった．

(5)　ゼエブ・ステルンヘル（1995）は，イスラエルの社会民主主義的文化のナショナリストの起源について詳細な研究を行なった．彼はその研究で，イスラエルの文化的・社会的・国家的ニーズを分類し，その結果として生じる公式政策，操作，「シオニストのイデオロギー」と表されるイデオロギー的要求を明らかにした．

(6)　東ドイツ政府およびオーストリア政府と行なわれた同様の交渉は，失敗に終わった．1952 年 11 月，イスラエル外相のモシェ・シャレットは，イスラエル代表とオーストリア教育相との話し合いについて，自国政府に報告した．教育相は広範にわたる絶滅の話を聞いて驚愕した．オーストリア人が隠した何千冊ものユダヤ人の本に関する議論は，オーストリア教育相が絶滅について尋ねた言葉を引用した，イスラエル代表の言葉で締めくくられた．「わたし（イスラエル代表）は，ナチスが 600 万人のユダヤ人を殺したことを論証しないといけないのでしょうか？　この数字はオーストリア国民の人口とほぼ同じです」．シャレットはオーストリア教育相の言葉をはっきりと皮肉を込めて引き合いに出した．終戦からまだ 7 年しかたっていない時点でこのような報告がされたとき，イスラエルにどのような感情的影響を及ぼすのかは，説明するまでもない．1952 年 11 月，Ben Gurion archive files（文書番号はなし）．

(7)　国民の間で賠償金に関する議論が起きたときにヘルート党が果たした役割について，イェヒアム・ヴァイツは多数の記事を発表している．

(8)　ナーマ・シェフィは，ドイツの象徴を音楽で伝えることに対する激しい抵抗を指摘し，審議会の役割について論じている（2001: 54–70）．

(9)　ヒスタドルートの短編映画アーカイブ部門の元責任者，アリー・ベン＝メナヘム，『マアリヴ』紙に映画評論を寄せるメイア・シュニッツァー，イスラエルテレビの番組編成担当者で，有益な情報を提供してくれた映画専門家でもあるダン・フェイナロ，非常に勇気づけられる対話を交わした，『ハアレツ』紙に映画評論を寄せるウリ・クライン，1968 年末の開局以来，イスラエルテレビで番組編成部門長を務め，後日テレビ局代表になったイツハク・シモニ，参考文献の照会に協力し助言を与えてくれたトム・セゲフに，謝意を表したい．本章執筆にあたり，わたしは各氏に長時間の取材を行ない，検証のために何度も再訪し，ときには別の出所から

得た新情報を提示した．また，資料を収集しまとめてくれたハダス・スミノフの助力にも感謝する．テルアビブ大学の新聞アーカイブ，エルサレムの国立公文書館は助言を授け，非常に貴重な資料を示してくれた．

(10) イツハク・ベンツビ（1884-1963）はイスラエルの第二代大統領で，1952年に就任以降，63年に死去するまで大統領を務めた．ベンツビはもともと歴史家であり，マパイ設立初期の指導者の一人でもあった．

(11) ピンハス・ローゼンが個人的にZ・ミリオンに宛てた，1956年9月23日付の手紙．Files of the Council on Motion Pictures and Drama, General Zionist Archive, Jerusalem.

(12) モシェ・ウナ（1903-89）は，ドイツ系ユダヤ人のシオニスト活動家で，穏健宗教政党のハポエル・ハミズラヒ（東部労働者）に属し，宗教キブツおよびティラト・ツヴィ——イスラエル東北部の小規模キブツ——の創設者でもある．教育者であり，イスラエル（議会）の多数の委員会で代表を務めた．第七次，八次イスラエル政権（1956年3月から58年7月）で，ウナは教育副大臣を務めた．

(13) リア・ファン・レールとヴィム・ファン・レールは，ハイファ・シネマテーク，およびエルサレム映画アーカイブ・シネマテークの創設者とされている．

(14) 22 October 1956, Files of the Council on Motion Pictures and Drama, General Zionist Archive, Jerusalem.

(15) 31 December 1956, Council for the Criticism of Motion Pictures and Theatrical Plays, Ministry for domestic affairs, Israeli State Archive files.

(16)『ハアレツ』紙が保管していた政府官僚に関するファイルを入念に検討したところ，正統宗教派の穏健政党ハポエル・ハミズラヒ——当時はマパイの支配に従順だった——の指導者の一人，メイア・ショヘトマンは，1950年代半ばまでに内務省副次官に就任しており，選挙手続きに責任を負っていた．彼は1960年代にイスラエル総選挙を監督するまでになった．ショヘトマンは1955年10月に，「内務省の欠員補充に際し，一般応募者の採用の阻止に荷担した」と，内部告発されている．1960年代を通して，彼は内務省で政策立案に，映画・演劇評価審議会で文化政策立案に関与した．60年代末，審議会議長に任命され，1970年にウルグアイ大使に任命された．

(17) アーレントの著書が2000年までヘブライ語に翻訳されなかったのも，驚くにあたらない．ベン＝グリオンがお膳立てしたこの公判を，アーレントが「見世物」と批評したために，彼女はイスラエルに多くの敵を作った．

(18) 2001年9月5日に行なった，ハイム・ギュリーとの電話インタビュー．

(19)『愛する時と死する時（*A Time to Love and a Time to Die*）』（1958年公開），監督ダグラス・サーク，出演ジョン・ギャビン，リーゼロッテ（リロ）・プルファー，『若き獅子たち（*The Young Lions*）』（1958年公開），監督エドワード・ドミトリク，出演マーロン・ブランド，モンゴメリー・クリフト，ディーン・マーティン．

(20) 映画に登場するブルドーザーは，実際には連合軍のブルドーザーである．

(21) イスラエルの国営テレビ放送局の電子アーカイブには，この映画がテレビで放

送された記録はない．その経緯についてわざわざ記録しようとする者がいなかったこと，および1970年代末に関心が再燃するまで映画が忘れられていたことが，その主な理由として挙げられる．

(22) 映画について質問を受けた際，メイア・シュニッツァーとダン・フェイナロの両者はこれを根拠に挙げた．

(23) 2001年4月25日に行なったイツハク・シモニとのインタビュー．

(24) 2001年4月20日に行なったエマニュエル・ベルマンとの電話インタビュー．

(25) フレンクは『夜と霧（*Nuit et Brouillard*）』のいきさつを見事に描写しているが，イスラエルの受容について詳細に論じているわけではない．

(26) ベギンの政策立案がホロコーストと密接に関連していることについては，Hechter 2003を参照．

(27) イラン・アヴィサルがこの映画をめぐる論争をまとめた1988: 15–18に記された，映画がこのような発想を獲得できなかったことに関する考察を参照のこと．

第5章

(1) スピーカーの資料や発表，生還者による討論会，このときのために映画制作者や学術研究者に依頼した作品や論文など，このシンポジウムの内容については，ハギスとニューマンが2005年に編集した文献に収められている．

(2) 当時，BBFCは，British Board of Film Censorship（全英映画検閲機構）という名称だったが，後日，British Board of Film Classification（全英映像等級審査機構）と名称を変更した．

(3) *Late Night Line Up*, tx. BBC1, 6 January 1960; *Tonight*, tx. BBC1, 7 January 1960; *Panorama* tx. BBC1, 11 January 1960; and *Searchlight* tx. ATV, 18 January 1960.

(4) *The Monthly Film Bulletin* (1960), vol. 27, no. 315, April; *NFT Programme Notes* (1961) March.

(5) たとえば，*What's On?*, tx. 13 March 1959, *Today*, tx. 3 June 1959, *Comment*, tx. 11 June 1959, *The Critics*, tx. 14 June 1959など．すべてBBCラジオによる放送．

(6) この情報は，BBFCのウェブサイト（http://www.bbfc.co.uk）より．2001年6月2日にアクセス．

(7) BBFC file name '*Night and Fog*', BBFC archives, London.

(8) BBFC file name '*A Diary for Anne Frank*', BBFC archives, London.

(9) *Panorama*, tx. BBC 1, 12 April 1965.　コピーは，ロンドンの英国映画協会，BBCテレビ・アーカイブに保管されている．

(10) 2001年7月，シャーリー・マグラフとの会話．

(11) それぞれ，*NFT Programme Notes*の1960年2月と3月，1963年1月，1976年5月と6月．

（12）『夜と霧（*Night and Fog*）』でカラー映像とモノクロ映像が交互に現れる手法が生み出す効果についての考察は，Krantz 1985: 10; Colombat 1993: 124–39 を参照．

（13）*The Late Show*: 'Screening the Holocaust', tx. BBC 2, 18 December 1990.

（14）*Night and Fog,* tx. 27 January 2002, BBC Knowledge; the *Radio Times*, 26 January–1 February 2002, 53.

（15）これは，自局の放送番組が詳細に記録された各放送局のデータベースによる．

（16）*Richard Dimbleby at Belsen*, tx. BBC 2, 9 January 1995 and *Genocide*, tx. BBC 2, 25 January 1995.

（17）追悼番組として取り上げられたホロコーストの題材と，各チャンネルにどのように配信されたかについての検証は，Petersen 2001 を参照．

（18）BBC コミッショニング・ウェブサイト（http://www.bbc.co.uk/commissioning/channels/knowledge.html）の記述．2002 年 1 月 28 日にアクセス．

（19）Tx. BBC Knowledge, 27 January 2002.

第 6 章

（1） 1999 年 6 月にロッテルダムのクンストハル美術館で開かれたピカソ展の招待状．Anon. 1956a を参照．

（2） 1957 年にハーグで開催された国際映画週間を受けて，ハーグのドイツ連邦共和国大使館が連邦経済省（Bundesministerium für Wirtschaft）に示した概略．Auswärtiges Amt, Bonn, Politisches Archiv, Filmeinzelfälle 4073, fileno 467.

（3） Dutch Ministry of Foreign Affairs (Buitenlandse Zaken), The Hague, Archives Dutch embassy Bonn, dossier Anti Semitisme in de BRD, box GS 90, 913.521, geheime stukken (secret documents) 1955–64．反ユダヤ主義の再燃について記した Wielenga（1990）は，これを典拠としていない．

（4） Delcour 1987 を参照．調査結果が，Anon. 1956y: 'Die Auswertung der Fragebogen ergab eine überwiegende Mehrzahl der Stimmen, die eine öffentliche Aufführung befürworten und den Film als objektiv beurteilen' にまとめられる前だった．

（5） K・A・マイヤーが S・クストディスに 1956 年 8 月 2 日付で宛てた手紙．Bundesarchiv, Koblenz, archives Presse- und Informationsamt der Bundesregierung, file Dokumentar- und Kulturfilme, folder 1, 1956–62.

（6） オランダ語翻訳の問題については，Knaap 2001: 171–85 で分析されている．

（7） フィルムフェルフールカントール・ネーデルラントは，フィルムプロダクティ・マーツハッペイ・ネーデルラント N.V. という名称で，ヨハネス・ファン・デル・ドリフトにより 1958 年に創設された．Nederlands Filmmuseum Amsterdam, archives Nederlandse Bioscoop Bond (Dutch Cinema Union), folder 242 を参照のこと．

（8） 映画検閲委員会のランキングリスト．Algemeen Rijksarchief, The Hague, archives of

the Centrale Commissie voor de Filmkeuring, 1928-77, 2.04.60, list nos. 413, 415. 映画の題名が書かれたカードしか保管されておらず，彼らが言及した映画の報告書は見つかっていない．その報告書も，アムステルダムの映画博物館には保管されていない．

(9) Anon. 1957o, Anon. 1957p, Anon. 1957q を参照．ヴィーレク直筆の最初の草稿（題名は，*'Lezing Uitkijk'*――「アウトカイクでの講演」）と，この問題を列挙した 'Bij de film *Nacht en nevel*' のタイプライター原稿．*'Lezing Uitkijk'* は，IISG, archives Wielek, box 2, folder Ongepubliceerde artikelen over film（映画についてまとめた未発表論文）に，'Bij de film *Nacht en nevel*' は，IISG, archives Wielek, box 3, folder Correspondentie en ongepubliceerde artikelen m.b.t. film（映画についての書簡と未発表記事）に保管されている．

(10) 'Bij de film *Nacht en nevel*' のタイプライター原稿．IISG, archives Wielek, box 3, folder Correspondentie.

(11) IISG, archives Wielek, box 3, folder Correspondentie. タイプライター原稿の編集版では，詩とその紹介は削除されている．ヴィーレクが講演でこの編集版を用いたのかどうかについては不明．IISG, archives Wielek, box 7, folder Manuscripten,typescript p. 9.

(12) 'Bij de film *Nacht en nevel*' のタイプライター原稿．IISG, archives Wielek, box 3, folder Correspondentie. アンネ・フランクの日記の大々的反響については，Kittel 1993: 278-80 を参照．

(13) Wielek 1970，典拠は不明，IISG，archives Wielek，box 2，folder Film. ヴィーレクは，『夜と霧（*Nuit et Brouillard*）』を称賛した記事を，月刊誌『フィルムフォーラム』にも数多く寄せた．これについては Wielek 1961，1962，1963a: 48 を参照．

(14) この風潮については De Haan 1997: 118-20 を参照．

(15) タイプライター原稿，p. 6，Nederlands Letterkundig Museum en Documentatiecentrum, The Hague, Archives Van Vriesland.

(16) 筆者は，オランダ外務省の多数のアーカイブにある 30 のファイルと，「Kunsten 1945-65」委員会（ズーテルメールの教育・文化・科学省）のアーカイブにある 16 のファイルを調べた．

第 7 章

(1) ラングは比喩的表現自体を激しく非難している．比喩的表現を用いると，多岐にわたる方法で主題が表現される可能性が高くなると考えられること，および比喩的表現の主題を書き手の想像力の変化に委ねることが道義上好ましくないことを，その理由として挙げている．ラングは，あらゆるホロコースト芸術，とりわけ文学を糾弾することに全力を注いでおり，比喩的表現をいっさい避けた文学に肩入れしている．ラングが好んだ「そのもの自体」を表象する形態が，最終的に彼が使用す

ることを余儀なくされた言葉の史実性を免れたのかどうかは，明確にされていない．

(2) シネマ16の1947年から63年までの歴史をまとめたスコット・マクドナルドによれば，シネマ16は，「北米史上，もっとも成功を収め，影響力のあった会員制のソサエティ．最盛期には7000人もの会員を有し，ファッション産業高校（マンハッタンの衣服産業地区にある）の講堂の1600席を，一晩に2回も埋め尽くした．そのうえ，毎月開かれた初上映会では，マンハッタンの異なる地区の2館，ときには3館の封切映画館の500席が満席になった」(2002: 1).

(3) 『夜と霧（*Night and Fog*)』が当時のフランスで置かれていた状況については，Colombat (1993: 24–7) の詳述を参照.

(4) Omer Bartov（1996: 171–2）は，『夜と霧（*Night and Fog*)』は収容所問題を普遍化しようとしたために，絶滅収容所と強制収容所との区別を無視し，結果として罪と責任の問題をうやむやにしていると主張した．映画が提示する「誰に罪があるのか？」という疑問に対しては，誰もが抱く罪悪感よりも明確な答えがあるとした．

(5) 後日，メイヤー・レヴィンは舞台制作をめぐり，アンネ・フランクの父であるオットー・フランクを訴えた．この論争については，Cynthia Ozick（2000）のエッセイに，非常に興味をそそり，かつ物議を醸す内容が描かれている．

(6) 2005年1月，本人との電子メールのやり取り．

(7) ホロコーストの視覚化の問題に関するとくに鋭い評論については，Zelizer（2001）を参照.

(8) 初期の対話からは，ソクラテスの形相についての知識の有無はわからないが，形相の難しさに取り組んだ後期の対話（『パルメニデス』）では，人間は形相なしですますことができると明確に示される．形相は，内在する本質について似ているとされるものの間を仲介する役目を務める．アリストテレスの哲学では，普遍的構造が不変の本質として個物に内在すると考えられた．精神（ヌース）は，そのような必要性を直観で知ることができる．

終　章

(1) http://www.bbc.co.uk/pressoffice/pressreleases/stories/2004/12_december/02/auschwitz shtml. 2005年1月12日にアクセス．

(2) これは，フランソワ・トリュフォー監督の映画『アメリカの夜（*La Nuit américaine*)』（1973年公開）のことではない．言うまでもなく，このトリュフォーの映画はタイトルをひとひねりして使っている．